Ajax

Stefan Mintert ist Diplom-Informatiker und Geschäftsführer der Linkwerk GmbH in Hamburg. Er ist als Berater, Softwareentwickler und Dozent tätig, insbesondere rund um die Themenbereiche XML, SGML und Webpublikation. Er ist außerdem Verfasser mehrerer Bücher zu Javascript und XML sowie regelmäßiger Autor der Zeitschrift »iX Magazin für professionelle Informationstechnik«.

Christoph Leisegang ist Experte für relationale und objektorientierte Datenbanken sowie für SGML/XML. Er studierte an der TH Darmstadt und der FH Wiesbaden und graduierte als Diplom-Informatiker an der Fachhochschule Wiesbaden. Mehrere Jahre leitete er die Entwicklung eines SGML/XML-Content-Management-Systems für ein international operierendes Softwareunternehmen. Heute arbeitet er als Geschäftsführer der Linkwerk GmbH.

iX-Edition

In der iX-Edition erscheinen Titel, die vom dpunkt.verlag gemeinsam mit der Redaktion der Computerzeitschrift iX ausgewählt und konzipiert werden. Inhaltlicher Schwerpunkt dieser Reihe sind Standardwerke zu professioneller Datenverarbeitung und Internet.

Stefan Mintert · Christoph Leisegang

Ajax

Grundlagen, Frameworks und Praxislösungen

iX Edition

dpunkt.verlag

Stefan Mintert
stefan.mintert@linkwerk.com

Christoph Leisegang
christoph.leisegang@linkwerk.com

Lektorat: René Schönfeldt
Copy-Editing: Annette Schwarz, Ditzingen
Satz: Petra Strauch, Bonn
Herstellung: Birgit Bäuerlein
Umschlaggestaltung: Helmut Kraus, www.exclam.de
Druck und Bindung: Koninklijke Wöhrmann B.V., Zutphen, Niederlande

Bibliografische Information Der Deutschen Bibliothek
Die Deutsche Bibliothek verzeichnet diese Publikation in der Deutschen Nationalbibliografie; detaillierte bibliografische Daten sind im Internet über <http://dnb.ddb.de> abrufbar.

ISBN-10: 3-89864-404-9
ISBN-13: 978-3-89864-404-4

1. Auflage 2007

Ringstraße 19
69115 Heidelberg

5 4 3 2 1 0

Vorwort

Mitte der 90er Jahre tauchte im Web der Begriff DHTML auf. Viele Menschen erwarteten dahinter eine neue Technik. Tatsächlich war DHTML nur ein Marketingbegriff für eine Sammlung von Techniken, die längst bekannt waren; namentlich HTML, CSS und Javascript. Bemerkenswert daran ist, dass allein durch Einführung eines eigenen Begriffs jedem klar wurde, dass durch das Zusammenbringen der genannten Techniken etwas Neues, Eigenständiges entstanden ist. Viel wichtiger als die Techniken sind die Ideen, die sich mit dem damals neuen Begriff verbanden.

Mit Ajax ist es nicht anders. Zunächst könnten wir Ajax auch AJAX schreiben. In dieser Schreibweise steht das Wort für Asynchronous Javascript and XML. Mit dieser Bedeutung ist Ajax entstanden. Was sich genau dahinter versteckt, das klären die ersten Kapitel dieses Buches. Viel spannender wird das Thema, wenn man die engere technische Bedeutung verlässt und darüber nachdenkt, was sich mit Ajax anstellen lässt. Dann nämlich verbirgt sich hinter Ajax ein Paradigmenwechsel, der sehr viel Potential in sich birgt. Unserer Meinung nach ist das neue Paradigma für Webanwendungen, das Ajax bedeutet, das wirklich Wichtige an Ajax.

Über den Aufbau des Buches und die Arbeit mit dem Buch

Der Aufbau folgt der Überzeugung, dass Softwareentwickler nicht lange um den heißen Brei reden möchten. Deshalb haben wir einen sehr direkten Einstieg gewählt. Kapitel 1 beginnt mit einem Hello-World-Beispiel, ohne viel über die technischen Hintergründe zu sprechen. Es endet mit einem Ausblick, wohin die Reise mit Ajax führen kann. Der Kern von Ajax ist die Kommunikation zwischen Client (Browser) und Server. Ohne Server geht es nicht. Aus diesem Grund gibt es zum Buch einen Server. Er ist per HTTP auf dem Host `www.ajax-buch.de` erreichbar. Der Leser tut gut daran, die dort zu findenden

Online-Beispiele parallel zur Lektüre des Buches auszuprobieren. Nur das Probieren dessen, was das Buch beschreibt, wird für Verständnis sorgen. Auf der anderen Seite bringt das bloße Ausprobieren der Beispiele gar nichts. Erst die Erklärung durch das Buch gibt den Beispielen einen Sinn.

In Kapitel 2 besprechen wir einige Grundlagen, die für Ajax notwendig sind. Dieses Kapitel war vermutlich am schwierigsten zu schreiben. Welches Vorwissen ist notwendig? Wie viel weiß der Leser schon? Wie viel noch nicht? Diese Fragen lassen sich nicht für alle Leser einheitlich beantworten. Es besteht eine gute Chance, dass Leser das Kapitel zu knapp oder zu umfangreich empfinden. Es ist unmöglich, alle Grundlagen vollständig im Rahmen dieses Buches zu klären. Wem das Kapitel zu knapp erscheint, dem dient es als Richtlinie, welche Themen er oder sie durch andere Bücher oder sonstige Quellen vertiefen muss. Das Kapitel nennt Quellen. Wem es zu umfangreich erscheint, dem dient es zur Erkenntnis, welche Teile der zahlreichen Grundlagen für Ajax wichtig sind.

Kapitel 3 ist der Kern des Buches. Es führt in die Ajax-Programmierung ein. Programmierung ohne Hilfsmittel, ohne Schnörkel, mit lauffähigem Code, mit browserkompatiblem sowie -inkompatiblem Code, in reiner Handarbeit. Programmierung für Programmierer, nicht für Anwender. Für jene Beispiele gilt noch mehr: Ausprobieren. Gerne mit verschiedenen Browsern.

Im darauffolgenden Kapitel 4 zeigen wir, dass Ajax ein Name ist, kein Akronym. Wäre es ein Akronym, gäbe es Kapitel 4 nicht. Dort nehmen wir dem Akronym das »A« und das »X«. Wir kommunizieren *synchron* und *ohne* XML.

Die Behandlung von Frameworks in Kapitel 5 dürfte für den Leser von großem Wert sein. Wir haben sehr viel Zeit darauf verwandt, Frameworks zu betrachten, zu probieren, zu verstehen und letztlich zu erklären. Vollständigkeit ist dabei unmöglich; sowohl was die Menge der Produkte als auch den Leistungsumfang eines einzelnen Tools angeht. Nicht einmal liefern wir einen Ersatz für die Produktdokumentation; das war nicht die Intention. Vielmehr möchten wir dem Leser die *Breite des Leistungsspektrums* von Ajax-Frameworks und damit *Konzepte von Frameworks* nahebringen. Bei jedem einzelnen Produkt lautete unser Ziel, das Besondere, das Alleinstellungsmerkmal, das *Konzept,* weswegen man das Produkt in Bezug auf Ajax einsetzt, herauszuarbeiten und zu vermitteln. Dabei ist wichtig, dass wir Ajax als ein Paradigma für die (Web-)Softwareentwicklung verstehen, nicht als Sammlung von Widgets und Controls für eine Webseite.

Das abschließende Kapitel 6 enthält Beispiele. Diesmal aber keine Beispiele, die auf eine Seite passen (zumindest nicht alle). Stattdessen sind es Beispiele, die die Stärke von Ajax anhand etwas komplexerer Programme zeigen.

Danksagung

Wir möchten unserem Lektor René Schönfeldt danken. Zuerst für sein Vertrauen in uns und in die Qualität unseres Buches. Und für seine Gelassenheit, die vermieden hat, dass der bei einem solchen Vorhaben vernünftigerweise vorhandene Druck nicht den falschen Anstrich bekam. Er hat damit den Termindruck gemildert und an dessen Stelle seine und des Verlages Einstellung »Qualität geht vor« gerückt.

Selbstverständlich geht unser Dank auch an alle, uns namentlich nicht bekannte Gutachter, die unsere Arbeit wohlwollend betrachtet, wertvolle Fragen aufgeworfen und hilfreiche Tipps gegeben haben; beginnend mit unserem Buchvorschlag bis zum fertigen Manuskript. Wir haben viele Anregungen in das Buch eingearbeitet und hoffen, dass der ein oder andere Gutachter »sich« wiederfindet.

Da wir nicht beteiligt waren, können wir ohne Eigenlob auf die schöne Titelgestaltung verweisen und uns für dessen Entwurf bedanken.

Für die Programmierung von Beispielcode zur Verwendung einiger Frameworks bedanken wir uns bei unserem Mitarbeiter Bastian Spanneberg. Für das Korrekturlesen und sein detailliertes Feedback bedanken wir uns bei Alexander Peters.

Christoph Leisegang, Stefan Mintert
www.linkwerk.com
Hamburg, im Herbst 2006

Inhaltsverzeichnis

1 Einstieg

Dieses Buch richtet sich an Softwareentwickler. Entwickler mögen häufig einen *schnellen* Einstieg, ohne erst lange die Hintergründe zu erklären. Aus diesem Grund machen wir gleich den Sprung ins kalte Wasser.

1.1 Orientierung

1. In diesem Kapitel zeigen wir auf wenigen Seiten anhand eines winziges Beispiels, welchen neuen Baustein (asynchrone Kommunikation zwischen Browser und Server) Ajax zur Sammlung der Webtechniken hinzufügt.

   Der Leser sollte daraus eine grobe Vorstellung für die Funktionsweise von Ajax gewinnen.
2. Mit dieser »groben Vorstellung« wagen wir bereits in 1.4 einen Ausblick und versuchen den Blick des Lesers zu erweitern; über Ajax als Technik für lebendigere Webseiten hinaus zu einer neuen Form von Webapplikationen.

1.2 Ins kalte Wasser

Es geht los mit einem Hello-World-Beispiel[1]. Es heißt »Glückskeks« und ist online unter *http://www.ajaxbuch.de/code/einstieg/glueckskeks/* zu finden. Ein Knopfdruck lässt einen weisen Spruch, wie man ihn in Glückskeksen in asiatischen Restaurants findet, erscheinen. Man könnte diese »Anwendung« ohne viel Aufwand mit clientseitigem Javascript implementieren. Der Ansatz ist offensichtlich: Die Liste aller Glückskeksbotschaften wird als Teil der Webseite, etwa in einem

1. *http://de.wikipedia.org/wiki/Hello_World*

Javascript-Array, zum Browser übertragen. Bei Knopfdruck wählt der Javascript-Interpreter zufällig eine Botschaft aus und zeigt sie an.

Problematisch ist bei diesem Ansatz die Menge der übertragenen Daten. Wenn die Liste der Botschaften bespielsweise 10.000 oder mehr Nachrichten umfasst, ergibt es keinen Sinn, alle Texte vorab zu übertragen und daraus einige wenige auszuwählen und anzuzeigen. Es ist kaum anzunehmen, dass ein Benutzer so häufig klickt, dass sich der Aufwand lohnte.

Unser Ajax-Glückskeks geht deshalb einen anderen Weg. Ein Blick in den Quellcode der Seite zeigt zunächst sehr wenig Javascript-Code. Der Kopf lädt zwei Bibliotheken, und im Rumpf der Seite gibt es nur den Event-Handler `onclick`

```
<head>
 <script type="text/javascript"
         src="/code/lib/lokris.js" />
 <script type="text/javascript"
         src="lwFortuneCookie.js" />
</head>
<body>
...
<div class="beispiel" >
  <p><strong>Glückskeks-Botschaft:</strong>
     <span id="fortuneMessage"></span></p>
  <form action="">
    <p><input type="button"
              value="Neuer Glückskeks"
              onclick="Lokris.AjaxCall(
                  '/code/WS/getFortuneCookieWS/?mimeType=text/xml',
                  showXmlFortuneMessage);"/></p>
   </form>
</body>
```

Die Funktion `Lokris.AjaxCall()` kapselt die gesamte Ajax-Logik. Sie bekommt zwei Parameter: Der erste Parameter ist ein URL, in diesem Fall ein relativer URL. Unter Berücksichtigung des Basis-URLs ergibt sich eine absolute Adresse von *http://www.ajaxbuch.de/code/WS/getFortuneCookieWS/?mimeType=text/xml*. Es handelt sich hierbei um unseren »Fortune Cookie Webservice«. Bei Zugriff auf diese Adresse liefert der Server eine Nachricht der folgenden Form:

```
<message>
  Das Glück im Leben hängt von den guten Gedanken ab,
  die man hat. (M. Aurel)
</message>
```

Die genaue Nachricht lässt sich natürlich nicht vorhersagen, es handelt sich ja schließlich um einen Glückskeks. `Lokris.AjaxCall()` führt also einen HTTP-Get-Request an die genannte Adresse durch, erhält eine XML-Antwort der gezeigten Art und übergibt diese Antwort an die Funktion `showXmlFortuneMessage()`:

```
function showXmlFortuneMessage(xmlInstance) {
  var textNode = document.createTextNode(
                xmlInstance.documentElement.firstChild.nodeValue);
  var htmlElement = document.getElementById("fortuneMessage");

  if (htmlElement.hasChildNodes()) {
    htmlElement.replaceChild(textNode, htmlElement.firstChild);
  } else {
    htmlElement.appendChild(textNode);
  }
}
```

Die XML-Nachricht steht der Funktion als XML-DOM-Objekt (Document Object Model) unter dem Namen `xmlInstance` zur Verfügung. `showXmlFortuneMessage()` greift in der HTML-Seite auf das Element mit der ID »fortuneMessage« zu und fügt den neuen Text als Kindelement hinzu (`appendChild()`). Falls es dort bereits Text gibt, wird dieser durch den neuen Text ersetzt (`replaceChild()`).

1.3 Zurück an Land

Nach diesem Sprung ins kalte Wasser klärt ein Blick zurück, was eigentlich passiert ist. Der Klick auf den Knopf hat den Browser veranlasst, per HTTP auf eine Ressource[2] zuzugreifen. Die Ressource hat er jedoch weder angezeigt noch abgespielt oder zum Download angeboten, wie er es normalerweise macht. Stattdessen hat der Browser die XML-Datei zur weiteren Verarbeitung an eine Javascript-Funktion weitergegeben.

Das Besondere dabei ist, dass der Benutzer von dem HTTP-Transfer nichts bemerkt. Diesen Punkt kann man gar nicht überbewerten. Warum? – Normalerweise[3] ist es so, dass jede HTTP-Übertragung durch den Benutzer explizit ausgeführt wird: Ein Klick auf einen Link lädt eine neue Seite; ein Klick auf den Submit-Button eines Formulars

2. Der Begriff Ressource ist ein allgemeiner Ausdruck für »Dinge«, die im Web adressierbar bzw. aus dem Web geladen werden können. Es kann sich dabei um eine Webseite (HTML) handeln, um eine Grafik (etwa JPEG oder PNG) oder eine beliebige andere Datei oder einen Datenstrom. Eine »Ressource« wird durch einen URI (Uniform Resource Identifier) benannt und durch einen URL (Uniform Resource Locator) adressiert.
3. Das heißt: »ohne Ajax« oder »vor Ajax«.

Abb. 1–1
Der schematische Ablauf des Glückskeks-Beispiels

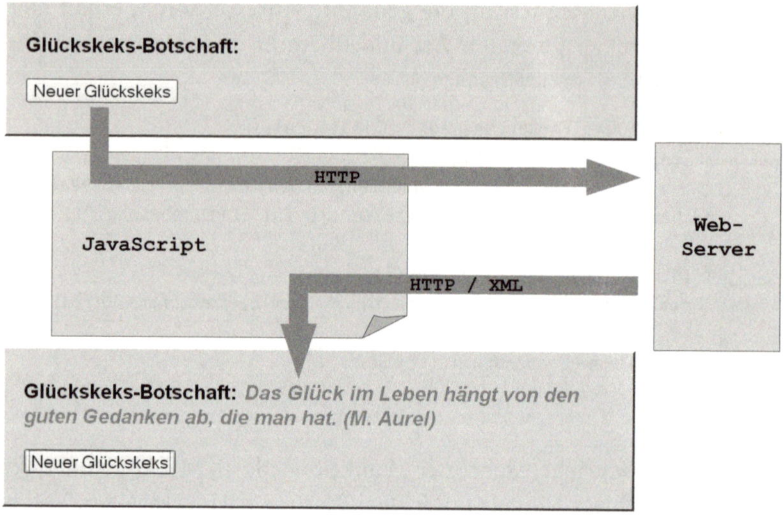

schickt das Formular ab und resultiert in einer neuen Seite und so weiter.

Hier ist das anders. Das Beispiel macht die Andersartigkeit nicht offensichtlich, denn auch hier passiert erst durch einen Klick etwas. Der Klick auf den Button löst jedoch nicht unmittelbar den HTTP-Transfer aus, sondern ruft einen Event Handler auf. Erst der Event Handler baut eine neue Verbindung zum Server auf. Das ist insofern bemerkenswert, weil das bedeutet, dass ein Javascript-Programm auch durch andere Ereignisse gesteuert eine Verbindung zum Server aufbauen kann. Das nächste Beispiel zeigt das.

Das Beispiel ist online unter *http://www.ajaxbuch.de/code/beispiele/xmlad/* zu finden; in Abschnitt 6.6 folgt eine Besprechung der Implementierung. Es handelt sich um ein Verzeichnis von Abkürzungen, die mit XML zu tun haben. Der Benutzer kann in ein Textfeld eine Abkürzung eingeben und erhält eine Liste der passenden Abkürzungen. Es ist jedoch kein Submit-Button oder Ähnliches vorhanden. Stattdessen arbeitet die Anwendung auf Basis der gedrückten Tasten. Bei jedem Tastendruck (ab dem zweiten Zeichen) fragt der Browser beim Server nach einer Liste der passenden Abkürzungen. Wer nach und nach die Zeichenfolge »x s l« eingibt, erhält nach dem »s« die Ausgabe XSP, XSIL, XSEM, XSL, XSLT, XSL-FO, XSTAR. Nach dem »l« ist die Liste auf XSL, XSLT und XSL-FO zusammengeschrumpft.

Abbildung 1–2 zeigt drei aufeinanderfolgende Schnappschüsse der Seite. Die beiden ersten kommen durch die gezeigten Tastatureingaben, die dritte durch Mausklick zustande. Wichtig sind hier zwei Dinge:

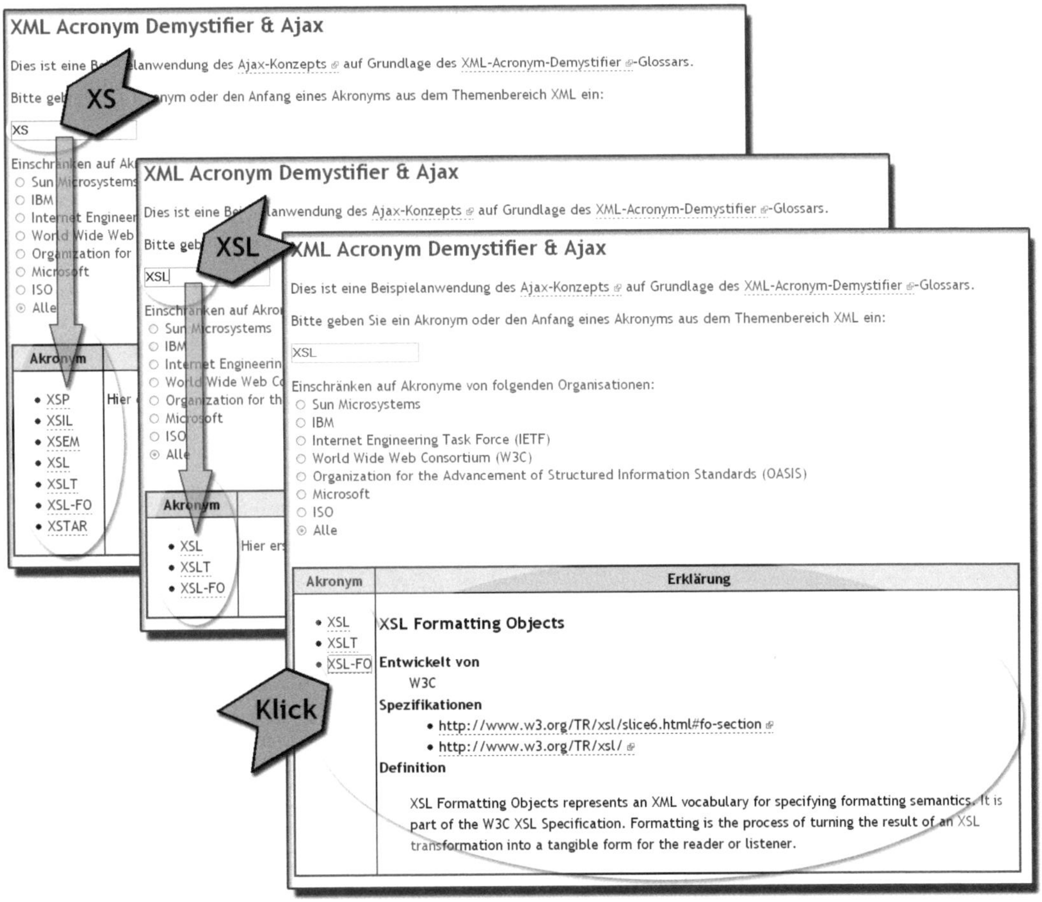

Abb. 1–2
Die schrittweise Eingabe von »X«, »XS«, »XSL« führt zu einer sukzessiven Verkürzung der Liste auf schließlich drei Einträge. Ein weiterer Klick liefert die vollständige Erklärung des Begriffs.

- Es wird niemals eine neue Seite geladen. Die bestehende Seite wird verändert.
- Auslöser für Seitenänderungen und das Neuladen von Daten sind nicht mehr nur Mausklicks, sondern beliebige Ereignisse (sofern sie durch Javascript handhabbar sind).

Browser kommuniziert autonom mit dem Server

Die Abbildung 1–3 veranschaulicht schematisch die Ajax-Idee. Bei der Interaktion zwischen dem Benutzer und dem Webserver spielt der Browser die Rolle des Vermittlers[4]. Ohne Ajax führt der Browser nur genau die Aktionen aus, die der Benutzer veranlasst hat (dargestellt durch die durchgehenden Pfeile): in der Regel Neuladen einer Seite oder Abschicken eines Formulars, ebenfalls mit einer neuen Seite ver-

---

4. In vielen technischen Texten taucht statt des Browsers ein sogenannter User Agent auf. Das hat nichts mit Geheimniskrämerei zu tun, der Agent ist kein Spion. Vielmehr ist er ein Vertreter des Benutzers; also ein Agent im Sinne eines Künstleragenten.

bunden. Die Kommunikation findet nur zu den mit t=1, 2, 3 gekennzeichneten Zeitpunkten statt. Mit Ajax wird der Browser ein wenig autonomer und kann *ohne Wissen* des Benutzers und *ohne sein Zutun* mit dem Server reden (Pfeile zwischen Browser und Server). Und so kommt das »A« in Ajax zustande: Wenn man die Zeiten t=1, 2, 3 als den Takt der Kommunikation ansieht, dann laufen die HTTP-Verbindungen zwischen Browser und Server asynchron ab.

Abb. 1–3
Was bedeutet Asynchronität bei Ajax?

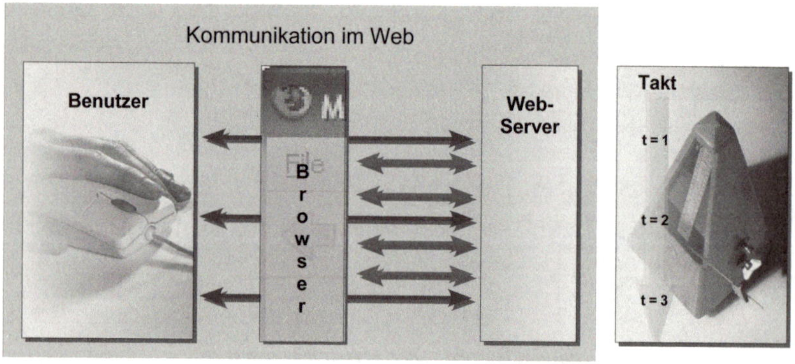

Dass sich auf diesem Wege XML-Nachrichten austauschen lassen, sorgt für das »X« in Ajax. Und die Steuerung obliegt in der Regel einem Javascript-Programm, weil Javascript die in Browsern verbreitetste Programmiersprache ist. Alles zusammen führt zu Asynchronous Javascript and XML, kurz Ajax.

1.4 Wohin geht die Reise?

Beispiele in Büchern, insbesondere die in den ersten Kapiteln, haben häufig die Angewohnheit, nur eine Spielerei, keine »Real World«-Anwendung zu sein. Das gilt auch für die bislang gezeigten Beispiele. Dennoch genügen sie, um darüber zu diskutieren, was mit Ajax gewonnen wurde und wohin die Reise geht.

Den Trend, Webseiten immer dynamischer zu gestalten, gibt es, seit das Web die Forschungswelt des CERN verlassen hat. Zweifelsohne kann man mit Ajax eine neue Dynamik in eine Webseite bringen. Dies ist nicht ohne Nachteile. Bereits früher gab es neue Techniken, die neben neuen Möglichkeiten auch Probleme mit sich brachten. Beispielsweise waren und sind Frames umstritten. Der Vergleich mit Frames hat Chris McEvoy auf die Idee gebracht, unter *http://www.usabilityviews.com/ajaxsucks.html* einen Artikel mit dem Titel »Why Ajax Sucks (Most of the Time)« zu veröffentlichen, der eine weitgehende Kopie eines fast zehn Jahre früheren Artikels von Jacob Nielsen mit dem

Titel »Why Frames Suck (Most of the Time)« *(http://www.useit.com/alertbox/9612.html)*[5] ist. Darin kritisiert er einige Eigenschaften von Ajax: Back-/Forward-Knöpfe funktionieren nicht mehr; Drucken einer Seite mit »Ajax-Inhalten« funktioniert nicht; Anlegen eines Bookmarks (Favoriten, Lesezeichen) funktioniert nicht für »Ajax-Inhalte«; Ajax-Seiten beziehungsweise die per Ajax eingeblendeten Inhalte sind für Suchmaschinen nicht zugänglich. Zurückzuführen sind alle genannten Punkte auf die dynamische Veränderung der Webseite.

McEvoys Argumentation ist nachvollziehbar. Allerdings ist sie nur dann gültig, wenn man das Web als das sieht, was es *fast* immer ist; in Zukunft muss man sagen: Was es bis dato weitgehend *war.* Nämlich ein System von miteinander verknüpften Dokumenten, ein System verlinkter Seiten, ein Hypertextsystem. Der Wert von Ajax liegt *nicht* darin, das Hypertextsystem namens World Wide Web um ein neues Feature zu bereichern. Vielmehr bedeutet Ajax einen Paradigmenwechsel in den Köpfen derer, die Software (nicht nur für das Web) entwickeln.

Ajax ist für Applikationen, nicht für Webseiten.

Das alte Paradigma ist das des Hypertextsystems. Wir stellen die These auf: Das neue Paradigma[6] ist das einer *Applikation,* die auf einem Server abläuft und das Web nur noch verwendet, um seine grafische Benutzeroberfläche (Graphical User Interface, GUI) auf einem entfernten Rechner zu realisieren[7]. Ajax ist in diesem Szenario die Verbindung zwischen den Widgets der Benutzeroberfläche und dem Kern der Applikation[8].

Wer GUI-Programmierung betreibt, möchte nicht alle Komponenten einer grafischen Oberfläche manuell neu programmieren. Dinge wie eine Texteingabe, ein Button, Pop-up- oder Pull-down-Menü werden in der Regel von irgendeiner Art von Bibliothek zur Verfügung gestellt (etwa Athena Widgets, AWT, Swing, MFC). Für Weboberflächen (wir nennen sie im Folgenden einmal WUI (Web User Interface)) ist etwas Ähnliches wünschenswert. Widget-Bibliotheken für den Webbrowser gibt es bereits mehrere. Eine Frage, die das Buch später durch den Einsatz von komplexen Frameworks (etwa DWR oder

5. Kritisch ist zu bemerken, dass McEvoy nicht nur Nielsens Layout, sondern auch seinen Namen als Autor verwendet. Erst nachträglich hat er einen Vermerk und eine Entschuldigung eingebaut, die den Artikel als nicht authentisch ausweisen. Bemerkenswert ist auch, dass der Artikel mittlerweile häufig zitiert und Nielsen zugeschrieben wird.
6. Ohne Anspruch darauf, dass es nicht andere geben kann/wird.
7. So neu ist das »neue« Paradigma nun auch wieder nicht. Es klingt doch verdächtig nach Mainframes mit Terminals, oder?
8. Damit sollte klar sein, weshalb wir McEvoys Meinung über Ajax nicht teilen, die fast wörtlich gleiche Argumentation von Nielsen gegen Frames aber sehr wohl. Frames bringen Probleme für Webseiten, Ajax bringt Vorteile für Applikationen.

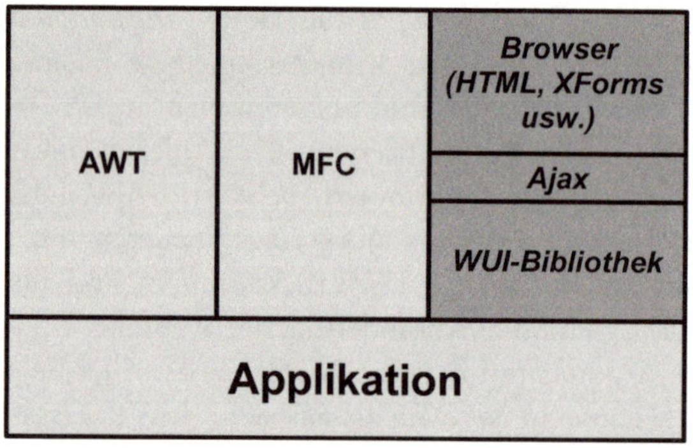

Abb. 1–4 Die Rolle von Ajax in möglichen Webapplikationen

Atlas) beantwortet, ist die Frage nach der Ajax-artigen Kopplung an den Server beziehungsweise an die dort laufende Applikation.

Korrektur: Ajax ist für Webapplikationen ;-)

Der Idealfall und ein mögliches Ziel der Entwicklung von Ajax-Frameworks sieht so aus: Der Softwareentwickler entwickelt seine Applikation unter Verwendung einer Widget-Bibliothek, so wie es mit AWT, Swing oder MFC geschieht; nur dass es sich um eine Bibliothek handelt, die das Web als Darstellungskomponente verwendet. Der Entwickler merkt davon nichts mehr. Die Bibliothek übernimmt (im Zusammenspiel mit einem Web-/Application-Server) die Übertragung per HTTP, die Erzeugung des erforderlichen HTML- und Javascript-Codes und realisiert auch die Rückübertragung von Ereignissen (Mausklicks, Tastatureingaben und so weiter), die in der Oberfläche stattfinden und von der Applikation durch Callback-Funktionen zu behandeln sind.

Die Rolle, die Ajax dabei spielt, ist in Abbildung 1–4 dargestellt. Der Softwareentwickler kommt in diesem idealen Szenario nicht mehr mit Ajax in Berührung. Es stellt sich die Frage, an welcher Stelle die Beschäftigung mit Ajax sinnvoll oder erforderlich ist. Zunächst ist zu bemerken, dass derzeit kein Framework und keine Bibliothek bekannt sind, die »unseren« Idealzustand realisieren würden[9]. Das Erlernen der mit Ajax verbundenen Techniken ist für alle interessant, die sich eigene Frameworks programmieren wollen oder die Funktionen realisieren wollen, die vorhandene Frameworks nicht anbieten.

1.5 Was brauchen wir für Ajax?

Ajax ist keine eigenständige, homogene Technik, sondern ein Konglomerat unterschiedlicher Techniken, die durch eine gemeinsame Idee

9. Die spätere Beschäftigung mit Tools zeigt aber, dass die von uns beschriebene Richtung erkennbar ist.

zusammengehalten werden. Wer die Ajax-Idee umsetzen möchte, muss die benötigten Techniken beherrschen. Welche sind das?

1.5.1 Javascript

Javascript ist die von Browsern am besten unterstützte Skriptsprache. Das nächste Kapitel liefert eine Übersicht über die Javascript-Grundlagen, die für die Ajax-Programmierung notwendig sind.

1.5.2 XML

XML ist die Basis von XHTML. Aus diesem Grund dürften dem Leser die meisten Eigenschaften von XML-Sprachen bekannt sein. Wer bislang nur mit dem Web zu tun hatte, muss sich noch daran gewöhnen, dass XML dazu dient, *eigene* Sprachen zu entwerfen; das heißt insbesondere: eigene Element- und Attributnamen festzulegen. Viel mehr ist *im Rahmen dieses Buches* nicht über XML zu sagen[10]. Folglich hält sich der Abschnitt über XML kurz und beleuchtet nur einige zentrale Punkte.

1.5.3 Document Object Model (XML und HTML)

Die dynamische Veränderung einer Webseite erfolgt über die Manipulation des Document Object Model (DOM), das der Browser initial aus dem HTML-Quellcode erzeugt hat. Im folgenden Kapitel ist eine Einführung in die DOM-Programmierung zu finden. Dieses Knowhow ist bei Ajax nicht nur für HTML, sondern auch für XML nützlich. Die Nachrichten, die Client und Server in XML-Form austauschen, stehen im Javascript-Programm als Objekte im Sinne des DOM zur Verfügung. Einen ersten Eindruck von DOM-Programmierung hat bereits Abschnitt 1.2 geliefert. In der dort gezeigten Funktion `showXmlFortuneMessage()` erfolgt ausschließlich DOM-Programmierung.

Es gibt eine Alternative zur manchmal schwerfälligen DOM-Programmierung: Unter dem Namen Ecmascript for XML (E4X) wurde Javascript um eigene Möglichkeiten der XML-Verarbeitung erweitert. Da bislang nur Firefox Teile von E4X beherrscht, verzichten wir hier auf eine Einführung. Im Netz gibt es eine Reihe von Artikeln. Wer nicht suchen möchte, kann für derzeit 60 Cent unter *http://www.heise.de/kiosk/archiv/ix/05/11/060/* einen Artikel herunterladen.

10. Außerhalb dieses Buches hingegen sehr viel.

2 Grundlagen

Dieses Kapitel gibt einen Überblick über die für die Ajax-Programmierung erforderlichen Grundlagen.

2.1 Orientierung

1. Wer sich mit Ajax-Programmierung beschäftigt, kommt um Javascript nicht herum. Es gilt aber auch: Es gibt Bibliotheken beziehungsweise Frameworks, die es erlauben, Ajax *zu verwenden,* ohne Javascript zu programmieren.

   Der entsprechende Abschnitt stellt die unserer Meinung nach wichtigsten Eigenschaften von Javascript überblicksartig zusammen. Alles (oder fast alles), was dort zu finden ist, sollte der Leser beherrschen.
2. Man muss nicht XML sprechen, um per Ajax zu kommunizieren. XML bietet sich aber für komplexe Nachrichten an.

   Abschnitt 2.3 bietet die kürzestmögliche Übersicht über XML an, die wir uns vorstellen können. Hinter der Kürze steht die Überlegung: Am Ende sind's nur Tags und Elemente, die kennt der Leser sowieso. Weil diese Behauptung einerseits richtig, aber andererseits nicht einmal die halbe Wahrheit ist, haben wir den Abschnitt mit einigen Ausführungen zu beliebten Stolpersteinen und zu benachbarten Techniken (namentlich Xpath) angereichert. Es bleibt ein Versuch, die XML-Grundlagen so kurz abzuhandeln. Letztlich steckt aber alles drin, was für das weitere Verständnis des Buches benötigt wird. Darüber hinaus ist ein Link zu einem Online-Buch über XML zu finden.
3. Die Manipulation der Webseite sowie die Verarbeitung von XML-Daten stellen eine wichtige Fähigkeit für Ajax-Entwickler dar. Das dazu entwickelte Document Object Model dürften die meisten Webentwickler längst kennen. Was wir als die wichtigsten Funktionen ansehen, vermittelt Abschnitt 2.4.

4. Während der Leser gut beraten ist, die Inhalte der ersten drei Abschnitte im Wesentlichen zu beherrschen[1], sind die abschließenden zwei Abschnitte *optional*. Der eine behandelt die Ausführung von XSLT-Programmen im Webbrowser, der andere zeigt, wie sich Webseiten mit Hilfe einer kleinen Bibliothek frei von Javascript-Code und damit übersichtlicher schreiben lassen.

2.2 Javascript revisited

Javascript ist eine notwendige Grundlage für die Ajax-Programmierung. Es ist nicht die Aufgabe dieses Buches, eine vollständige Einführung in Javascript zu geben. Stattdessen wird dieser Abschnitt die für Ajax wichtigsten Konzepte von Javascript wiederholen. Wer noch nie zuvor in Javascript programmiert hat, findet unter *http://www.javascript-workshop.de/* die Online-Fassung eines Javascript-Buches zum Selbststudium.

Javascript = JScript = Ecmascript

Wenn hier von Javascript die Rede ist, so ist keine bestimmte Version oder Ausprägung gemeint. Ursprünglich ist die Sprache für den Netscape Navigator 2 unter dem Namen LiveScript entwickelt worden[2]. Ein Abkommen zwischen Netscape und Sun führte zur Umbenennung in Javascript. Microsoft verwendet seinen eigenen Namen, nämlich JScript. Eine standardisierte Form der Sprache ist als Ecmascript bekannt[3]. In der frühen Phase[4] hing Javascript der Makel der »Inkompatibilität« an. Tatsächlich handelte es sich bei den praktischen Problemen zwischen Navigator und IE um unterschiedliche Objektmodelle, seltener um eine inkompatible Interpretation der Skriptsprache.

2.2.1 Funktionen

Funktionen sind in Javascript neben Objekten das zentrale Mittel zur Kapselung und Abstraktion. Die Definition wird eingeleitet durch das Schlüsselwort `function`, gefolgt vom Namen der Funktion und der

1. Unter Umständen schon vor der Lektüre der Abschnitte, dann kann er sie überspringen, oder gegebenenfalls nach einer Vertiefung mit Hilfe der ebendort genannten Literatur.
2. Unter *http://mintert.com/javascript/#chronologie* sind die ersten fünf Jahre der Javascript-Entwicklung detailliert festgehalten.
3. Die Ecma ist eine in Genf ansässige Organisation, die sich heute als »Ecma International – European association for standardizing information and communication systems« bezeichnet. Bis 1994 stand das Akronym ECMA für »European Computer Manufacturers Association«. Die technischen Spezifikationen der Ecma sind unter *http://www.ecma-international.org/* erhältlich.
4. Im Mai 1996 hat Microsoft mit der Betaversion des Internet Explorer 3 zum ersten Mal einen Javascript-fähigen Browser veröffentlicht.

Liste der formalen Parameter in runden Klammern. Es schließt sich daran der Rumpf der Funktion an. Das nachfolgende Listing zeigt beispielhaft die Definition der Quadratfunktion.

```
function quadrat(x) {
  return x*x;
}
```

Das Beispiel zeigt, dass Variablen (in diesem Fall ein Parameter) nicht getypt sind. Die Funktion `quadrat()` kann auch mit einer Zeichenkette als Wert für `x` aufgerufen werden. Noch nicht einmal die Multiplikation sorgt zwangsläufig für einen Fehler zur Laufzeit, obwohl der Multiplikationsoperator nicht für Zeichenketten definiert ist. Der Javascript-Interpreter versucht, die Zeichenkette in eine Zahl zu wandeln und dann zu multiplizieren. Erst wenn die Typkonvertierung fehlschlägt, entsteht ein Laufzeitfehler. Um Probleme zur Laufzeit zu vermeiden, empfiehlt es sich, Variablen stets nur mit einem Typ von Werten zu belegen und eine explizite Typkonvertierung durchzuführen. Dazu stehen Funktionen wie `parseInt()`, `parseFloat`, `Number()` und `String()` zur Verfügung[5].

var deklariert Variablen als lokal.

Parameter einer Funktion sind nur innerhalb der Funktion sichtbar. Werden weitere Variablen benötigt, so sollten diese stets mit dem Schlüsselwort `var` deklariert werden. Damit sind auch die Variablen nur innerhalb eines durch geschweifte Klammern begrenzten Blocks sichtbar. Beispiel:

```
function quadrat(x) {
  var ergebnis = x*x;
  return ergebnis;
}
```

Die Funktion, nicht ihr Aufruf

Wenn ein Funktionsname ohne runde Klammern im Programm steht, so referenziert dieser Ausdruck die Funktion selbst, nicht das Ergebnis der Funktionsausführung. Zur Veranschaulichung dient folgende Hilfsfunktion:

```
function zeigeFunktionsergebnis(x, f) {
  var ergebnis = f(x);

  alert ("Der Aufruf von " + String(f)
         + " mit dem Wert " + String(x)
         + " liefert das Ergebnis " + String(ergebnis));
}
```

5. Number und String sind groß geschrieben, weil es sich um Konstruktorfunktionen für Objekte handelt.

Funktionen als Parameter von Funktionen

`zeigeFunktionsergebnis()` besitzt zwei Parameter. Der zweite wird als Funktion aufgefasst, die mit dem Wert des ersten Parameters als Argument aufgerufen wird. Anschließend zeigt die `alert()`-Funktion an, was bei diesem Experiment herauskommt. Der Aufruf `zeigeFunktionsergebnis(5,quadrat)` liefert die Ausgabe, die in folgender Abbildung zu sehen ist.

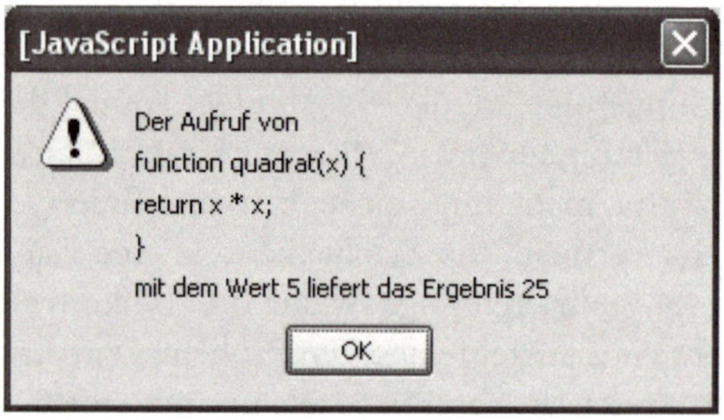

Abb. 2–1 *Funktionen als Parameter am Beispiel von `zeigeFunktions` `ergebnis(5,quadrat)`*

Es gibt auch namenlose Funktionen. Manchmal benötigt man eine Funktion nur kurzzeitig, und es ist nicht notwendig, ihr einen Namen zu geben. Eine solche Funktion wird genauso definiert wie oben, nur ohne Namen. Im folgenden Beispiel berechnet die Funktion die vierte Potenz von 5.

```
zeigeFunktionsergebnis(5,function (x) {
   return quadrat(quadrat(x)); });
```

arguments[]

Funktionen können auch eine vorher unbekannte Anzahl von Parametern verarbeiten. Alle an die Funktion übergebenen Aufrufargumente stehen im Array `arguments[]` zur Verfügung. Beispiel:

```
function f() {
  for (var i; i < arguments.length; i++) {
    alert("Argument Nr. " + i + " hat den Wert "
          + arguments[i]);
  }
}
```

Der Aufruf `f("Hallo", "Welt")` ruft zweimal die `alert()`-Funktion. Nebenbei zeigt das Beispiel auch, dass Array-Indizes in Javascript bei 0 beginnen; andernfalls müsste die Schleifenbedingung `i <= arguments.length` lauten.

Funktionen als Rückgabewert von Funktionen

Zwei wichtige Eigenschaften von Funktionen fehlen noch. Das nächste Listing stellt sie vor: Lokale Funktionen und Funktionen als Ergebniswert einer Funktion.

```
function generierePotenzfunktion(exponent) {
   var pFunktion = function (basis) {
      return Math.pow(basis, exponent);
   }
   return pFunktion;
}

var quadrat = generierePotenzfunktion(2);
var kubik   = generierePotenzfunktion(3);

alert(quadrat(5));  // liefert 25
alert(kubik(5));    // liefert 125
```

Zusammengefasst sind im Folgenden die wichtigen Eigenschaften von Funktionen:

- Funktionen sind in Javascript auch *Objekte* (des Typs »Function«). Daraus ergeben sich die folgenden Eigenschaften automatisch.
- Funktionen können als *Parameter* an Funktionen übergeben werden.
- Funktionen können Funktionen als *Ergebnis* liefern.
- Es gibt *namenlose* Funktionen.
- Funktionen können *lokal*, innerhalb anderer Funktionen definiert werden.

2.2.2 Umgang mit Objekten

Javascript ist eine *klassenfreie* objektorientierte Sprache. Sie erlaubt es, Programme durch Kapselung lesbarer und besser wartbar zu gestalten. Dies begünstigt auch die Wiederverwendbarkeit von Code.

Neben Objekten, die der Programmierer selbst erzeugt, spielen vor allem die sogenannten Host-Objekte eine wichtige Rolle. Dabei handelt es sich um Objekte, die die Umgebung, in der das Javascript-Programm läuft, bereitstellt. Im Kontext dieses Buches handelt es sich bei der Umgebung in der Regel um den Webbrowser. Das wichtigste Objekt, das der Browser zur Verfügung stellt, heißt `document`. Es repräsentiert die Webseite, in die ein Javascript-Programm eingebettet ist. Die Eigenschaften und Methoden von `document` sind Gegenstand des nachfolgenden Abschnitts 2.4 über das Document Object Model.

Zur Erzeugung von neuen, eigenen Objekten dient der `new`-Operator, der wie folgt eingesetzt wird.

Objekte erzeugen mit new

```
var hello = new String("Hello World!");
```

Dieses Beispiel deklariert die Variable `hello` und initialisiert sie unmittelbar mit einem Wert vom Typ `String`.

Im Gegensatz zu anderen, klassenbasierten OO-Sprachen dienen in Javascript Funktionen als Konstruktoren für neue Objekte. Das folgende Beispiel illustriert die Vorgehensweise:

```
function Pkw(farbe,verbrauch,preis) {
  this.farbe     = farbe;
  this.verbrauch = verbrauch;
  this.preis     = preis;

  this.getFarbe  = function () {
                     return this.farbe;
                   }
  this.setFarbe  = function (neueFarbe) {
                     this.farbe = neueFarbe;
                   }
}

var pkwA = new Pkw("grün", 5.5, 14000);
var pkwB = new Pkw("gelb", 8, 20000);
var pkwC = new Pkw("rot", 12, 34000);
```

Innerhalb des Konstruktors `Pkw()` stellt das Schlüsselwort `this` eine Referenz auf das gerade erzeugte Objekt dar. Über die Punktschreibweise der Form `this.farbe` oder `this.getFarbe` weist die Funktion dem neuen Objekt Eigenschaften und Methoden zu, wobei Letztere hier als namenlose Funktionen angegeben sind. Die Methoden `getFarbe()` und `setFarbe()` dienen dazu, unterschiedliche Stile für das Lesen und Schreiben von Eigenschaften zu demonstrieren. Nach dem Erzeugen der Objekte sind folgende Ausdrücke erlaubt:

```
pkwB.preis = 21000;
pkwB.setFarbe('silber metallic');
```

2.2.3 JSON

Der vorhergehende Abschnitt hat die Erzeugung von Objekten über Konstruktorfunktionen gezeigt. Braucht man nur einzelne Objekte einer Art, lohnt sich die Definition der Funktion nicht. Stattdessen bietet sich die Javascript Object Notation, kurz JSON, an. Es handelt sich dabei um eine literale Objektnotation. »Literal« bedeutet, Objekte werden »wörtlich« in den Quellcode geschrieben. Das sieht so aus:

```
var erde = { durchmesser: 12746,
             umfang:      40041}
//Angaben sind gerundete Mittelwerte in km
```

Wie üblich erfolgt der Zugriff auf die Eigenschaften mit der Punktschreibweise, etwa `erde.durchmesser`.

JSON und Ajax

Für Ajax hat JSON eine besondere Bedeutung. Ajax erlaubt die Übertragung von Textnachrichten. JSON ist eine textuelle Repräsentation von Objekten. Folglich lassen sich mit der Kombination Objekte vom Server zum Browser übertragen. Ein als Text übertragenes Objekt muss clientseitig nur ausgewertet werden. Das macht die Funktion `eval()`.

`eval(zeichenkette)` wertet die Zeichenkette als Javascript-Anweisung aus. Handelt es sich bei der Zeichenkette um ein literales Objekt, gibt es eine kleine Ausnahme: Da die Objekte mit geschweiften Klammern umgeben sind, diese Klammern in Javascript aber auch Blöcke eingrenzen, muss die Zeichenkette für `eval()` noch zusätzlich in runde Klammern gebettet werden[6]. Beispiel:

```
eval("({durchmesser: 12746, umfang: 40041})").umfang;

// alternativ:
var litObjekt = "{durchmesser: 12746, umfang: 40041}";
eval("("+litObjekt+")").umfang;
```

Zu beachten ist nicht nur die Umwandlung einer Zeichenkette in ein Objekt, sondern auch der unmittelbare Zugriff auf eine Eigenschaft des neuen Objekts.

Da es sich bei JSON um eine Spracheigenschaft von Javascript handelt, ist der Umgang mit der Notation mit wenig Aufwand verbunden. Sollte es sich um den seltenen Fall handeln, in dem der Inhalt der Zeichenkette nicht vertrauenswürdig ist, so würde `eval()` auch jeden anderen Befehl der Skriptsprache ausführen. Wer das verhindern möchte, findet auf *http://www.json.org/* einen Parser für JSON-Zeichenketten. Ein Beispiel für den Einsatz enthält Abschnitt 4.3.4. Die Webseite enthält des Weiteren ausführliche Informationen zu JSON und listet Bibliotheken für zahlreiche Programmiersprachen auf, die es erlauben, Objekte oder andere Daten der jeweiligen Sprache in JSON zu wandeln. Wir verwenden die entsprechende Bibliothek für Perl in unserem Glückskeks-Webservice (siehe Anhang B).

2.2.4 Prototype

Wie bereits in Abschnitt 2.2.2 erwähnt, ist Javascript eine klassenfreie objektorientierte Programmiersprache. Im Gegensatz zur klassischen Vererbung (Vererbung von Eigenschaften und Methoden über Klassen) in anderen Programmiersprachen (zum Beispiel C++ und Java) unterstützt Javascript eine prototypische Vererbung.

---

6. Dank an Stefan Koch für die Erklärung der runden Klammern.

Üblicherweise wird die prototypische Vererbung eingesetzt, um Objekte mit neuen Eigenschaften oder Methoden auszustatten. Ein Beispiel soll dies verdeutlichen; die Details des Prototype-Mechanismus' folgen im Anschluss. Unsere Pkw-Objekte aus 2.2.2 sollen eine Methode toString() bekommen, die dessen Eigenschaften als Zeichenkette in folgender Form zurückliefert:

```
Farbe: Blau
Verbrauch: 5.5
Preis: 14000
```

Die Methode soll natürlich an allen Pkw-Objekten zur Verfügung stehen, auch an denen, die bereits erzeugt wurden. Dazu fügen wir toString als neue Eigenschaft zur prototype-Eigenschaft des Pkw-Konstruktors hinzu und weisen toString eine Funktion zu:

```
Pkw.prototype.toString =
function () {
  return "Farbe: " + this.farbe
         + "\nVerbrauch: " + this.verbrauch
         + "\nPreis: " + this.preis;
};
```

Der Aufruf pkwA.toString() liefert dann die entsprechenden Werte von pkwA als Zeichenkette zurück.

Jede Konstruktorfunktion besitzt eine prototype-Eigenschaft. Jedes mit einem Konstruktor neu erzeugte Objekt hat eine implizite Referenz auf diese prototype-Eigenschaft des Konstruktors. Die prototype-Eigenschaften sind selbst Objekte und können ebenfalls wieder eine implizite Referenz auf die prototype-Eigenschaft *ihres* Konstruktors haben. So entsteht eine Kette von prototype-Objekten, die auch als Prototype Chain bezeichnet wird.

Soll der Javascript-Interpreter nun eine Referenz auf eine benannte Eigenschaft eines Objekts auflösen, so untersucht er zuerst das Objekt selbst, ob es diese Eigenschaft besitzt. Falls ja, dann ist die Eigenschaft gefunden. Ist dies aber nicht der Fall, dann betrachtet er das prototype-Objekt des Objekts, ob dort die gesuchte Eigenschaft vorhanden ist. Dieser Vorgang setzt sich entlang der Prototype Chain fort, bis die Referenz aufgelöst werden kann oder das Ende der Kette erreicht ist.

Abbildung 2–2 illustriert das Auflösen der Referenz für den Aufruf der Methode toString() am pkwA-Objekt. pkwA hat selbst keine Methode toString(). Als nächste Station wird das zugehörige prototype-Objekt untersucht; dort gibt es die Methode.

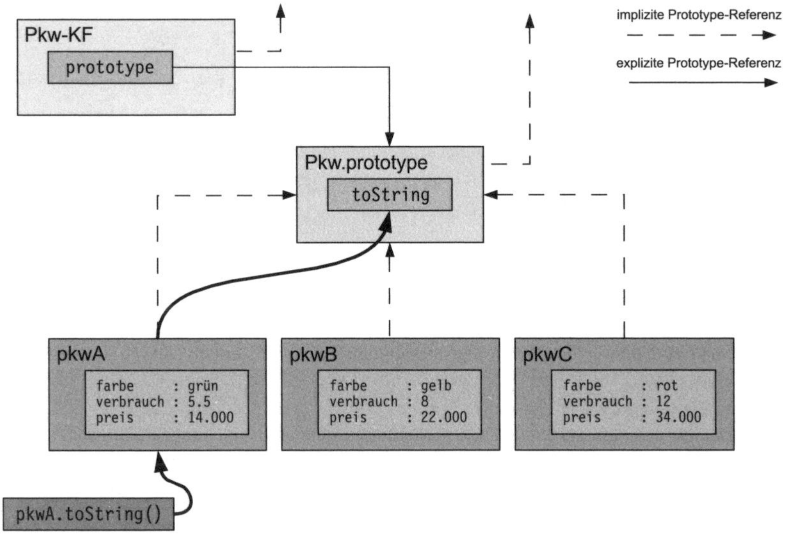

Abb. 2-2 *Auflösen der Referenz für den Aufruf der Methode* `toString()`

2.2.5 Fortgeschrittenes Prototyping

Javascript für Programmierer, nicht für Designer

Bislang hat unsere Javascript-Auffrischung die Sprache so betrachtet, wie sie schon vor zehn Jahren von Programmierern eingesetzt wurde. Auch der vorhergehende Abschnitt zeigt den Einsatz von `prototype`-Eigenschaften, wie man ihn aus vielen Lehrbüchern kennt. Wir könnten hier stoppen, da alles Bisherige für die weitere Lektüre ausreicht. Andererseits sollen Ajax und dieses Buch den Leser weiterbringen. Deshalb möchten wir zeigen, dass in Javascript mehr steckt, als landläufig zu lesen ist. Wer an Programmierparadigmen nicht interessiert ist, kann diesen Abschnitt überspringen. Alle anderen Leser werden hoffentlich neue Erkenntnisse bekommen und darüber hinaus in die Lage versetzt, die Implementierung von einigen der später vorgestellten Frameworks zu verstehen. In diesem Abschnitt wollen wir eine komplexere Ableitungshierarchie entwickeln, um die Möglichkeiten der prototypischen Vererbung zu verdeutlichen.

Klassische Vererbungsstrategie

Unsere Hierarchie verwendet wieder die Pkw aus dem vorangegangenen Abschnitt 2.2.4. Sie bekommt eine Basisklasse `Vehicle`. Davon leitet sich die Klasse `Pkw` ab, die wiederum die Basis für eine Klasse `Lkw` ist. Wir verwenden den Begriff Klasse, obwohl in Javascript keine Klassen im Sinne der klassischen Objektorientierung existieren. Die Begriffswahl deutet aber schon darauf hin, dass wir die prototypische Vererbung im Sinne der klassischen Vererbung einsetzen möchten. Der

Begriff *Klasse* steht in diesem Zusammenhang für Konstruktorfunktionen in Javascript.

Die Basisklasse `Vehicle` soll die Methode `toString()` enthalten, die ursprünglich eine Methode der Klasse `Pkw` war. Die Konstruktorfunktion von `Vehicle` hat selbst keine Eigenschaften. An der `prototype`-Eigenschaft setzen wir aber die Methode `toString()`:

```
function Vehicle() {
};

Vehicle.prototype.toString =
function () {
  var retVal = "";
  for(property in this) {
    if(!(this[property] instanceof Object)) {
      retVal += property.substr(0,1).toUpperCase()
               + property.substr(1) + ": "
               + this[property] + "\n";
    }
  }
  return retVal;
};

Vehicle.prototype.getType = function() {
  return "Unknown";
}
```

`toString()` hat jetzt eine allgemeingültige Form, damit sie in allen abgeleiteten Klassen funktioniert. Sie ist so implementiert, dass sie bei der Darstellung als Zeichenkette nur Eigenschaften mit einfachen Datentypen berücksichtigt, nicht jedoch Objekte oder Funktionen. Die `prototype`-Eigenschaft wird noch um eine weitere Methode `getType()` ergänzt, die den Typ eines Objekts zurückgibt.

Die `Pkw`-Konstruktorfunktion initialisiert die Eigenschaften nicht mehr direkt, sondern führt eine Methode `init()` aus, die die entsprechenden Eigenschaften auf die übergebenen Werte setzt. Die Implementierung der `init()`-Methode folgt im Anschluss.

```
function Pkw(farbe, verbrauch, preis) {
  if( arguments.length ) {
    this.init(farbe, verbrauch, preis);
  }
};
```

Und wie leiten wir nun »Pkw« von »Vehicle« ab? Wie in Abschnitt 2.2.4 dargelegt, sind die `prototype`-Eigenschaften einer Konstruktorfunktion ebenfalls Objekte. Wir können den `prototype`-Eigenschaften also ein neues Objekt zuweisen, nämlich ein mit new erzeugtes Vehicle-Objekt:

```
Pkw.prototype = new Vehicle();
```

Wir ergänzen das prototype-Objekt, das ein Vehicle-Objekt ist, noch um die init()-Methode und fügen noch die Methode getType() hinzu, die den für Pkws richtigen Typ PKW zurückliefert:

```
Pkw.prototype.init = function(farbe, verbrauch, preis) {
  this.farbe          = farbe;
  this.verbrauch      = verbrauch;
  this.preis          = preis;
};

Pkw.prototype.getType = function() {
  return "PKW";
};
```

Neue Pkw-Objekte werden so erzeugt:

```
var pkwA = new Pkw("Blau", 5.5, 14000);
var pkwB = new Pkw("Schwarz", 6.2, 21000);
```

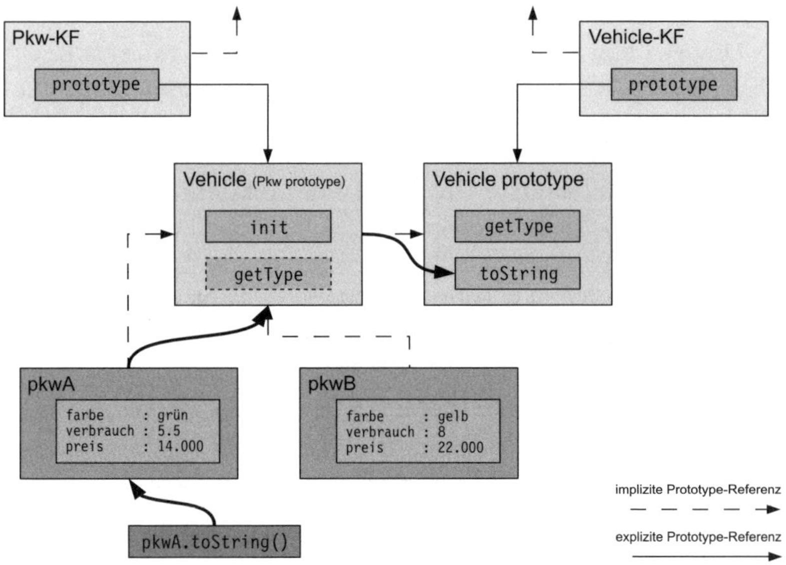

Abb. 2–3
Auflösen der Referenz für den Aufruf der Methode toString() am pkwA-Objekt

Abbildung 2–3 zeigt die prototypische Vererbung unseres Szenarios. Im Gegensatz zu unserem ersten Beispiel aus Abschnitt 2.2.4 haben wir jetzt eine zweistufige Verkettung der prototype-Objekte. Die Referenz für den Aufruf der Methode toString() wird entlang der Kette [pkwA] ---> [prototype-Objekt von pkwA (ein Vehicle-Objekt)] ---> [prototype-Objekt von Vehicle] aufgelöst (siehe dicke Linie in Abbildung 2–3).

Ein Aufruf der Methode getType() dagegen wird schon im prototype-Objekt von pkwA aufgelöst.

Zur Vervollständigung unserer Hierarchie fehlt noch die von *Pkw* abgeleitete Klasse *Lkw*. Die Lkw-Konstruktorfunktion sieht so aus (inklusive Setzen weiterer Eigenschaften am prototype-Objekt):

```
function Lkw(farbe, verbrauch, preis, achsen) {
  if( arguments.length ) {
    this.init(farbe, verbrauch, preis, achsen);
  }
}

Lkw.prototype = new Pkw();
Lkw.prototype.init = function(farbe, verbrauch, preis, achsen) {
  Pkw.prototype.init.call(this, farbe, verbrauch, preis);
  this.achsen = achsen;
}

Lkw.prototype.getType = function() {
  return "LKW";
}
```

Da Lkw von Pkw abgeleitet sein soll, setzen wir die prototype-Eigenschaft der Lkw-Konstruktorfunktion auf ein mit new erzeugtes Pkw-Objekt. Die Konstruktorfunktion führt wieder eine Methode init() aus, die die Eigenschaften eines neu erzeugten Lkw-Objekts setzt. Sie befindet sich am prototype-Objekt der Konstruktorfunktion und ruft zuerst die init()-Methode am prototype-Objekt der Pkw-Konstruktorfunktion mit einem call, um die Eigenschaften von Pkw mit den entsprechenden Werten zu initialisieren. call sorgt dafür, dass die Initialisierung im richtigen Kontext stattfindet. Danach setzt init() noch die nur für Lkw geltende Eigenschaft achsen.

Neue Lkw-Objekte werden so erzeugt:

```
var lasterA = new Lkw("Silber", 20.0, 140000, 6);
var lasterB = new Lkw("Silber-Metallic", 25.0, 240000, 8);
```

Abbildung 2–4 zeigt die Prototype Chain, diesmal für den Aufruf der Methode lkwA.toString().

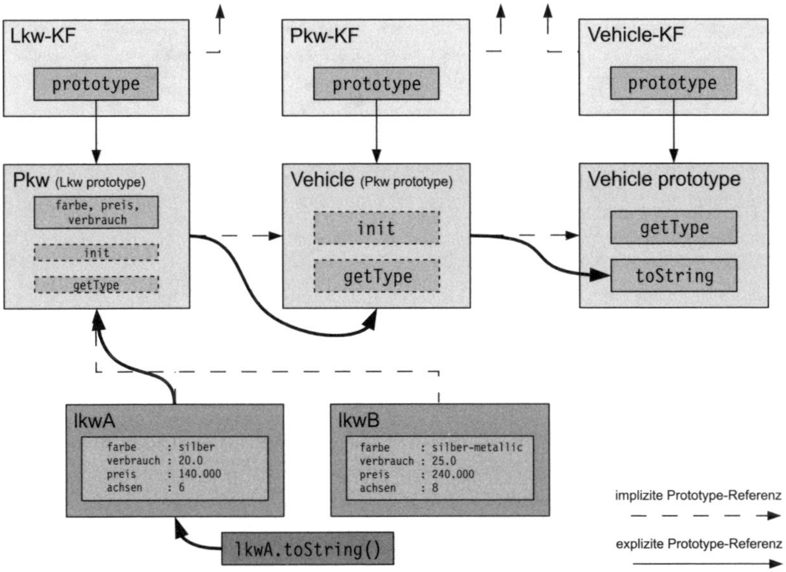

Abb. 2–4
Auflösen der Referenz für den Aufruf der Methode `toString()` am `lkwA`-Objekt

Prototypische Vererbungsstrategie

Der vorhergehende Abschnitt hat eine klassische Vererbungshierarchie über Konstruktorfunktionen und Verkettung über prototype-Objekte realisiert. Die prototypische Vererbung in Javascript ermöglicht aber auch eine ganz andere Vorgehensweise, indem sie neue abgeleitete Objekte auf der Basis existierender Objekte erzeugt. Douglas Crockford hat in einem Artikel *(http://www.crockford.com/javascript/prototypal.html)* den folgenden Operator vorgestellt, der diese Vorgehensweise effizient unterstützt:

```
// taken from www.crockford.com
function object(o) {
  function f() {};
  f.prototype = o;
  return new f();
};
```

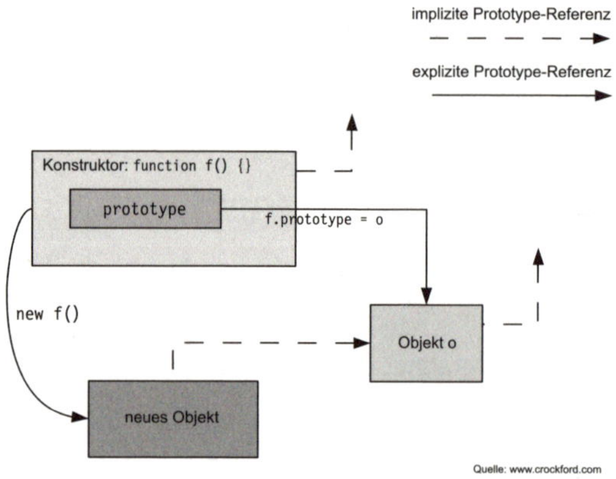

Abb. 2–5 *Erzeugen eines neuen Objekts mit dem* `object`*-Operator*

Der Operator nimmt ein Objekt `o` als Parameter, erzeugt eine Konstruktorfunktion `f()` und setzt `o` als `prototype`-Objekt am Konstruktor. Der Konstruktor erzeugt anschließend mit `new` ein neues, leeres Objekt (siehe Abbildung 2–5). Ein Beispielaufruf:

```
var erbendesObjekt = object(vererbendesObjekt);
```

Auf diese Weise entstehen Objekte, die über eine Prototype Chain miteinander verkettet sind. Eigenschaften oder Funktionen, die nicht selbst im erzeugten Objekt enthalten sind, werden über die prototypische Verkettung gefunden (vererbt).

Das folgende Beispiel soll die Vorgehensweise an der Fahrzeughierarchie skizzieren. Es verzichtet bewusst auf die Verwendung von Konstruktorfunktionen, um den Unterschied zur klassischen Vererbung zu verdeutlichen. Als Basisobjekt dient ein `Vehicle`-Objekt, das in Objektnotation erzeugt wird:

```
var Vehicle = {
  toString : function () {
    var retVal = "";
    for(property in this) {
      if(!(this[property] instanceof Object)) {
        retVal += property.substr(0,1).toUpperCase()
                + property.substr(1) + ": "
                + this[property] + "\n";
      }
    }
    return retVal;
  },
  getType : function() {
    return "Unknown";
  }
}
```

Die Pkw-Konstruktorfunktion verwandeln wir in ein Pkw_Factory-Objekt, das eine Methode create() zum Erzeugen neuer Pkw-Objekte besitzt:

```
var Pkw_Factory = {
  init : function(farbe, verbrauch, preis) {
    this.farbe = farbe;
    this.verbrauch = verbrauch;
    this.preis = preis;
  },
  create : function(farbe, verbrauch, preis) {
    var Pkw = object(Vehicle);
    this.init.apply(Pkw, arguments);
    Pkw.getType = this.getType;
    return Pkw;
  },
  getType : function() {
    return "PKW";
  }
}
```

create() erzeugt mit dem object-Operator ein neues Objekt auf Basis des Vehicle-Objekts. Die Anweisung this.init.apply(Pkw, arguments) initialisiert die Pkw-Eigenschaften des neu erzeugten Objekts mit den übergebenen Werten. Zusätzlich wird noch die Methode getType() hinzugefügt. Unsere Lkw_Factory ist ganz ähnlich aufgebaut:

```
var Lkw_Factory = {
  init : function(achsen) {
    this.achsen = achsen;
  },
  create : function(farbe, verbrauch, preis, achsen) {
    var Lkw = object(Pkw_Factory.create(farbe, verbrauch, preis));
    this.init.call(Lkw, achsen);
    Lkw.getType = this.getType;
    return Lkw;
  },
  getType : function() {
    return "LKW";
  }
}
```

Ein entscheidender Unterschied liegt darin, wie ein neues Objekt erzeugt wird. Ein neuer Lkw wird auf der Basis eines neuen Pkw mit der Anweisung var Lkw = object(Pkw_Factory.create(farbe, verbrauch, preis)) erzeugt. Der Prototyp eines Lkw ist also immer ein neuer Pkw, der dann auch die Pkw-Eigenschaften in diesem Objekt bereithält.

Neue Pkw und Lkw lassen sich mit den folgenden Anweisungen erzeugen:

```
var pkwA = Pkw_Factory.create("Blau", 5.5, 14000);
var pkwB = Pkw_Factory.create("Schwarz", 6.2, 21000);

var lkwA = Lkw_Factory.create("Silber", 20.0, 140000, 6);
var lkwB = Lkw_Factory.create("Silber-Metallic", 25.0, 240000, 8);
```

2.2.6 Ereignisverarbeitung

Es ist üblich, dass ein Programm auf eine Vielzahl von Ereignissen reagieren muss. Der Ereignisverarbeitung (engl.: Event Handling) fällt daher eine wichtige Rolle zu. Sie wird in Javascript von Funktionen übernommen, die der Browser bei Eintreten eines Ereignisses ausführt. Dazu muss er wissen, welche Funktion in welcher Situation die richtige ist.

Registrieren von Funktionen als Event-Handler

Der bekannteste Weg, um einen Event-Handler zu registrieren, ist die Verwendung eines entsprechenden Attributs in HTML, zum Beispiel:

```
<body onload="alert('Willkommen auf meiner Seite!')">
<input type="button"
       id="freundlicherButton"
       value="Drück mich!"
       onclick="alert('Danke!')"/>
```

Nach dem Laden (onload) der Webseite wird die Funktion `alert()` gerufen. Bemerkenswert ist hieran, dass die Event-Attribute die *Verbindung* zwischen dem statischen HTML und dem dynamischen Javascript darstellen[7]. Der Event-Handler ist hierbei zwar dynamisch, die Verbindung zwischen Element (`body`), Ereignis (`onload`) und Javascript (`alert()`) ist es jedoch nicht. Das lässt sich ändern: Javascript kann die Zuweisung zur Laufzeit ändern:

```
document.getElementById('freundlicherButton').onclick =
      function () { alert('Vielen Dank!') }
```

7. Formal ist das nicht richtig. Der Inhalt der Attribute ist nicht ohne Weiteres als Javascript zu erkennen. Es könnte sich auch um eine andere Skriptsprache handeln; im MSIE etwa um Visual Basic Script. Die HTML-4-Spezifikation schreibt in ihrem Abschnitt 18.2.2 vor, dass die Skriptsprache bei Benutzung der gezeigten Event-Attribute entweder im HTTP-Kopf oder im meta-Element der Form `<meta http-equiv="Content-Script-Type" content="application/javascript"/>` anzugeben ist. Siehe *http://www.edition-w3.de/TR/1999/REC-html401-19991224/interact/scripts.html#h-18.2.2.*

Nach Ausführung dieser Anweisung bedankt sich der Knopf noch freundlicher als zuvor. Auf diese Weise lassen sich zur Laufzeit alle Event-Handler beliebig ändern. Alle? Welche gibt es denn? Die meisten Leser dürften mit HTML vertraut sein, deshalb verzichten wir auf eine ausführliche Beschreibung. Wenigstens eine Nennung soll aber sein, zumal die Namen aussagekräftig sind. Für Webseiten: onload, onunload; insbesondere, aber nicht nur für Schaltflächen: onclick, ondblclick, onmousedown, onmouseup, onmouseover, onmousemove, onmouseout, onkeypress, onkeydown, onkeyup; für Formulareelemente: onblur (Verlassen), onfocus (Aktivieren), onchange (Wertänderung), onselect (bei Textauswahl); für Formulare: onreset, onsubmit (Absenden). Die Details sind in der bereits genannten HTML-4-Spezifikation zu finden. Neben diesen »offiziellen« haben die Browser noch eigene Event-Handler im Angebot, so wird etwa `window.onerror` bei Auftreten eines Javascript-Fehlers gerufen.

Für die Arbeit mit diesem Buch reicht die einfache Ereignisbehandlung aus. Darüber hinaus kennen aber sowohl die bekannten Browser als auch die entsprechenden Spezifikationen des W3C[8] ein ausgefeiltes Modell für Ereignisse und deren Programmierung. Wer daran interessiert ist, findet online, zum Beispiel unter *http://www.javascript-workshop.de/buch/11.html,* weitere Informationen.

2.3 XML

Der Austausch von Nachrichten mittels Ajax erfordert nicht unbedingt XML. Dass das »X« in »Ajax« für XML steht, deutet aber darauf hin, dass XML eine wichtige Aufgabe übernehmen kann.

XML ist die Abkürzung für Extensible Markup Language. Die Erweiterbarkeit (engl.: Extensibility) bedeutet, dass es mit XML möglich ist, Auszeichnungssprachen für eigene Anwendungen zu definieren. Eine solche, mit XML definierte Sprache ist XHTML[9]. Bei der Definition einer eigenen Auszeichnungssprache spielen sogenannte Dokumenttyp-Definitionen (DTD) beziehungsweise XML-Schemata eine Rolle. Das ist hier aber sekundär. Wesentlich ist, dass XHTML ein gutes *Beispiel* für eine XML-Sprache ist. Im Zusammenhang mit Ajax genügt ein rudimentäres Verständnis von XML, das dieser Abschnitt liefern wird.

XML-Dokumente bestehen aus *Text,* das bedeutet, dass sie sich von Programmen auf einfache Weise herstellen lassen. Wer XML *schreiben* möchte, kann den bevorzugten Texteditor verwenden, wer

8. hier: DOM Level 2 Events
9. XHTML ist die XML-Variante der ursprünglich mit Hilfe von SGML definierten Hypertext Markup Language.

einem selbstgeschriebenen Programm die Fähigkeit zur XML-Ausgabe beibringen möchte, muss lediglich Text ausgeben. Dass es deutlich komfortablere, effizientere, aufwendigere, aber dennoch sinnvollere Wege gibt, XML aus einem Programm zu erzeugen, ist hier ebenfalls sekundär[10]. Die erste Zeile eines XML-Dokuments heißt XML-Deklaration, und sie sieht so aus:

```
<?xml version="1.0" encoding="utf-8"?>
```

Nicht unterschätzen: Zeichenkodierung von XML-Daten!

Die wichtigste Angabe ist hierbei die Nennung der Zeichenkodierung[11]. Wichtig ist die Angabe deshalb, weil hier eine Ursache für wiederkehrende Probleme und für Missverständnisse liegt. Mit der Angabe `encoding="utf-8"?>` *behauptet* der »Hersteller« des Dokuments (entweder ein menschlicher Autor oder eine Software, die das Dokument produziert hat), dass die Zeichen in UTF-8 kodiert sind. Es kann nicht genug betont werden: Diese Angabe ist eine *Behauptung*. Wer diese Behauptung aufstellt, sollte sorgfältig darauf achten, dass die Daten auch *tatsächlich* in der genannten Kodierung geschrieben werden. Es sprengt den Rahmen dieses Buches, die Frage zu beantworten, wie das geht. Wer XML mit einem Editor schreibt, sollte einen wählen, der klar sagt, welches Encoding geschrieben wird oder, besser noch, gängige Kodierungen zur Auswahl anbietet. Darüber hinaus spielt es eine Rolle, welche Kodierung die systemweite Voreinstellung ist. Beim Lesen und Schreiben von Daten mit verschiedenen Programmiersprachen gibt es je nach Sprache eigene Möglichkeiten und Stolperfallen. In der Java-Welt gibt es zumindest eine gute Grundlage, da Java intern Unicode verwendet. Jetzt muss man nur noch aufpassen, wie man Daten liest und an welchen Stellen eine Byte-nach-Zeichen-Wandlung stattfindet (Byte Streams? Character Streams?). In vielen Skriptsprachen sieht die Grundlage nicht so gut aus, da Skriptsprachen häufig nur acht Bit je Zeichen verwenden. Aus eigener Erfahrung können die Autoren von qualvollem Debugging in Skriptsprachen berichten. Zu beachten ist, dass es bei Skriptprogrammen neben der Kodierung für Eingabe- und Ausgabedaten auch noch wichtig ist, in welcher Kodierung das Script selbst und damit auch die String-Konstanten darin verfasst sind.

Zurück zu XML. Im obigen Beispiel taucht »utf-8« als Kodierungsangabe auf. Neben UTF-16 ist das die zweite Kodierung, die *jede* XML-Software verstehen muss. Darüber hinaus kann man aber davon aus-

---

10. Beispiele sind: Erzeugen eines DOM-Baums und anschließende Serialisierung oder das Arbeiten mit XML Data Bindings.
11. Ein guter Einstieg in das Thema Zeichenkodierung ist derzeit der Wikipedia-Artikel zu ASCII unter *http://de.wikipedia.org/wiki/ASCII*.

gehen, dass jede Software auch ISO-8859-1 (auch bekannt als ISO-Latin-1) akzeptiert[12]. UTF-8 und ISO-8859-1 sind beide eine gute Wahl für eine Kodierung, und wir möchten keine Präferenz aussprechen. UTF-8 besitzt den Vorteil, sämtliche Unicode-Zeichen abbilden zu können, während ISO-8859-1 mit nur einem Byte je Zeichen auskommt, was insbesondere für die Verarbeitung in Skriptsprachen günstig ist.

Als wäre die Zeichenkodierung nicht ohnehin schon eine beliebte Quelle für Probleme, wird im Web alles noch komplizierter. Die wichtigste Merkregel für den Umgang mit Zeichen ist: Hauptsache konsistent und transparent! Wenn »utf-8« draufsteht, sollte auch UTF-8 drin sein; Analoges gilt für jede Kodierung. Dummerweise gibt es nicht nur die oben gezeigte Deklaration, um eine Kodierung anzugeben. Das Problem beginnt schon beim Lesen der Deklaration. Wie soll eine Software *zuverlässig* die Deklaration lesen, ohne die Kodierung zu kennen? Im Allgemeinen kann das schwierig werden. Aus diesem Grund können Dateien *optional* eine unsichtbare Markierung am Anfang tragen, die sogenannte Byte Order Mark, kurz BOM. »Unsichtbar« bedeutet, sie ist nicht darstellbar. Ein guter Texteditor mit einem Hex-Modus ist eine gute Hilfe, um die BOM auch mal sehen zu können. Bei der Übertragung per HTTP kommt eine weitere Kodierungsangabe hinzu: Im Kopf einer HTTP-Nachricht kann in der Zeile »Content-Type« eine Kodierung (zum Beispiel vom Webserver) genannt werden. Handelt es sich bei den Daten um XHTML kommt eine weitere, optionale Angabe des Encodings hinzu: Im `meta`-Element im XHTML-Kopf. Informationen zum `meta`-Element sind in der deutschen Übersetzung von HTML 4 unter *http://www.edition-w3.de/TR/1999/REC-html401-19991224/charset.html* zu finden. Darin auch eine Abbildung eines Dokuments in Ein- und Zwei-Byte-Repräsentation.

Zusammengefasst ergeben sich folgende Möglichkeiten, das Encoding eines per HTTP übertragenen XHTML-Dokuments anzugeben:

1. In der Byte Order Mark[13]
2. In der XML-Deklaration[14]
3. In der Content-Type-Zeile des HTTP-Kopfs[15]
4. Im `meta`-Element im XHTML-Kopf[16]

---

12. Es sei bemerkt, dass in der genannten Kodierung alle deutschen Umlaute enthalten sind, nicht aber das Euro-Zeichen. Das gibt es erst in ISO-8859-15.
13. Siehe Anhang F der XML-Spezifikation, zum Beispiel unter *http://edition-w3c.de/TR/2000/REC-xml-20001006/#sec-guessing*
14. Siehe Abschnitt 2.8 der XML-Spezifikation, zum Beispiel unter *http://edition-w3c.de/TR/2000/REC-xml-20001006/#sec-prolog-dtd*
15. Siehe HTTP-Spezifikation, zum Beispiel unter *ftp://ftp.rfc-editor.org/in-notes/rfc2616.txt*
16. Siehe zum Beispiel die oben genannte Übersetzung von HTML beziehungsweise die XHTML-Spezifikation

Und nun noch einmal zum Merksatz: Konsistenz! Wenn diese vier Angaben nicht das Gleiche aussagen, was passiert dann? Antwort: Der Entwickler geht für unbestimmte Zeit auf Fehlersuche.

Im Vergleich zur Zeichenkodierung ist alles Weitere ziemlich einfach, erst recht, wenn man schon (X)HTML kennt. XML lässt sich auf wenige Regeln reduzieren:

1. XML-Dokumente bestehen aus Elementen.
2. Elemente haben die Form `<name>inhalt</name>`.
3. Der Ausdruck `<name>` heißt Start-Tag, das Gegenstück `</name>` heißt End-Tag.
4. Start- und End-Tag müssen immer paarweise auftreten, Weglassen eines von beiden ist unzulässig.
5. Elemente sind *ineinander* verschachtelt.
6. Es gibt genau ein Wurzelelement, das alle anderen Elemente enthält.
7. Elemente können leer sein. Die Schreibweise von leeren Elementen lautet `<name></name>` (kein Inhalt) oder `<name/>` (Leeres-Element-Tag).
8. Element besitzen null oder mehr Attribute.
9. Attribute bestehen aus einem Attributnamen und einem Attributwert, die im Start-Tag des Elements in der Form `<name att="wert"> inhalt</name>` anzugeben sind. Attributwerte *müssen* in paarweise auftretende einzelne oder doppelte Anführungszeichen geschrieben werden.

Beispiele für die XML-Sprache »XHTML« sind im Web viele zu finden. Beispielsweise handelt es sich bei allen Seiten auf `ajaxbuch.de` um XML/XHTML. Um ein Beispiel zu zeigen, das keine Webseite ist, zitieren wir ein XML-Dokument von *http://www.linkwerk.com/pub/xml/invitation/*:

```
<?xml version="1.0" encoding="utf-8"?>
<invitation>
  <event>Birthday Party</event>
  <location>My Place</location>
  <date>2007-06-09</date>
  <time>19:00</time>
  <description>
     <para>There'll be a lot of <emph>nice people</emph>,
       you'll enjoy <emph>good music</emph>, <emph>hot</emph>
       food and <emph>cool</emph> drinks.
     </para>
  </description>
  <dresscode reclevel="recommended">Come as you are</dresscode>
</invitation>
```

Um XML herum gibt es eine Reihe von Techniken, deren Erklärung einmal mehr den Rahmen des Buches sprengen würde. Die für die Verarbeitung von XML wichtigsten sind die Programmiersprache XSLT und die Query-Sprache Xpath. Wer XSLT beherrscht, findet im Abschnitt 2.5 eine Diskussion über die browserseitige Ausführung von XSLT-Programmen.

Einführungen in XML, XSLT und Xpath sind im Web zahlreich zu finden. Darunter auch das früher erschienene Buch »XML in der Praxis«, das zwar nicht mehr ganz aktuell, für die Grundlagen aber nach wie vor geeignet ist *(http://www.linkwerk.com/pub/xmlidp/2000/)*.

Xpath

Wenigstens einen Eindruck von den Möglichkeiten von Xpath geben die folgenden Beispiele. Sie beziehen sich auf das oben gezeigte XML-Dokument sowie auf beliebige XHTML-Dokumente.

Der Xpath-Ausdruck ...	... liefert als Ergebnis
`/invitation`	das Wurzelelement `invitation`
`//para`	alle `para`-Elemente
`/invitation/dresscode`	alle `dresscode`-Elemente, die Kinder des Wurzelelements `invitation` sind
`//dresscode[@reclevel]`	alle `dresscode`-Elemente, die ein Attribut namens `reclevel` besitzen
`//h2[@class='warnung']`	alle `h2`-Elemente, die ein Attribut `class` mit dem Wert `warnung` besitzen
`//div[p]`	alle `div`-Elemente, die mindestens ein Kind vom Typ `p` haben
`//p[parent::div]`	alle `p`-Elemente, die sich innerhalb eines `div`s befinden
`//dresscode/@reclevel`	alle `reclevel`-Attribute aller `dresscode`-Elemente

Tab. 2–1
Beispiele für Xpath-Ausdrücke

In diesem Buch befinden sich Xpath-Ausdrücke bei Spry 5.7, in XSLT-Programmen und in einigen Beispielen für serverseitige Skripte. Ausdrücke in Beispielen sind einfacher als die gezeigten. Im Zusammenhang mit XSLT werden Xpath-Ausdruck gerne komplex; wer allerdings XSLT programmieren kann, wird mit dem Verständnis kein Problem haben.

Für die Verarbeitung von XML gibt es einige APIs, die unabhängig von der verwendeten Programmiersprache sind. Im Zusammenhang mit Ajax ist das Document Object Model das wichtigste. Darum geht es im nächsten Abschnitt. Es ist nicht nur deshalb wichtig, weil das API von Java, Python, Perl und anderen serverseitigen Sprachen unterstützt wird, sondern besonders wegen Javascript. Der Browser verwendet das Document Object Model als Javascript-API für Webseiten und auch für XML-Ajax-Nachrichten – deshalb betonen wir das Document Object Model bereits in diesem Abschnitt.

2.4 Document Object Model

Der Begriff Document Object Model (DOM) ist ein durchaus gut gewählter Name. Er sagt, worum es geht. Offensichtlich geht es um *Dokumente*. Im einfachsten Fall kann man als Beispiel eine Webseite ansehen. Für ein Dokument gibt es eine Fülle von Repräsentationen. Da ist zum einen der Quelltext, also die HTML-Beschreibung. Des Weiteren gibt es die dargestellte Form, also das, was wir im Browser sehen. Beim Übergang vom Quelletxt zur Darstellung findet offensichtlich bereits eine *Interpretation* statt. Einzelne Elementnamen werden mit einer (im Browser eingebauten) Darstellung assoziiert; so wird etwa eine Überschrift des Typs `h1` groß und fett dargestellt.

Vom Quellcode zum Objektmodell

Ein Programm könnte mit einem Dokument auf Quellcode-Niveau arbeiten. Das Programm könnte den Quellcode als Zeichenkette einlesen, eventuell manipulieren und ausgeben. Allerdings ist bereits das Lesen des Quellcodes aufgrund der syntaktischen Vielfalt aufwendig. Diese Arbeit wird in der Regel von einem Parser übernommen. Er liefert dem eigentlichen Programm ein leichter verdauliches *Modell*. Da die objektorientierte Programmierung eine weite Verbreitung gefunden hat, hat sich für HTML- und XML-Dokumente nicht irgendein Modell etabliert, sondern ein *Objektmodell*. Ein Objektmodell bietet sich darüber hinaus auch an, weil sich die Dokumente, mit denen wir es hier zu tun haben, so leicht in eine Baumdarstellung bringen lassen; Gleiches gilt für Objekte in einer Hierarchie.

DOM: Level und Abstraktionsebenen

Das Document Object Model (im Folgenden kurz: DOM) des W3C ist aus einer proprietären Entwicklung von Netscape hervorgegangen. Als Netscape erstmalig Javascript in seinen Navigator einbaute, entstand damit gleichzeitig ein Objektmodell für HTML-Dokumente. Die vom W3C entwickelte Spezifikation ist mittlerweile mehrfach überarbeitet worden. Die einzelnen Versionen tragen die Namen »Level 1« bis »Level 3«. Man benutzt den Namen »Level 0« für die ursprünglichen, nicht standardisierten Objektmodelle der Browser.

Die nachfolgenden Ausführungen zum DOM beziehen sich auf die wesentlichen Teile von Level 2. Leider ist in diesem Bereich der Implementierungsstand der Browser nicht einheitlich. Es kann daher notwendig sein, in Einzelfällen auf Level 1 oder 0 auszuweichen. Der Level 2 bietet unterschiedlich abstrakte Sichtweisen an. Diese Betrachtungsweise entsteht daraus, dass jedes (X)HTML-Element auch ein XML-Element ist, das man als einen Teil eines Baums betrachten kann. Abbildung 2–6 zeigt die drei Abtraktionsebenen. Die DOM-Spezifikationen des W3C sind online unter *http://www.w3.org/DOM/DOMTR* zu finden. Für den Internet Explorer sei auf die Objektreferenz unter *http://msdn.microsoft.com/workshop/author/dhtml/reference/objects.asp* verwiesen.

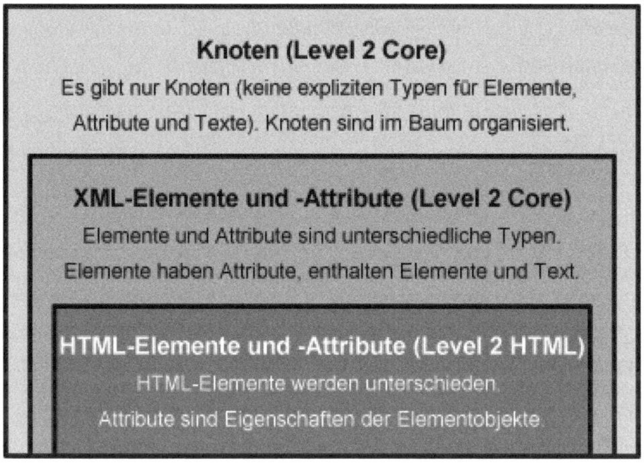

Abb. 2–6 *Verschieden abstrakte Sichtweisen im DOM*

Das oberste Objekt im DOM heißt `document`. Alle Bestandteile eines Dokuments sind über dieses Wurzelobjekt zu erreichen.

2.4.1 Baum mit Knoten

In der abstraktesten Sichtweise haben wir es mit einem Baum zu tun, der aus einzelnen Knoten (engl.: Node) besteht[17]. Jeder Knoten besitzt einen Elternknoten (engl.: Parent) und gegebenenfalls ein oder mehrere Kindknoten (engl.: Child).

Bereits mit diesen wenigen Begriffen lässt sich eine Menge DOM-Programmierung durchführen, was natürlich an dem abstrakten Niveau liegt, auf dem wir uns hier bewegen. Um beginnen zu können, fehlen nur noch ein paar Eigenschaften und Methoden von einem Node (siehe Tabelle 2–2).

Alles *ist ein Knoten.*

Prinzipiell lässt sich die DOM-Programmierung vollständig auf der Knoten-Sichtweise realisieren. Dazu muss man noch wissen, welche Bestandteile eines XML- beziehungsweise HTML-Dokuments als Knoten im DOM-Baum zu finden sind. Die Antwort lautet: im Zweifel alle. Es gibt für jedes Element einen Knoten, für jedes Attribut und für jeden Text. Über die Eigenschaft `nodeType` lässt sich der Knotentyp ermitteln. Hat `knoten.nodeType` etwa den Wert 1, so handelt es sich um ein Element, bei 2 um ein Attribut und bei 3 um einen Text. Es gibt neun weitere Typnummern, deren Bedeutung in der DOM-Spezifikation nachzulesen ist.

---

17. Zwar lässt sich »Node« sehr gut mit »Knoten« übersetzen, jedoch ist es beim Programmieren unumgänglich, an einigen Stellen den Begriff »Node« zu verwenden. Aus diesem Grund verwenden wir »Node« und »Knoten« im weiteren Verlauf gleichermaßen.

Typ	Name	Beschreibung	Javascript-Beispiel
Node	`parentNode`	Liefert den Elternknoten.	`var vater = knoten.parentNode;`
NodeList	`childNodes`	Liefert eine Liste aller Kinder des Knotens.	`var kinder = knoten.childNodes;`
Node	`firstChild`	Liefert das erste Kind des Knotens (in Dokumentenreihenfolge).	`var aeltestesKind = knoten.firstChild;`
Node	`lastChild`	Liefert das letzte Kind des Knotens (in Dokumentenreihenfolge).	`var juengstesKind= knoten.lastChild;`
Node	`previous Sibling`	Liefert den vorhergehenden Geschwisterknoten des Knotens.	`var aeltererBruder = knoten.previousSibling;`
Node	`nextSibling`	Liefert den nachfolgenden Geschwisterknoten des Knotens.	`var juengererBruder = knoten.nextSibling;`

Named-Node-Map	`attributes`	Enthält alle Attribute, falls es sich bei dem Knoten um ein Element handelt. Sonst ist der Wert `null`.	`var target = linkElem.attributes.getNamedItem("href");`
			In der Praxis auch kurz
			`var target = linkElem.attributes["href"];`
			`linkElem.attributes["href"] = "http://example.com/":`

Node	`insertBefore (newChild, refChild)`	Fügt den Knoten `newChild` vor dem Kind `refChild` in den Baum ein.	`var neuesKind = document.createElement("p");` `knoten.insertBefore(neuesKind,knoten.firstChild);`
Node	`replaceChild (newChild, oldChild)`	Ersetzt einen Kindknoten durch einen anderen.	`var neuesKind = document.createElement("p");` `knoten.replaceChild(neuesKind,knoten.firstChild);`
Node	`removeChild (oldChild)`	Entfernt einen Kindknoten.	`knoten.removeChild(knoten.firstChild);`
Node	`appendChild (newChild)`	Fügt einen neuen Kindknoten an.	`var neuesKind = document.createElement("p");` `knoten.appendChild(neuesKind);`
boolean	`hasChild Nodes()`	Testet, ob ein Knoten Kindknoten hat.	`if (knoten.hasChildNodes()) { ... };`

Tab. 2–2
Wichtige Eigenschaften und Methoden von Node-Objekten im DOM

2.4.2 Baum mit Elementen und Attributen

Unterscheidung von Knoten in Elemente und Attribute

Anstatt nun die Details der Knotensichtweise zu zitieren, wenden wir uns lieber der nächsten Sichtweise zu: der Betrachtung des DOM-Baums als Repräsentation eines XML-Dokuments[18]. Ein XML-Document besteht (im Wesentlichen) aus einem Dokument, Elementen, Attributen und Text.

Typ	Methode/Eigenschaft	Beschreibung	Javascript-Beispiel
Element	`documentElement`	Dies ist das Wurzelelement des Dokuments.	`var htmlElem = document.documentElement;`
Element	`createElement (elementTypeName)`	Erzeugt ein Element des angegebenen Typs.	`var absatzElement = document.createElement("p");`
Text	`createTextNode(text String)`	Erzeugt einen Textknoten aus einer Zeichenkette.	`var textKnoten = document.createTextNode("Hello World");`
Attr	`createAttribute(name)`	Erzeugt einen Attributknoten.	`var klasse = document.createAttribute("class");`
NodeList	`getElementsByTagName (name)`	Liefert eine Liste aller Elemente des angegebenen Typs.	`var alleAbsaetze = document.getElementsByTagName("p");`
Element	`getElementById (elementId)`	Liefert das Element mit der angegebenen ID.	`var gesuchtesElement = document.getElementById("xyz123");`

Tab. 2–3 *Wichtige Eigenschaften und Methoden des* `document`*-Objekts im DOM*

Mit den vorgestellten Mitteln ist es bereits möglich, erste Manipulationen einer Webseite vorzunehmen. Dazu einige Beispiele.

Die folgende Anweisungsfolge erzeugt ein neues HTML-Element, genauer eine Überschrift, und fügt sie zu Beginn der Webseite ein.

```
// Schritt 1
// neue Element- und Textknoten erzeugen:
var ueberschrift = document.createElement("h1");
var text = document.createTextNode("Hello World");

// Schritt 2
// Text als Kind an die Überschrift hängen:
ueberschrift.appendChild(text);

// Schritt 3
// Überschrift als erstes Kind an den Body hängen
var htmlBody = document.getElementsByTagName("body")[0];
htmlBody.insertBefore(ueberschrift, htmlBody.firstChild);
```

18. Es sei hier einmal mehr darauf hingewiesen, dass diese Sichtweise natürlich auch für (X)HTML-Dokumente gültig ist.

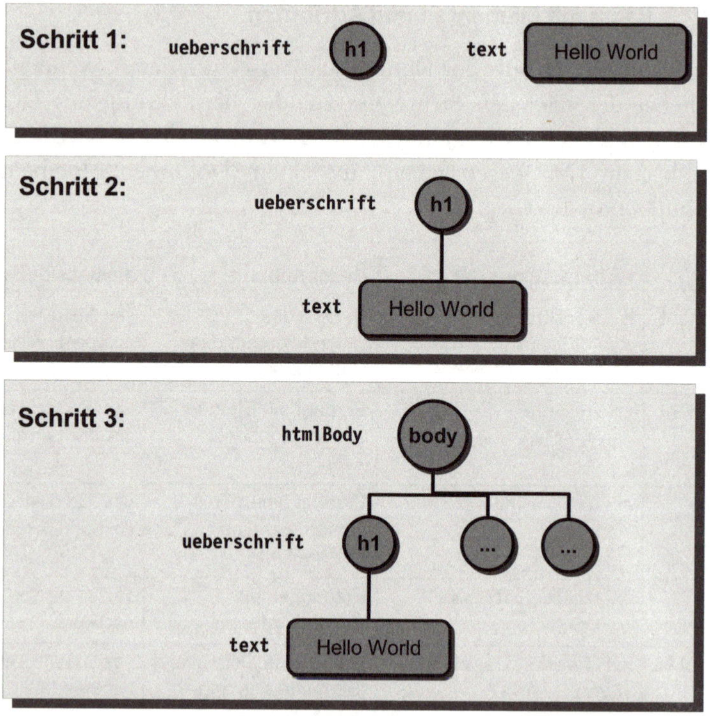

Abb. 2–7 *Ein neues HTML-Element einfügen*

Eine Erklärung verdient der Ausdruck `getElementsByTagName("body")[0]`. Die Methode liefert eine Knotenliste zurück. Das gilt unabhängig von dem angeforderten Elementtyp. Dass es genau ein body-Element in einem HTML-Dokument gibt, ist der Methode nicht bekannt. Um an das erste (und einzige) Element in der Liste zu gelangen, liefert der Ausdruck `[0]` im Stil eines Arrays das erste Element.

Ohne Weiteres ist nicht klar, was passiert, wenn `htmlBody` kein `firstChild` hat. Die DOM-Spezifikation klärt diesen Fall: Zunächst hat `firstChild` dann den Wert `null`. Wenn als zweiter Parameter von `insertBefore()` der Wert `null` übergeben wird, fügt die Methode das neue Kind (in diesem Fall `ueberschrift`) an das Ende der Liste von Kindern an. Da die Liste in diesem Fall leer ist, hängt `insertBefore()` das neue Element als einziges Kind an.

Wir werden im Folgenden nicht immer so detailliert alle Fälle besprechen. Das Beispiel soll dazu motivieren, den eigenen Programmcode kritisch zu hinterfragen und fragliche Stellen nicht nur im Browser zu testen, sondern auch durch die Spezifikation abzusichern.

Um die Änderung des obigen Beispiels rückgängig zu machen, genügt Anweisung `htmlBody.removeChild(htmlBody.firstChild);` und die Überschrift ist wieder verschwunden.

Das Beispiel hat ein Element (in diesem Fall das body-Element) als Knoten behandelt und das Element mit der Knoten-Methode insertBefore() verändert. Auf diese Art und Weise lassen sich auch Attribute von Elementen behandeln; sie sind auch nur Knoten. Allerdings ist es unpraktisch, wenn man die Unterscheidung nach dem Knotentyp immer selbst durchführen möchte. Bequemer wird es, wenn man die Elemente nicht bloß als Knoten, sondern auch als Elemente betrachtet. Das DOM liefert dann einige Methoden für die Manipulation von Attributen (siehe Tabelle).

Tab. 2-4
Wichtige Eigenschaften und Methoden von Elementen im DOM

Typ	Methode	Beschreibung	Javascript-Beispiel
String	`getAttribute(name)`	Liefert den Wert des angegebenen Attributs zurück oder den leeren String, falls das Attribut nicht vorhanden ist.	`var ersterLink = document.getElementsByTagName("a")[0].getAttribute("href");`
void	`setAttribute(name, value)`	Setzt das angegebene Attribut auf den angegebenen Wert. Beide Parameter sind Zeichenketten.	`document.getElementsByTagName("a")[0].setAttribute("href", "http://www.example.org");`
void	`removeAttribute(name)`	Entfernt das angegebene Attribut.	`document.getElementsByTagName("a")[0].removeAttribute("href");`
NodeList	`getElementsByTagName(name)`	Liefert eine Liste aller Elemente des angegebenen Typs, die sich unterhalb des Bezugselements befinden.	`var ersteTabelle = document.getElementsByTagName("table")[0]; var alleZeilen = ersteTabelle.getElementsByTagName("tr");`
boolean	`hasAttribute(name)`	Liefert wahr oder falsch, je nachdem ob das angegebene Attribut vorhanden ist.	`var anker = document.getElementsByTagName("table")[0]; if (anker.hasAttribute("href")) { /* Anker ist ein Link */ }`

Die folgende Funktion verwendet Elementmethoden für den Zugriff auf Attribute, um die Zieladresse eines Links zu ändern. Die ursprüngliche Zieladresse gibt die Funktion als Ergebniswert zurück.

```
function aendereLinkZiel(elemId, ziel) {
  var linkElement = document.getElementById(elemId);
  var altesLinkZiel = linkElement.getAttribute("href");

  linkElement.setAttribute("href", ziel);

  return altesLinkZiel;
}
```

2.4.3 Baum mit HTML-Elementen

Verlässt man die Ebene des XML-DOM, um noch einen Schritt konkreter zu werden, so gelangt man zum HTML-DOM. Im DOM ist jedes `HTMLElement` ein `Element` und jedes `Element` ist ein `Node`. Folglich stehen für alle HTML-Elemente automatisch alle Methoden und Eigenschaften von allgemeinen Elementen und von Knoten zur Verfügung. Darüber hinaus verfügen HTML-Elemente über spezifischere Methoden und Objekte. Ein Beispiel:

Ein Objekt vom Typ `HTMLAnchorElement` besitzt die Eigenschaft `href`. Sie entspricht dem gleichnamigen Attribut. Damit lässt sich die oben gezeigte Funktion wie folgt umschreiben:

```
function aendereHTMLLinkZiel(elemId,ziel) {
        var linkElement = document.getElementById(elemId);
        var altesLinkZiel = linkElement.href;

        linkElement.href = ziel;

        return altesLinkZiel;
}
```

Im Unterschied zum ersten Ansatz mit »getter/setter«-Methoden erfolgen hier sowohl das Lesen als auch das Schreiben der Linkadresse über die Eigenschaft `href` des Anker-Objekts.

Die Spezifikation des HTML-DOM enthält eine vollständige Liste der spezifischen Methoden und Eigenschaften. Soweit notwendig werden wir Erklärungen für später verwendete Methoden und Eigenschaften an den entsprechenden Stellen nachliefern.

innerHTML

Erwähnenswert ist die Eigenschaft `innerHTML`. Sie ist nicht durch das W3C standardisiert, erlaubt aber eine sehr bequeme Manipulation der Webseite, zum Beispiel in folgender Form:

```
document.documentElement.body.innerHTML = "<h1>Hallo Welt</h1>";
document.documentElement.body.innerHTML += "<p>So einfach ist ";
document.documentElement.body.innerHTML +=
                                        "DOM-Programmierung</p>";
```

2.4.4 CSS im DOM

Die abstrakteren, zuerst vorgestellten Ebenen des DOM haben den Vorteil, dass sie nicht nur bei HTML, sondern auch bei allgemeinem XML gültig sind. Ein Aspekt lässt sich per DOM jedoch deutlich besser bei HTML behandeln: Das Styling des Dokuments. Soweit es das XML-DOM betrifft, existiert ein Stylesheet nur als externe Ressource, die eine Stylesheet-Processing-Instruction mit dem XML-Dokument verknüpfen kann. Im Gegensatz dazu liegt mit den Cascading Style

Sheets (CSS) für die HTML-Welt eine Formatierungssprache vor, die auf ausgefeilte Art und Weise mit dem Dokument verbunden und darin integriert sein kann. Darüber hinaus wird heute ein großer Teil der interessanten visuellen DHTML-Effekte durch dynamische CSS-Manipulation erreicht.

CSS-Anweisungen können an vielen Stellen einem Dokument zugewiesen werden. Insbesondere kann ein Dokument mehr als ein Stylesheet haben. Deshalb ist es nicht überraschend, dass die entsprechende DOM-Eigenschaft ein Array von Stylesheets darstellt: `document.styleSheets[]`. Wie bei Javascript üblich beginnt der Indexwertebereich bei 0. Der Ausdruck `document.styleSheets[0]` greift also auf das erste Stylesheet zu. Jedes Stylesheet hat seinerseits eine Array-Eigenschaft namens `cssRules`. Jedes Element von `cssRules` besitzt die Eigenschaft `cssText`, die die Formatierungsanweisung im Klartext enthält. Es ist für die dynamische Veränderung nicht besonders bequem, mit `cssText` zu arbeiten, aber zur Veranschaulichung bietet sich dieser Weg an. Folgende Funktion sammelt alle Anweisungen eines Stylesheets auf und gibt sie gemeinsam in einem Fenster aus. Sie führt, wie einige der folgenden Funktionen auch, eine Abfrage durch, um festzustellen, ob der Browser auf demDOM-2-Weg den Zugriff auf ein komplettes Stylesheet erlaubt. Wenn der Test negativ ausfällt, wählen die Funktionen den Microsoft-Weg. Bei der Erklärung halten wir uns an die DOM-Terminologie. Der IE weicht meist nur durch eine andere Benennung ab.

```
function lwCssAnzeigen(sheetNr) {
  // Funktioniert für Mozilla&Co, Opera 9, MSIE 6 und 7

  var cssRules = null;

  if (document.styleSheets[sheetNr].rules) { // MSIE
      cssRules = document.styleSheets[sheetNr].rules;
  } else if (document.styleSheets[sheetNr].cssRules) { // DOM 2
      cssRules = document.styleSheets[sheetNr].cssRules;
  }

  if (cssRules == null) {
      alert("Stylesheet nicht zugreifbar");
      return false;
  }

  var ausgabe = "";
  for (var i = 0; i < cssRules.length; i=i+1) {
      ausgabe += ( cssRules[i].cssText ? cssRules[i].cssText :
                   cssRules[i].style.cssText) + '\n';
  }
  alert(ausgabe);
}
```

Es lassen sich einzelne Regeln auch detailliert auslesen und verändern. Die nächste Funktion liest jede einzelne Zuweisung einer Regel und gibt deren Namen sowie den Wert aus. Der Wert wird über die Methode getPropertyValue() ermittelt. Eine beispielhafte Ausgabe ist in Abbildung 2–8 zu sehen.

```
function lwCssRegelAnzeigen(sheetNr, index) {
  // Funktioniert für Mozilla&Co, Opera 9, MSIE 6 und 7

  var cssRegel = "";
  if (document.styleSheets[sheetNr].rules &&
      document.styleSheets[sheetNr].rules[index]) { // MSIE
    cssRegel = document.styleSheets[sheetNr].rules[index];
  } else if (document.styleSheets[sheetNr].cssRules &&
        document.styleSheets[sheetNr].cssRules[index]) { // DOM 2
    cssRegel = document.styleSheets[sheetNr].cssRules[index];
  }

  if (cssRegel == null) {
    alert("Stylesheet nicht zugreifbar");
    return false;
  }

  var ausgabe = "Selektor: " + cssRegel.selectorText + "\n\n";

  ausgabe += "CSS-Regeln im Klartext:\n"
           + cssRegel.style.cssText+"\n\n";

  if (cssRegel.style.length) { // DOM 2
    for (var i = 0; i < cssRegel.style.length; i=i+1) {
      ausgabe += "Eigenschaft " + cssRegel.style[i];
      ausgabe += " hat den Wert " + cssRegel.style.
                getPropertyValue(cssRegel.style[i]) + "\n";
    }
  }
  else { // für MSIE
    for (var i in  cssRegel.style) {
      if (cssRegel.style[i]) {
          ausgabe += "Eigenschaft " + i;
          ausgabe += " hat den Wert " + cssRegel.style[i] + "\n";
      }
    }
  }
  alert(ausgabe);
}
```

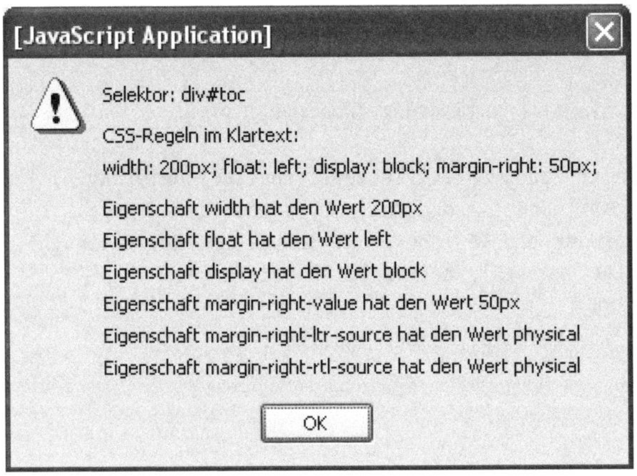

Abb. 2–8
Detaillierte Analyse einer CSS-Regel per DOM

Wer ein Stylesheet verändern möchte, für den bietet es sich an, Regeln komplett zu erzeugen und bei Bedarf zu überschreiben. Die beiden nächsten Funktionen helfen bei dieser Aufgabe.

```
function lwCssRegelEinfuegen(sheetNr,regel) {
  // Funktioniert für Mozilla&Co, Opera 9, MSIE 6 und 7

  var styleSheet = null;

  if (document.styleSheets[sheetNr].addRule) { // MSIE
    var styleSheet = document.styleSheets[sheetNr];

    var regelTeile = regel.split('{');
    var selektor    = regelTeile[0];
    var deklaration = regelTeile[1].split('}')[0];
    var newIndex = styleSheet.rules.length;
    styleSheet.addRule(selektor, deklaration);
    return newIndex;
  } else if (document.styleSheets[sheetNr].insertRule) { // DOM 2
    var styleSheet = document.styleSheets[sheetNr];
    return styleSheet.insertRule(regel, styleSheet.cssRules.length);
  }

  if (styleSheet == null) {
    alert("Stylesheet nicht zugreifbar");
    return false;
  }
}

function lwCssRegelLoeschen(sheetNr,index) {
  // Funktioniert für Mozilla&Co, Opera 9, MSIE 6 und 7

  if (document.styleSheets[sheetNr].removeRule) { // MSIE
    var styleSheet = document.styleSheets[sheetNr];
```

```
        if (index >=0 && index < styleSheet.rules.length) {
            return styleSheet.removeRule(index);
        } else {
            alert('Unzulässiger Indexwert');
        }
    } else if (document.styleSheets[sheetNr].deleteRule) { // DOM 2
        var styleSheet = document.styleSheets[sheetNr];
        if (index >=0 && index < styleSheet.cssRules.length) {
            return styleSheet.deleteRule(index);
        } else {
            alert('Unzulässiger Indexwert');
        }
    }

    if (styleSheet == null) {
      alert("Stylesheet nicht zugreifbar");
      return false;
    }
}
```

Die Funktion `lwCssRegelEinfuegen()` ermittelt im MSIE eine freie Indexposition im Array der Regeln und trägt die per Parameter übergebenen CSS-Regeln an dieser Stelle im Stylesheet ein. Die Position wird als Rückgabewert geliefert. Damit lässt sich eine eingefügte Regel später mit `lwCssRegelLoeschen()` wieder entfernen. Im DOM-Fall wird die Position automatisch zurückgeliefert.

In Aktion sehen beide Funktionen zum Beispiel so aus:

```
//neue Regel einfuegen, Indexposition merken
var cssRegelIndex =
          lwCssRegelEinfuegen(0,'p { border: dashed medium red;}');

//eingefuegte Regel wieder loeschen
lwCssRegelLoeschen(0,cssRegelIndex);
```

Die erste Anweisung umgibt alle Absätze mit einem gestrichelten, roten Rahmen. Genauer gesagt: Sie versucht es. Eine Herausforderung bei der CSS-Manipulation besteht darin, den Überblick über eventuell konkurrierende Regeln zu behalten. Sollte eine andere Regel mit höherer Spezifität festlegen, dass Absätze keinesfalls einen Rahmen bekommen sollen, so zeigt das Beispiel keine Wirkung.

Als kleine Spielerei haben wir in den Online-Beispielen folgenden Button untergebracht:

```
<input type="button"
   value="Letzte CSS-Regel löschen"
   onclick="lwCssRegelLoeschen(0,
            document.styleSheets[0].cssRules.length-1);
            this.value = 'CSS-Regel '
              + (document.styleSheets[0].cssRules.length-1)
              +' löschen'"/>
```

Bei jedem Klick löscht er die jeweils letzte Regel aus dem ersten Stylesheet des Dokuments. Keine wirklich sinnvolle Funktion, aber eine interessante Veranschaulichung, wie sich die Seite bei iteriertem Entfernen von CSS-Regeln verhält.

Formatierungsanweisungen können bei CSS nicht nur in einem Stylesheet für das Dokument angegeben werden, sondern auch für einzelne Elemente. Selbstverständlich gibt es dafür eine Entsprechung im DOM. Ein Objekt vom Typ `HTMLElement` besitzt eine Eigenschaft namens `style`[19]. `style` kennt die folgenden Methoden (siehe Tabelle 2–5):

Tab. 2–5 *Eigenschaften und Methoden einer* `CSSStyleDeclaration`

Typ	Methode	Beschreibung	Javascript-Beispiel
String	`cssText`	Die CSS-Deklaration ohne die geschweiften Klammern	`var bodyStyle=document.getElementsByTagName("body")[0]; var bodyCssText = bodyStyle.cssText;`
String	`getPropertyValue (propertyName)`	Liefert den Wert einer CSS-Eigenschaft. Falls die Eigenschaft an diesem Element nicht gesetzt ist, liefert die Methode den leeren String zurück.	`var schriftart = bodyStyle.getPropertyValue("font-family");`
String	`removeProperty (propertyName)`	Entfernt die Eigenschaft, falls sie gesetzt war, und liefert den Wert als Ergebnis.	`bodyStyle.removeProperty("background-color");`
String	`getPropertyPriority (propertyName)`	Liefert die Prioriät einer Eigenschaft. CSS-Eigenschaften kann mit dem Schlüsselwort »important« eine höhere Priorität zugewiesen werden.	`var wichtig = (bodyStyle.getPropertyPriority("font-style") == "important");`
void	`setProperty (propertyName, wert, priorität)`	Setzt die Eigenschaft mit dem angegebenen Namen auf den angegebenen Wert. Der dritte Parameter kann entweder ein leerer String oder die Zeichenkette »important« sein.	`bodyStyle.setProperty("font-size","14pt", "important");` →

19. Die entsprechende Stelle ist im Document Object Model, Level 2 für CSS zu finden. Das Interface trägt den Namen `ElementCSSInlineStyle`. Die `style`-Eigenschaft implementiert das Interface `CSSStyleDeclaration`.

Typ	Methode	Beschreibung	Javascript-Beispiel
Zahl	length	Der Wert gibt die Anzahl der definierten CSS-Eigenschaften an.	`var anzahlStyles = bodyStyle.length;`
String	`item(index)`	Die Methode `item(i)` liefert die i-te Regel als String zurück. In Javascript kann statt `item()` auch die Array-Schreibweise mit eckigen Klammern genutzt werden.	`var letzteRegel = bodyStyle[bodyStyle.length-1];`

Auch hier ist die DOM-Syntax nicht gerade kompakt. Ein Grund mehr, häufig wiederkehrende Anweisungsfolgen in eine Funktion zu kapseln. Wer etwa für ein Element mit einem ID-Attribut mehrere CSS-Anweisungen auf einmal setzen möchte, kann sich der nächsten Funktion bedienen. Leider ist es dabei bereits beim Aufruf erforderlich, zwischen Level 0 und Level 2 des DOM zu unterscheiden. Der Grund besteht darin, dass Level 2 CSS-Eigenschaften vernünftigerweise über ihren CSS-Namen anspricht. Also heißt »font-family« in Level 2 »font-family«, im Level 0 hingegen »fontFamily«. Wer IE-kompatibel sein möchte, sollte den zweiten Weg wählen.

```
function lwSetzeCssPropertiesNachId(id) {
  var elem = document.getElementById(id);

  for (var i=1; i+1 < arguments.length; i=i+2) {
    var propertyName  = arguments[i];
    var propertyValue = arguments[i+1];

    elem.style.setProperty(propertyName,propertyValue,'');
  }
}

//
// Variante der Funktion für DOM Level 0
// Vorsicht: Andere Aufrufsyntax!
//
function lwSetzeCssPropertiesNachIdDom0(id) {
  for (var i=1; i+1 < arguments.length; i=i+2) {
    var propertyName  = arguments[i];
    var propertyValue = arguments[i+1];
    eval('document.getElementById("' + id + '").style.'
         + propertyName + ' = "' + propertyValue + '"');
  }
}
```

Auf den ersten Blick besitzt `lwSetzeCssPropertiesNachId()` nur einen Parameter. Richtig ist jedoch, `lwSetzeCssPropertiesNachId()` besitzt nur einen notwendigen und beliebig viele weitere Parameter. Da die Anzahl unbestimmt ist, sind sie nicht formal im Funktionskopf deklariert. Stattdessen erfolgt der Zugriff über das `arguments[]`-Array.

`lwSetzeCssPropertiesNachId()` greift auf das per ID bezeichnete Element zu und weist CSS-Eigenschaften Werte zu. Eigenschaften und korrespondierende Werte müssen paarweise als Parameter an die Funktion übergeben werden. Zur Veranschaulichung ein Beispiel:

Das folgende p-Element besitzt eine ID und ein Kindelement vom Typ `span`, das ebenfalls eine ID besitzt. Die Formatierung beider Elemente lässt sich also über `lwSetzeCssPropertiesNachId()` steuern.

```
<p id="cssBsp1" style="font-style: italic !important; color: black;
font-size: 140%;"><q>Und die Weisheit im Leben besteht vielleicht in
der Frage: <span id="cssBsp2">Warum?</span></q> (Balzac)</p>
```

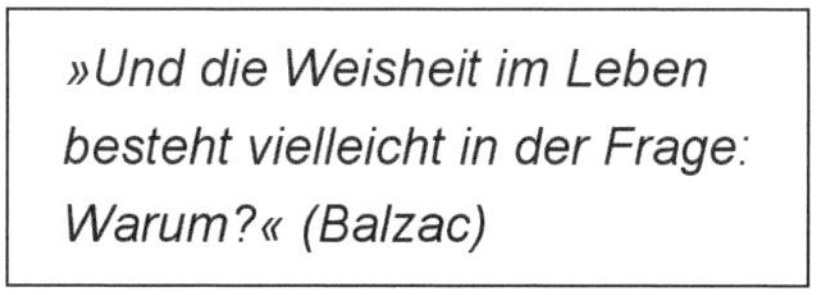

Abb. 2-9
Der Text nach dem Laden der Seite

Nach dem Laden der Seite wird der gesamte Text kursiv und in schwarzer Schrift dargestellt. Der Aufruf

```
lwSetzeCssPropertiesNachId('cssBsp2',
  'font-family', 'Comic Sans MS',
  'color', 'red',
  'font-style', 'normal',
  'fontSize', '200%');
// alternativ:
lwSetzeCssPropertiesNachIdDom0('cssBsp2',
  'fontFamily', 'Comic Sans MS',
  'color', 'red',
  'fontStyle','normal',
  'fontSize', '200%');
```

verändert einige Darstellungseigenschaften des `span`-Elements. Es wird nun mit einer anderen Schriftart[20], in einer anderen Farbe (rot) und vor allem nicht mehr kursiv (`'font-style', 'normal'`) angezeigt. Versucht man das Gleiche mit dem ersten Element durch Aufruf von

20. sofern diese auf dem Rechner installiert ist

```
lwSetzeCssPropertiesNachId('cssBsp1',
  'font-family', 'Comic Sans MS',
  'color', 'red',
  'font-style', 'normal');
// alternativ:
lwSetzeCssPropertiesNachIdDom0('cssBsp1',
  'fontFamily', 'Comic Sans MS',
  'color', 'red',
  'fontStyle','normal');
```

dann gelingt das bei Mozilla-Browsern nur teilweise (man beachte, dass der Aufruf bis auf die abweichende ID identisch ist). Der Grund ist der im `style`-Attribut als »important« gekennzeichnete Schriftstil (`font-style: italic !important`). Da `lwSetzeCssPropertiesNachId()` stets ohne Angabe einer Priorisierung arbeitet, geht die Anweisung `'font-style', 'normal'` unter. Internet Explorer und Opera überschreiben die Eigenschaft und setzen damit auch das »important« außer Kraft. Die Abbildungen zeigen Screenshots aus dem Mozilla. Zugrunde liegt bewusst eine andere Aufrufreihenfolge als oben.

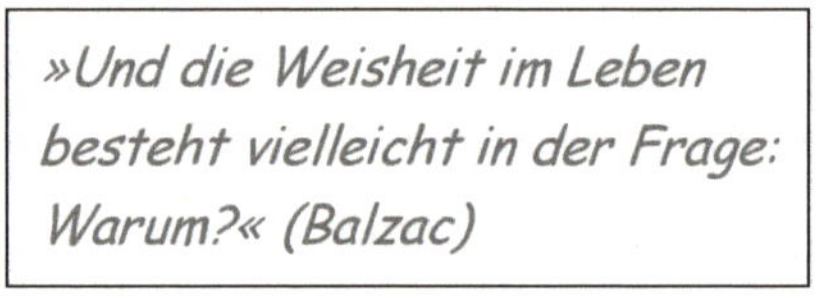

Abb. 2-10
Der Text nach erstmaliger Manipulation von »cssBsp1« und ...

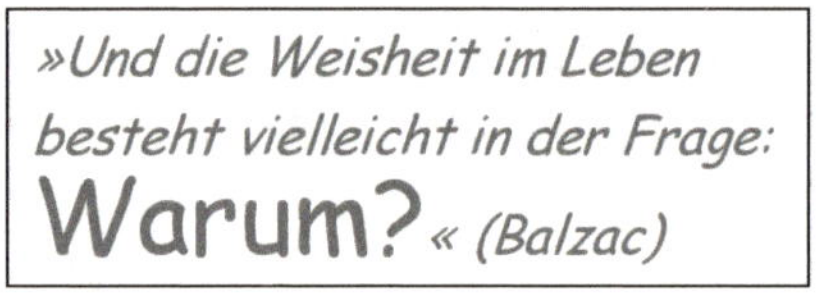

Abb. 2-11
... nach anschließender Veränderung der Style-Regeln für »cssBsp2«

2.4.5 Der DOM-Inspektor

Wie bei W3C-Techniken üblich, gibt es die Spezifikationen frei zugänglich im Netz. Zwar ist der Aufbau der Texte und des DOM zunächst etwas gewöhnungsbedürftig, aber zumindest der letzte Punkt sollte durch diesen einführenden Abschnitt erleichtert sein.

Noch besser, als zu lesen, welche Objekte, Eigenschaften und Methoden laut Spezifikation vorhanden *sein sollten,* ist einfaches Nachsehen, welche tatsächlich *vorhanden sind.* Für den Firefox-Browser (beziehungsweise im Mozilla) gibt es für diesen Zweck den sogenannten DOM-Inspector. Im Mozilla ist dieses Werkzeug unter Tools / Web Development / DOM Inspector zu finden. Für Firefox steht er als Plugin zur Verfügung.

Um mit dem DOM und dem Inspector herumspielen zu können, findet sich unter den Online-Beispielen für dieses Buch auch eine »DOM-Spielwiese«. Dabei handelt es sich um eine fast leere Webseite, die neben einer Überschrift und etwas Text lediglich ein Texteingabefeld enthält. Dort eingegebener Javascript-Code wird auf Knopfdruck ausgeführt. Handelt es sich bei dem Code um eine Manipulation des DOM-Baums, so ist diese Änderung »live« im Inspector zu verfolgen.

DOM-Erforschung mit dem »Inspector«

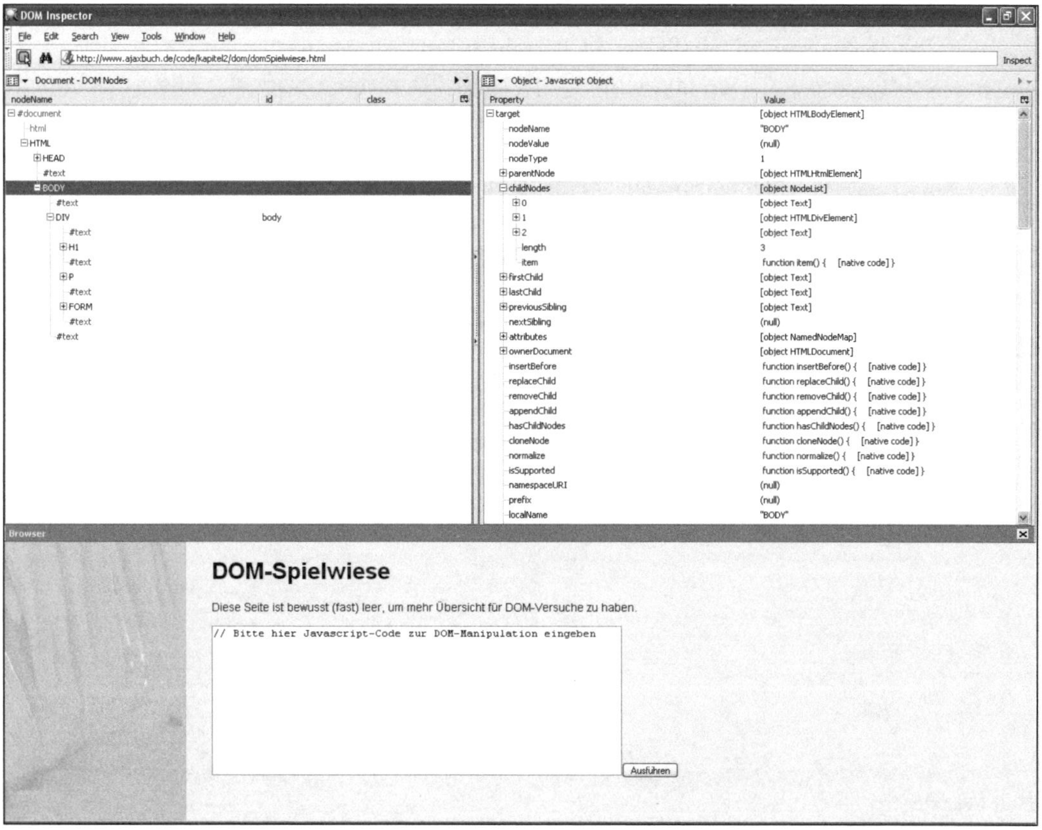

Die Abbildung 2–12 zeigt den DOM-Inspector nach dem Laden der Seite. Um ihn in Aktion zu sehen, geben wir ein früheres Beispiel in das Eingabefeld ein und lassen es auswerten.

Abb. 2–12
Die DOM-Spielwiese im Inspector. Unten die Webseite, links der Objektbaum mit einem ausgewählten Element, rechts Eigenschaften und Methoden des korrespondierenden Javascript-Objekts.

```
// Schritt 1
// neue Element- und Textknoten erzeugen:
var ueberschrift = document.createElement("h1");
var text = document.createTextNode("Hello World");

// Schritt 2
// Text als Kind an die Überschrift hängen:
ueberschrift.appendChild(text);
```

```
// Schritt 3
// Überschrift als erstes Kind an den Body hängen
var htmlBody = document.getElementsByTagName("body")[0];
htmlBody.insertBefore(ueberschrift, htmlBody.firstChild);
```

Das Resultat ist in Abbildung 2–13 zu sehen. Wie gewünscht haben die Javascript-Anweisungen eine neue Überschrift eingefügt. Sie ist in der Webseite (unten) auf der linken Seite zu sehen. Der live geänderte DOM-Baum zeigt (links), dass das neue `h1`-Element unter dem `body`, parallel zum `div` hängt. Da das `div` mittels CSS nach rechts gerückt wird, ist die neue Überschrift links zu sehen.

Das Javascript-Objekt auf der rechten Seite aktualisiert sich nicht selbständig. Hier hilft das erneute Auswählen des Objekts im Baum. Klickt man auf `body`, dann ist die hinzugefügte Überschrift als neues Element in den `childNodes[]` zu finden.

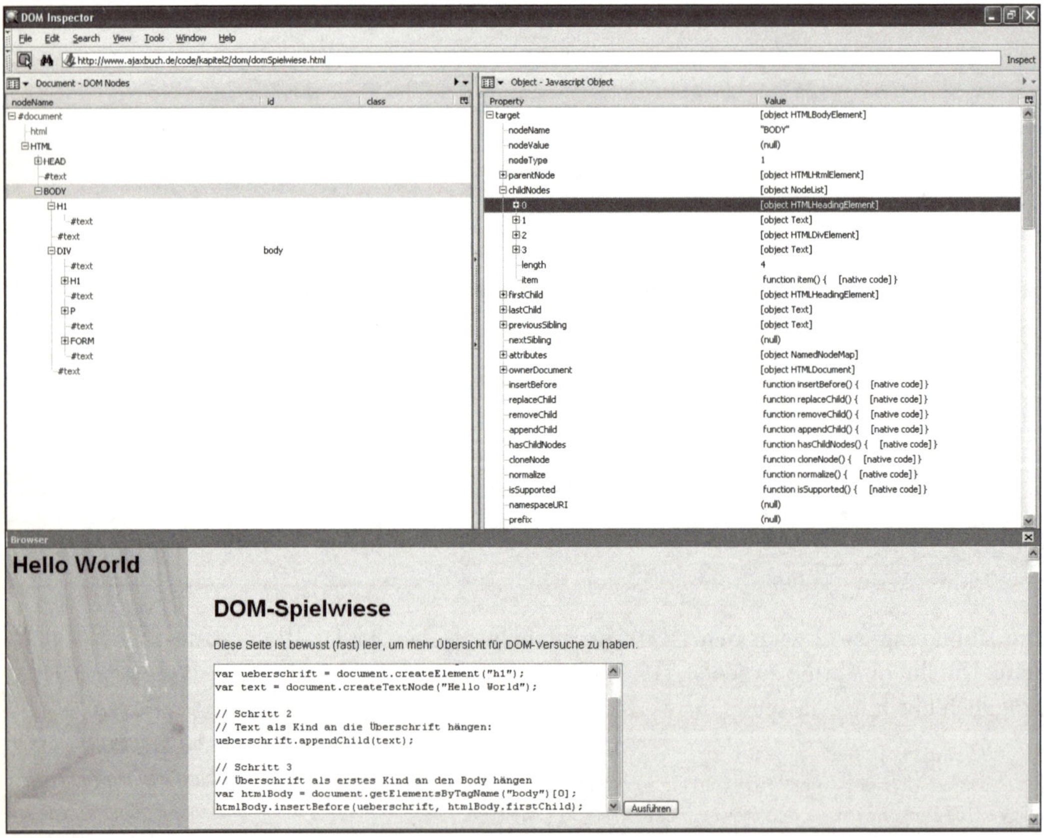

Abb. 2–13 *Nach der Manipulation: neue Überschrift in der Webseite (unten), neues Objekt im Baum (links), neues Element in `childNodes[]`*

Neben der Anzeige des Javascript-Objekts bietet der Inspector auch einen Überblick über CSS-Regeln, die zu dem ausgewählten Element passen, sowie die Liste der »berechneten Styles«; also jene CSS-Werte, die sich durch Auswertung aller Formatierungsanweisungen in allen Stylesheets und unter Berücksichtigung der Kaskadierungs- und Konfliktregeln der Cascading Style Sheets ergeben.

Mit diesen Funktionen ist der DOM-Inspector ein sehr hilfreiches Tool für Webentwickler. Bei der Ausarbeitung der obigen Beispiele haben wir primär den Inspector verwendet und dessen Angaben erst anschließend mit den W3C-Spezifikationen abgeglichen. Für die Entwicklung von Browser-übergreifenden Funktionen ist der letzte Schritt anzuraten, da man andernfalls Gefahr läuft, die Angaben der Software als Norm anzusehen. Browser haben jedoch eine lange Tradition proprietärer Erweiterungen vorzuweisen.

2.5 XSLT im Browser

XSLT ist eine Programmiersprache mit einem funktionalen Paradigma für die Umwandlung von Daten von einer XML-Form (zum Beispiel eine Ajax-Nachricht) in eine andere XML-Form (zum Beispiel XHTML-Daten für die Webseite). Die Umwandlung nennt man Transformation. Programme, die XSLT ausführen (also XSLT-Interpreter), gibt es viele. Zu den bekanntesten zählen Saxon, Xalan, libxslt und Msxml. In diesem Buch verwenden wir XSLT sowie viele andere Sprachen (Java, Perl, PHP, Python), um Beispielprogramme zu beschreiben, können aufgrund des notwendigen Umfangs aber keine Einführung in die Programmierung mit all diesen Sprachen geben.

Die zweite Programmiersprache im Browser: XSLT

Deshalb soll es in diesem Abschnitt auch nicht um XSLT-Programmierung, sondern um XSLT-*Ausführung* im Webbrowser gehen. Neben Javascript hat sich nämlich XSLT als zweite Sprache im Browser etabliert – noch nicht so weit verbreitet, aber in den wichtigsten Browsern vorhanden. Mit Ajax wächst die Bedeutung dieser Entwicklung, weil Ajax-Nachrichten häufig eine XML-Form besitzen.

Viele Browser beherrschen seit Jahren die Transformation einer vom Server ausgelieferten XML-Seite mittels eines verknüpften XSLT-Programms. Zu diesem Zweck trägt eine XML-Datei eine `xml-stylesheet`-Verarbeitungsanweisung (engl.: Processing Instruction) der folgenden Form:

```
<?xml-stylesheet type="text/xsl"
                 href="uri-des-xslt-programms.xslt"?>
```

Diese Syntax ist in der W3C-Empfehlung »Verknüpfen von Style Sheets mit XML-Dokumenten«, deren deutsche Übersetzung unter *http://www.edition-w3c.de/TR/1999/06/REC-xml-stylesheet-19990629* zu finden ist, festgelegt. Für Ajax-Anwendungen ist eine derartige Transformation nicht nützlich; es wird ausschließlich die Webseite beim ersten Laden in XHTML transformiert. Bei Ajax geht es aber darum, *nach*geladene XML-Nachrichten mit XSLT zu verarbeiten.

Vor der Verwendung von XSLT im Browser drängt sich die Frage auf: »Welcher kann es denn?«

2.5.1 XSLT im Mozilla

Die Browser der Mozilla-Familie enthalten ein XSLT-Modul namens TransforMiiX. Dieses Modul stattet sie mit der Fähigkeit zur Transformation von XML-Daten auch aus Javascript heraus aus. Die Dokumentation ist über *http://www.mozilla.org/projects/xslt/* erreichbar; von dort führt ein Link zur Beschreibung der Javascript-Schnittstelle unter *http://www.mozilla.org/projects/xslt/js-interface.html.*

Zentral für die XSLT-Ausführung ist die Klasse `XSLTProcessor()`. Die Arbeit mit einem `XSLTProcessor` ist einfach und läuft in nur wenigen Schritten ab:

1. Erzeugen eines neuen Prozessors: `var processor = new XSLTProcessor();`
2. Importieren des XSLT-Programms: `processor.importStylesheet(xsltStylesheetDom);`. Dabei muss es sich um ein DOM-Objekt des Stylesheets handeln.

   In der Praxis bedeutet das: Laden des Stylesheets per Ajax und Importieren der Antwortnachricht in den Prozessor[21]. Mit der im ersten Kapitel gezeigten Ajax-Funktion, unter Verwendung von Möglichkeiten, die das nachfolgende Kapitel erläutert, kann das Importieren so aussehen:

```
//Stylesheet als XML vom Server laden:
var stylesheetDom =
            Lokris.AjaxCall('stylesheet.xslt',null,{async: false});
//Stylesheet importieren:
processor.importStylesheet(stylesheetDom);
```

   Zwei wichtige Dinge gibt es zu beachten: Es ist *keine* gute Idee, ein Stylesheet *asynchron* zu laden. Da der Prozessor nach dem Laden vermutlich auch etwas transformieren soll, ist es unbedingt erfor-

---

21. An der Stelle ist nicht zu vergessen, dass ein XSLT-Programm *auch* ein XML-Dokument ist und deshalb bei der Übertragung als solches behandelt wird.

derlich, dass das XSLT-Programm bereits geladen ist. Ein synchrones Laden stellt das sicher (deshalb `{async: false}`). Des Weiteren arbeitet `Lokris.AjaxCall()` in der gezeigten Form nur dann, wenn der Server für das XSLT-Programm einen XML-Mime-Type sendet. Ist das nicht der Fall, steht das Stylesheet nicht als XML-DOM-Objekt zur Verfügung, sondern nur als Text, der erst in ein DOM-Objekt verwandelt werden müsste. Zur Erklärung siehe die Beschreibung der Eigenschaften `responseText` und `responseXML` im Abschnitt 3.2.2.

3. Transformieren eines XML-DOM-Dokuments: `var neuesDom = processor.transformToDocument(domDokument);` oder `var neuesFragment = processor.transformToFragment(domDokument, document);`

   Der Unterschied zwischen der Methode `transformToDocument()` und `transformToFragment()` besteht darin, dass Erstere ein vollständiges Dokument, Letztere nur ein Fragment erzeugt.

   Der genaue DOM-Typ des Ergebnisses hängt davon ab, was das XSLT-Programm ausgibt. Die Steuerung erfolgt über den Befehl `<xslt:output method="...">`. Mit der Ausgabemethode `html` entsteht ein `HTMLDocument`, ein `XMLDocument` mit der Methode `xml` und im Falle von `text` ein `XMLDocument` mit nur einem Wurzelelement vom Typ `<transformiix:result>` mit der Ausgabe des XSLT-Programms als Inhalt. Es handelt sich für »text« offenkundig um eine proprietäre Konvention.

   Ein Fragment eignet sich dazu, mitsamt all seinen Kindknoten in ein Dokument eingehängt zu werden. Ein Fragment ist immer ein Teil eines anderen Dokuments, es kann nicht alleine existieren. Daher besitzt die Methode `transformToFragment()` zwei Parameter. Der zweite gibt das »Wirtsdokument« an, in dem sich das Fragment befinden soll. Im Beispiel steht `document`, also die DOM-Entsprechung der aktuellen Webseite.

   Nach der Transformation ist `neuesFragment` zwar ein Kind von `document`, aber nicht von `document.documentElement`. Anders ausgedrückt: Das Fragment ist noch nicht sichtbar. Erst das Einhängen an der gewünschten Stelle sorgt für Sichtbarkeit, zum Beispiel durch `document.getElementById("zielId").appendChild(neuesFragment);`.

Eine Referenzübersicht über die genannten und weitere Methoden ist im Abschnitt 2.5.5 über Sarissa zu finden.

2.5.2 XSLT im Internet Explorer

Der Internet Explorer kann dank der Integration mit MSXML ähnliche Fähigkeiten zur Ausführung von XSLT-Programmen wie Mozilla vorweisen. Bei der Erwähnung von MSXML ist aber schon klar, ohne ActiveX geht es nicht.

Auf der Webseite von Microsoft ist unter *http://msdn.microsoft.com/library/en-us/xmlsdk/html/aee8da3e-7783-4b1b-a3e5-315d76d16124.asp* folgendes Beispiel zu finden[22]:

```
<HTML>
<HEAD>
  <TITLE>sample</TITLE>
  <SCRIPT language = "javascript">
     function init()
     {
        var srcTree = new ActiveXObject("Msxml2.DOMDocument.5.0");
        srcTree.async=false;
        // You can substitute other XML file names here.
        srcTree.load("hello.xml");

        var xsltTree= new ActiveXObject("Msxml2.DOMDocument.5.0");
        xsltTree.async = false;
        // You can substitute other XSLT file names here.
        xsltTree.load("hello.xsl");

        resTree.innerHTML = srcTree.transformNode(xsltTree);
     }
  </SCRIPT>
</HEAD>

<BODY onload = "init()" >
   <div id="resTree"></div>
</BODY>

</HTML>
```

Wir verzichten hier auf ein eigenes Beispiel: Einerseits zeigt das Listing gut den Ablauf, das Anlegen der Objekte für das zu transformierende XML-Dokument (`srcTree`) und für das Stylesheet (`xsltTree`) sowie das anschließende Ausführen der Transformation (`srcTree.transformNode(xsltTree)`). Andererseits läuft das Laden der beiden externen Dateien über einen eigenen Mechanismus (Verwendung der `load()`-Methode an Objekten des Typs `ActiveXObject("Msxml2.DOMDocument.`

22. Der Zugriff auf das Element mit der ID »resTree« funktioniert hier einfach über den Ausdruck `resTree` in Javascript. Diese Microsoft-Besonderheit sollte zwecks Portabilität dem Ausdruck `document.getElementById("restTree")` weichen.

`5.0"))`, der zwar dem Ajax-Prinzip entspricht, aber nicht dem inzwischen verbreiteten Weg folgt. Im Abschnitt 2.5.5 wird es um eine Cross-Browser-Lösung für die Ausführung von XSLT-Programmen gehen.

Zur Microsoft-eigenen Lösung seien hier noch einige Dinge bemerkt:

- Das Beispielprogramm benutzt die `innerHTML`-Eigenschaft des Zielelements. Das funktioniert, weil die Methode `transformNode()` eine Zeichenkette liefert. Die Methode `transformNodeToObject()` erzeugt stattdessen ein DOM-Objekt. Die Referenz der XML-DOM-Methoden befindet sich unter *http://msdn.microsoft.com/library/en-us/xmlsdk/html/4ead2a13-de31-487e-b826-53f132f25cbb.asp.*
- Es wird explizit die Version »MSXML 5.0 for Microsoft Office Applications« verwendet, die clientseitig installiert sein muss. Daneben gibt es eine Reihe von Alternativen. Details dazu sind im Abschnitt 3.2.3 über Browseridentifizierung zu finden.

2.5.3 XSLT in Safari

Gemäß der Apple-FAQ für Safari unter *http://developer.apple.com/internet/safari/faq.html#anchor21* kann der Browser nur eine Seite bei Ihrem Laden transformieren. Darüber hinaus gilt: »XSLT not available via Javascript for application to arbitrary XML in an HTML page.«

Unsere Versuche, sowohl mit eigener Javascript-Programmierung als auch unter Verwendung der nachfolgend beschriebenen Sarissa-Bibliothek (Abschnitt 2.5.5), bestätigen das.

2.5.4 XSLT in Opera

Auf den Webseiten von Opera ist – genau wie bei Apple – nicht viel über die XSLT-Fähigkeiten des Browsers zu erfahren. Eine Besonderheit von Opera steht in Verbindung mit »User Javascript«. Der Benutzer von Opera kann eigene Skripte über fremde Webseiten laufen lassen. Aus einem solchen Skript heraus kann er auch eine Transformation mit XSLT starten. Details sind unter *http://www.opera.com/support/tutorials/userjs/examples/* zu finden. Diese Funktion steht augenscheinlich nur für die geladene Webseite zur Verfügung. Über per Ajax geladene XML-Daten sagt die Opera-Seite nichts.

Umso erstaunlicher, dass man bei dem Versuch, im Mozilla-Stil auf einen Transformator zuzugreifen, tatsächlich etwas findet. Und es wird noch besser: Beim Ausführen einer Test-Transformation, die die

Mozilla-Mechanismen verwendet, erzeugt Opera ein »korrekteres« Ergebnis als Mozilla[23].

Zur Ehrenrettung von Mozilla und Co. sei gesagt, dass es sich beim getesteten Mozilla um eine relativ alte Version handelt. Ein aktueller Firefox stellt das Ergebnis deutlich besser dar.

Opera: Transformation wie Mozilla

Für die Praxis kann man offensichtlich davon ausgehen, dass Opera 9 eine XSLT-Ausführung gemäß Mozilla-API beherrscht. Wer sich um die Browsererkennung nicht kümmern möchte, findet im folgenden Abschnitt eine geeignete Bibliothek.

2.5.5 Sarissa

Sarissa ist ein Cross-Browser-Wrapper für XSLT.

Sarissa *(http://sarissa.sourceforge.net/)* ist eine Javascript-Bibliothek, die die Unterschiede der Initialisierung und Ausführung einer clientseitigen XSLT-Transformation verdeckt. Dazu stellt die Bibliothek die Mozilla-Schnittstelle auch im Internet Explorer und anderen Browsern zur Verfügung. Kurz gesagt lautet Sarissas Ziel, dass sich alle Browser so wie Mozilla und Firefox programmieren lassen. Ob das Verhalten der Browser dann auch identisch ist, hängt natürlich von den zugrunde liegenden XSLT-Implementierungen ab, darf also mindestens im Detail bezweifelt werden.

Wir haben ein größeres Praxisbeispiel mit Sarissa umgesetzt (siehe Abschnitt 6.4.6). Das Beispiel läuft mit Mozilla, Firefox, Opera und Internet Explorer, jedoch entgegen der Aussage auf der Sarissa-Seite nicht mit Safari.

Da sich die Bibliothek am Mozilla-API für XSLT-Aufrufe orientiert, können wir hier auf ein Einstiegsbeispiel verzichten; es sähe genauso aus wie in Abschnitt 2.5.1. Vielmehr ist interessant, welche zuvor noch nicht genannten Möglichkeiten das API bietet. Die zentrale Rolle nimmt die Konstruktorfunktion `XSLTProcessor()` ein (`var meinXsltProzessor = new XSLTProcessor();`), die Objekte mit den in Tabelle 2–6 beschriebenen Methoden erzeugt.

---

23. Die Test-Transformation ist auf unserer Webseite unter *http://www.linkwerk.com/pub/xml/invitation/browsertest/mozilla.html* zu finden.

Typ	Methode	Beschreibung	Beispiel
Object	`getParameter(nsURI, name)`	Liefert den Parameterwert des Parameters `name` zurück, sofern dieser zuvor gesetzt wurde; andernfalls `null`. `nsURI` ist der Namensraumbezeichner.	`var id = meinXsltProzessor. getParameter("", "id");`
void	`importStylesheet (xsltDocument)`	Lädt das `xsltDocument` für die spätere Verwendung in den XSLT-Interpreter. `xsltDocument` ist vom Typ XML-DOM-Document.	`meinXsltProzessor. importStylesheet(req.responseXML);`
void	`setParameter(nsURI, name, value)`	Setzt den genannten Parameter auf den angegebenen Wert. Der Parameter wird in der Transformation berücksichtigt, sofern das XSLT-Programm einen globalen Parameter (`<xslt:param name="..."/>`) gleichen Namens hat.	`meinXsltProzessor. setParameter("", "id","meineId");`
Object	`transformToDocument (sourceDoc)`	Transformiert das `sourceDoc` (vom Typ XML-DOM-Document) mit dem zuvor geladenen Stylesheet und liefert das Ergebnis als DOM-Document zurück.	`var newXmlDoc = meinXsltProzessor. transformToDocument(req.responseXML);`
Object	`transformToFragment (sourceDoc, hostDoc)`	Transformiert das `sourceDoc` (vom Typ XML-DOM-Document) mit dem zuvor geladenen Stylesheet und liefert das Ergebnis als DOM-Fragment *innerhalb* des Wirtsdokuments `hostDoc` zurück. Der DOM-Typ des Wirtsdokuments (HTML/ XML) muss mit dem übereinstimmen, was das Stylesheet gemäß seiner Output-Direktive (`<xslt:output .../>`) produziert.	`var newHtmlFragment = meinXsltProzessor. transformToFragment(req.responseXML, document); document. getElementById("fortune Message"). appendChild(newHtmlFragment);`

Tab. 2-6
Methoden der Klasse XSLTProcessor

Die aktuelle Version von Sarissa kennt nicht alle Methoden des Mozilla-APIs. Tabelle 2–7 zeigt, was fehlt.

void	`removeParameter (nsURI, name)`	Entfernt den zuvor gesetzten Parameter wieder.	`meinXsltProzessor.removeParameter("", "id");`
void	`reset()`	Versetzt den `XSLTProcessor` in den Ursprungszustand ohne Stylesheet und Parameter.	`meinXsltProzessor.reset();`

Tab. 2–7 *Methoden des Mozilla-APIs, die Sarissa nicht kennt*

Neben der XSLT-Transformation hat Sarissa weitere Klassen im Angebot, die zum Teil einen alten API-Stand der Browser berücksichtigen und in zukünftigen Versionen entfallen sollen. Des Weiteren besitzt die Bibliothek einige Funktionen, die im Rahmen des Buches in Form anderer Lösungen vorgestellt werden. So gibt es etwa eine `XMLHttpRequest`-Klasse für Ajax-Kommunikation, die die Unterschiede der Browser verdeckt. Sarissas Objekt namens `Element` findet sich auch in der beliebten Bibliothek »Prototype« (Abschnitt 5.3) wieder. Bei der gleichzeitigen Benutzung beider wird eines von beiden Objekten überdeckt, was zu Fehlern führen kann.

2.5.6 Google AjaXSLT

Google strebt Browserkompatibilität an.

Einen eigenen Weg geht Google mit seinem AjaXSLT *(http://goog-ajaxslt.sourceforge.net/)*. Wo Sarissa das Vorhandene nutzt und eine einheitliche Oberfläche anbieten möchte, setzt Google auf ein proprietäres API und Eigenentwicklung. Das Ziel lautet *Browserkompatibilität*. Bei der Bibliothek handelt es sich um eine Implementierung von Xpath und XSLT *in Javascript*. Damit nicht genug, auch ein eigener XML-Parser und eine DOM-Implementierung (kein W3C-DOM) liegen nun in der Skriptsprache vor.

Dokumente und Stylesheets sind bei AjaXSLT zunächst nur Zeichenketten. Ein eigener Parser (`xmlParse()`) wandelt sie in die benötigte Form[24].

24. Im folgenden Listing sind die Zeichenketten der besseren Lesbarkeit halber über mehrere Zeilen umbrochen.

```
var xmlQuelle = "<page>
  <message>
    Hello World.
  </message>
</page>";

var stylesheetQuelle = '<xsl:stylesheet>
 <xsl:template match="/">
  <xsl:apply-templates select="page/message"/>
 </xsl:template>
 <xsl:template match="page/message">
  <div style="color:green">
   <xsl:value-of select="."/>
  </div>
 </xsl:template>
</xsl:stylesheet>
';

var xmlDoc     = xmlParsexmlQuelle);
var stylesheet = xmlParse(stylesheetQuelle);

var neuesXmlDoc = xsltProcess(xmlDoc, stylesheet);
```

Die Funktion `xsltProcess()` führt die Transformation durch und liefert das Ergebnis als Zeichenkette zurück. Im Beispiel lautet das Ergebnis

```
<div style="color:green">
Hello World.
</div>
```

So weit, so gut. Die Verwendung ist einfach, der Rückgriff auf Zeichenketten angesichts der im Browser schon vorhandenen DOM-Objekte überraschend, im Hinblick auf Kompatibilität aber nicht unbedingt die schlechteste Wahl. Diesbezüglich nennt die Readme-Datei eine ansehnliche Menge von kompatiblen Browsern (Firefox, IE, Safari und Opera). Im Vergleich zu Sarissa respektive browsereigenen Fähigkeiten stattet Google allerdings nur Safari neu mit XSLT aus.

In der Version 0.4 muss der Bibliothek noch ein »Alpha«-Status bescheinigt werden. Die obigen Beispiele (es handelt sich um die mitgelieferten Testdaten) zeigen bereits, dass XSLT nicht dem Standard entspricht. Es gibt keine Namensraumdeklaration, und das Präfix `xsl` ist fest eingebrannt; `xslt` mit entsprechender Deklaration funktioniert nicht. Formal betrachtet ist es also gar kein XSLT. Die zugrunde liegende Xpath-Implementierung ist unvollständig. Stylesheet-Parameter werden nicht unterstützt. Für ein später vorgestelltes Beispiel (Abschnitt 6.4.8) war es notwendig, in den Code einzusteigen, um Parameter einzubauen; bei der Gelegenheit konnten wir gleich noch einen anderen Bug beseitigen[25]. Änderungen am XSLT-Programm, das mit anderen Interpretern läuft, waren ebenfalls erforderlich.

Ohne bereits vor dem späteren Test mit einem größeren Beispiel das Fazit vorwegnehmen zu wollen, lässt sich sagen: Der Ansatz ist interessant. Die vorliegende Implementierung kommt aber nicht als ernsthafte Alternative in Frage. Die Zukunft der Bibliothek dürfte vor allem davon abhängen, ob mehr Browser XSLT »nativ« und kompatibel beherrschen werden.

2.5.7 Fazit

Mit Mozilla, Internet Explorer und Opera dürften mehr als 80 % der installierten Webbrowser XSLT beherrschen. Die Summe der Marktanteile der drei genannten Programme liegt zwar über 95 %, berücksichtigt man allerdings die Versionen, liegt der Anteil der XSLT-fähigen Browser niedriger. So spielt Opera mit XSLT in Version 9 und einem sehr kleinen Marktanteil bei dieser Betrachtung keine Rolle.

Geschätzte 80 % genügen nicht, um ohne Bedenken XSLT im Browser einzusetzen[26]. Andererseits wird XSLT erst durch Ajax und dem damit verbundenen Austausch von XML-Nachrichten für den Browser wirklich interessant. Ajax setzt sowieso halbwegs aktuelle Browser voraus. Wer von seiner Zielgruppe wenigstens einen nicht ganz alten Mozilla/Firefox oder einen MSIE 6+ verlangt, ist derzeit mit Sarissa sehr gut bedient. Bei Problemen mit der Bibliothek lohnt ein Blick ins Forum und in das Bugtracking. Dort sind einige sinnvolle Patches zu finden, die im letzten Release noch fehlen.

2.6 Behaviour

Mit Behaviour *(http://bennolan.com/behaviour/)* liegt eine Bibliothek vor, die erlaubt, Javascript-Code vollständig aus HTML auszulagern. Durch Zuordnung von Event-Handlern mit CSS-Selektoren geht dabei kein Funktionsumfang verloren.

Formatierungsanweisungen lassen sich mittlerweile gut aus HTML-Seiten heraushalten. Zu verdanken ist dies der Entwicklung von CSS und der Implementierung in den Browsern. Zwar gibt es

---

25. Informationen zu den Patches sind auf der Webseite für das spätere Beispiel zu finden.

26. Wie schwierig die Betrachtung der Marktanteile ist, zeigt eine Meldung auf Heise-Online *(http://www.heise.de/newsticker/meldung/75311)*. Nach der dort zitierten Untersuchung von Onestat hat der Firefox in Deutschland einen Anteil von fast 40 %, der IE kommt auf 56 %.

unter den verbreitetsten Browsern noch viele Unterschiede, und gerade die jüngeren CSS-Funktionen werden nicht flächendeckend unterstützt, aber zumindest gibt es einen CSS-Kern, den alle beherrschen.

Das W3C hat mit einem Working Draft im Jahre 1999 einen Ansatz gemacht, neben der Formatierung auch das Verhalten (engl.: Behaviour) außerhalb von HTML zu definieren *(http://www.w3.org/TR/1999/WD-becss-19990804)*. Wie lässt sich das Verhalten eines HTML-Elements beschreiben – natürlich mit einem Skript (zum Beispiel in Javascript programmiert), das einen Event-Handler an ein HTML-Element bindet. Die Idee für die Trennung des HTMLs einer Seite und ihrem Verhalten ist von CSS entlehnt.

Der Aufbau einer CSS-Anweisung besteht, kurz gesagt, aus einer Zuordnung. Auf der linken Seite der Zuordnung steht der Selektor, der angibt, für welches oder welche Elemente eine Formatierungsanweisung gültig ist. Auf der rechten Seite steht die Formatierungsanweisung selbst. Zum Beispiel:

```
h1  { color: red; }
```

Nun ist es naheliegend, die rechte Seite um Skriptcode zu erweitern, der das Verhalten im Falle eines bestimmten Ereignisses festlegt. Daher ist es nicht überraschend, dass das erste Beispiel im entsprechenden W3C-Working-Draft wie folgt aussieht:

```
DIV.header > H1.TOCtitle {
      color : red ;
      onclick : "fold_or_unfoldTOC(event)"
    }
```

Hier wird für bestimmte `h1`-Elemente der Event-Handler »onclick« definiert. Das fast sieben Jahre alte Papier ist über den Status »Arbeitsentwurf« nicht hinausgekommen. Das dürfte damit zu tun haben, dass Ereignisbehandlung an mehreren anderen Stellen vom W3C bearbeitet wird: Es gibt eine Recommendation für »XML-Events« *(http://www.w3.org/TR/xml-events)* und für DOM Events *(http://www.w3.org/TR/DOM-Level-2-Events)*.

Es ist durchaus sinnvoll, Eventverarbeitung auf allgemeinerer Ebene zu bearbeiten. Schließlich ist alles, was für XML »erfunden« wird, automatisch für HTML gültig; zumindest in der Geschmacksrichtung XHTML. Auf der anderen Seite ist für HTML nur interessant, was wirklich implementiert ist. Nicht alles, was das W3C verabschiedet, gehört dazu. Die Recommendation für XML-Events stammt vom Oktober 2003; eine Implementierung in den HTML-Browsern ist nicht bekannt.

Ein Entwickler namens Ben Nolan hat sich des Problems angenommen und im Juni 2005 eine Javascript-Bibliothek entwickelt, die sich weitgehend an die oben genannte, ursprüngliche Idee anlehnt. Nolan schreibt auf seiner Seite »Behaviour is the missing link for your ajax apps.« Es gibt keinen unmittelbaren technischen Bezug zwischen Behaviour und Ajax, allerdings ist seine Argumentation nachzuvollziehen: Ajax-Anwendungen erfordern ein gewisses Maß an Javascript und Event-Handlern. Aus diesem Grund liegt es nahe, die Funktionsweise seiner Bibliothek am Beispiel Ajax zu erklären. Wir haben dazu zwei Beispiele, eines mit und eines ohne Behaviour unter *http://www.ajax-buch.de/code/beispiele/xmlad/*. Es handelt sich dabei um die Anwendung, die auf Tastatureingaben reagiert; Abschnitt 1.3 hat sie bereits vorgestellt. Hier betrachten wir die für Umstellung auf Behaviour erforderlichen Schritte.

Das ursprüngliche Beispiel besteht aus einer HTML-Seite mit einem umfangreichen `script`-Element und einer Reihe von Event-Handlern. Der Inhalt des Skriptelements lässt sich leicht auslagern. An seine Stelle tritt eine externe Javascript-Datei, die per

```
<script type="text/javascript" src="xmlad.js" />
```

in HTML eingebunden wird. Nun kommt die spannende Stelle, an der die Event-Handler aus dem Code entfernt werden sollen. Bisher steht in HTML ein `input`-Element mit »onKeyUp«:

Inline-Javascript

```
<input id="input"
       onkeyup="if (this.value.length > 1)
{loadAcroList(this.value);}"
       onblur="if (this.value.length < 2)
{loadAcroList(this.value);}"
       type="text"
       name="input" />
```

und insgesamt achtmal

```
<input type="radio"
       name="typ"
       onclick="showAcroList()"
       value="..." />
```

In der neuen Fassung soll es so aussehen:

Javascript-frei

```
<input id="input" type="text" name="input"/>
...
<input type="radio" name="typ" value="..."/>
```

Eine CSS-Lösung im Sinne des W3C-Working-Draft hätte folgende Form:

```
#input {
  onkeyup: "if (this.value.length > 1) {loadAcroList(this.value);}";
  onblur:  "if (this.value.length < 2) {loadAcroList(this.value);}";
}
input[type=radio][name=typ] {
  onclick: "showAcroList()";
}
```

Nolan ist mit seinem Ansatz nah daran, wenngleich die Javascript-Lösung naturgemäß eine andere Gestalt annimmt. Mit Behaviour sieht es so aus:

Verhaltensregeln mit Behaviour

```
var xmladRules = {
 '#input' : function(element){
   element.onkeyup = function(){
     if (this.value.length > 1) {loadAcroList(this.value);}
   }
   element.onblur = function(){
     if (this.value.length < 2) {loadAcroList(this.value);}
   }
 },
 'input[type=radio][name=typ]' : function(element){
   element.onclick = function(){
     showAcroList()
   }
 }
};

Behaviour.register(xmladRules);
```

Die Notation, die Ben Nolan hier verlangt, verrät bereits, wie seine Implementierung funktioniert. Behaviour verwendet ein assoziatives Array, dessen Indexwerte durch die CSS-Regeln gebildet werden (zum Beispiel `#input`). Beim zugeordneten Wert handelt es sich jeweils um eine (namenlose) Funktion mit genau einem formalen Parameter, der hier den Namen `element` trägt. Das ist ein DOM-Objekt vom Typ »Element«. Die Funktion fügt dem Objekt den gewünschten Event-Handler-Code durch Definieren der entsprechenden Objekteigenschaft (etwa `element.onkeyup`) hinzu.

Die Methode `Behaviour.register()` legt die soeben definierten Regeln auf einem Stack ab, der nach dem Laden der Seite abgearbeitet wird. Dazu verwendet Behaviour den `onload`-Event des `document`-Objekts. Sobald die Seite geladen ist, werden die Event-Handler aktiviert. Sollte ein Javascript die Webseite per DOM-Programmierung verändern, etwa Elemente hinzufügen, so steht mit `Behaviour.apply()`

eine Methode zur Verfügung, um die Regeln zu einem beliebigen Zeitpunkt auch auf neue Elemente anzuwenden.

Was noch fehlt, ist, sowohl Behaviour als auch die in einer externen Javascript-Datei gehaltenen Regeln in die HTML-Seite zu laden:

```
<script type="text/javascript" src="behaviour.js" />
<script type="text/javascript" src="xmladBehaviourRules.js" />
```

Hinsichtlich der internen Programmierung bleibt nur eine Frage offen: Wie schafft Nolan es, zu einem gegebenen CSS-Selektor das passende Element im DOM-Baum zu finden? Die Antwort lautet: Nicht er schafft es, sondern Simon Willison. Von ihm stammt die Implementierung von `document.getElementsBySelector()`, auf der Behaviour aufsetzt *(http://simon.incutio.com/archive/2003/03/25/getElementsBySelector)*.

Fazit

Behaviour ist eine elegante Möglichkeit, den eigenen HTML-Code skriptfrei zu halten. Auf den ersten Blick wäre eine »native« CSS-Implementierung in den Browsern besser als eine mit Javascript. Auf der anderen Seite geht es hier um Fälle, in denen sowieso Scripting zum Einsatz kommt. Die Verwendung einer weiteren Bibliothek ändert daran nichts. Nolans Implementierung ist außerdem ein eleganter, sauberer Stil zu bescheinigen. Die einfache Verwendbarkeit macht den positiven Eindruck perfekt.

3 Ajax-Programmierung

Dieses Kapitel behandelt Ajax *low level*. Handgemachte Programmierung, ohne Netz, doppelten Boden und fremde Software.

3.1 Orientierung

1. *Rückblick:* Das erste Kapitel hat bereits einige wesentliche Eigenschaften von Ajax vorgeführt beziehungsweise beschrieben. Insbesondere hat es geklärt, an welcher Stelle Ajax asynchron ist. Offen geblieben ist bislang aber, welche Mittel die asynchrone Kommunikation ermöglichen. Sämtliche technischen Details sind bislang in der Funktion `Lokris.AjaxCall()` versteckt.
2. Dieses Kapitel geht der Sache nun auf den Grund und vermittelt die Technik, die den Kern von Ajax im engeren Sinne darstellt.
3. Wie gehen wir vor? Zunächst beschreiben wir ein Schritt-für-Schritt-Beispiel, das dem Leser in leicht nachvollziehbarer Weise die Abfolge der Javascript-Anweisungen für eine einzelne Ajax-Kommunikation zeigt.
4. Dann ist es an der Zeit, das zentrale »Ajax-Objekt« genauer zu betrachten. Abschnitt 3.2.2 übernimmt das. Er hat Referenzcharakter, ist also ebenso zum Nachschlagen wie zum Überspringen geeignet. Wenigstens ein kurzes Querlesen stellt aber sicher, dass der Leser den Überblick über die Technik bekommt.
5. Abschnitt 3.2.3 behandelt die Cross-Browser-Frage. Einerseits ist es unverzichtbar, ein »Ajax-Objekt« für verschiedene Browser erzeugen zu können, andererseits wird man in der Praxis vermutlich auf eine vorhandene Bibliothek zurückgreifen. Aus diesem Grund geht der Abschnitt auch der Frage nach, wie sieht Cross-Browser-Ajax in den Bibliotheken aus.
6. Die folgenden Unterabschnitte in 3.2 widmen sich zentralen Fragen, die bei asynchroner Kommunikation auftreten *müssen:* Wenn

eine Kommunikation asynchron »im Hintergrund« läuft, wie kann man sie abbrechen, um Probleme mit einer zweiten, konkurrierenden Kommunikation zu vermeiden? Und: Asynchron bedeutet, es ist nicht klar, wann die Antwort auf eine Anfrage eintrifft. Möglicherweise nie. Das führt zur Behandlung von Timeouts.

7. Im Abschnitt 3.3 geht es darum, die zuvor gezeigte *Low-Level*-Programmierung elegant zu verpacken. Das führt schließlich in 3.3.2 zu einer kleinen Javascript-Bibliothek namens »Lokris«, die die zuvor gezeigten Ajax-Features in eine Handvoll Objekte und Methoden kapselt. Die Bibliothek zeichnet sich vor allem durch ihre Überschaubarkeit aus, die sie als Lehrbeispiel in diesem Buch auch haben muss.

   Die Alternative lautete, eine vorhandene Bibliothek zu inspizieren und zu sezieren, was aufgrund des Umfangs der verfügbaren Produkte für den Leser vermutlich weniger verständlich wäre.

3.2 Einführung in Ajax

Der Teil von Ajax, der Technik ist (im Gegensatz zur »Ajax-Idee«, »Ajax-Philosophie« oder zum »Ajax-Paradigma«), ist sehr klein. Er besteht nur aus einem einzigen Objekt, das per Javascript angesprochen wird. Doch wie könnte es bei einer clientseitigen Technik anders sein, es gibt natürlich Unterschiede zwischen den verschiedenen Browsern. Darum geht es in den folgenden Abschnitten, aber auch um einige zentrale Fragestellungen bei der Programmierung mit dem »Ajax-Objekt«.

3.2.1 Schritt für Schritt

Sämtliche Ajax-Funktionen stellt das sogenannte XMLHttpRequest-Objekt zur Verfügung. `XMLHttpRequest` besitzt eine Reihe von Methoden und Eigenschaften, die es gemeinsam erlauben, einen HTTP-Request durchzuführen, den Status des Requests abzufragen, an die übermittelte Antwort zu gelangen und Requests auch wieder abzubrechen.

Für die Programmierung besteht der erste Schritt darin, ein `XMLHttpRequest` zu erzeugen. Hier gibt es Unterschiede zwischen den Browsern, die im Moment aber nur am Rande interessieren sollen; der folgende Abschnitt kümmert sich darum im Detail. Für den Moment soll es genügen, die Erzeugung eines Objektes für Microsoft- (IE) und Mozilla-Browser (Firefox, Mozilla-Suite) zu betrachten.

```
// Request-Objekt für Mozilla-Browser erzeugen:
req = new XMLHttpRequest();

// Request-Objekt für IE erzeugen
req = new ActiveXObject("Microsoft.XMLHTTP");
```

Es versteht sich von selbst, dass die Zeilen nicht *beide gemeinsam* so in einem Programm stehen sollen. Eine Fallunterscheidung muss dafür sorgen, nur die geeignete Form der Objektinstantiierung auszuführen. Nach erfolgreicher Instantiierung ist das Objekt bereit für den ersten Verbindungsaufbau. Den Anfang macht ein Zugriff auf den Webservice des ersten Kapitels.

```
req.open("GET", "http://www.ajaxbuch.de/code/kapitel1/glueckskeks/
getFortuneCookieWS/?mimeType=text/xml", true);
req.send(null);
```

Die `open()`-Methode bereitet das Objekt für den Verbindungsaufbau vor. Der Aufruf der `send()`-Methode führt den Request tatsächlich aus. Nun stellt sich die Frage, was mit der Antwort geschieht. Eine auf den ersten Blick naheliegende Möglichkeit wäre die Rückgabe der Antwortnachricht als Ergebnis des Methodenaufrufs, etwa in der Form `var antwort = req.send()`. Doch was würde das für den Programmablauf bedeuten? Das Programm würde anhalten müssen, bis der HTTP-Request eine Antwort lieferte. Mit anderen Worten: Der Zugriff wäre *nicht* asynchron.

Damit die Asynchronität funktioniert, darf das Programm nicht blockieren, sondern muss bis zum Eintreffen der Antwort weiterlaufen. Sobald das der Fall ist, soll die Laufzeitumgebung mit einem vom Programmierer definierten Ablauf fortfahren. Das funktioniert so: Das Request-Objekt kennt eine Methode namens `onreadystatechange()`. Der Name ist an andere Event-Handler, wie `onmousover` oder `onload`, angelehnt. Er deutet darauf hin, dass diese Methode aufgerufen wird, sobald (on) der »Fertigstatus« (readystate) des HTTP-Requests einen veränderten Wert annimmt (change), was insbesondere, aber nicht nur nach Beendigung der Kommunikation geschieht. Eine XML-Antwort vom Server liegt dann im Objekt-Property namens `responseXML` vor. `responseXML` ist ein DOM-Objekt.

Es bietet sich an, den gewünschten Programmablauf in einer Funktion zu implementieren und diese Funktion der `onreadystatechange()`-Methode zuzuweisen. Das folgende Beispiel definiert einen einfachen Event-Handler, der nicht mehr macht, als den Textinhalt der Nachricht per `alert()` auszugeben.

```
function zeigeNachricht() {
    if (req.readyState == 4) {      // Kommunikation beendet

        if (req.status == 200) {    // Erfolgreich, falls der Server
                                    // den HTTP-Statuscode 200
                                    // gesendet hat.

alert(req.responseXML.documentElement.firstChild.nodeValue);
        }
    }
}
```

Interessanter als die Ausgabe der Textnachricht ist hier das Abfragen des Kommunikations- und des HTTP-Status. Wenn die Objekteigenschaft `readyState` den Wert 4 besitzt, ist die Kommunikation beendet. Hat der Server darüber hinaus noch den HTTP-Statuscode 200 gesendet, dann ist serverseitig alles in Ordnung, und die HTTP-Antwort enthält die gewünschte Nachricht. Wie im ersten Kapitel gezeigt, haben Nachrichten, die der hier benutzte Webservice liefert, die Form `<message>Das Glück im Leben hängt von den guten Gedanken ab, die man hat. (M. Aurel)</message>`. Der Ausdruck `req.responseXML.documentElement.firstChild.nodeValue` bedeutet dann schrittweise Folgendes: `req.responseXML` ist ein DOM-Objekt des Typs `document` für die XML-Nachricht. Unterhalb eines `document` befindet sich das `documentElement`, ein Knoten, der dem Wurzelelement entspricht (im Beispiel: `<message>...</message>`). Das erste Kind des Wurzelelements ist ein Textknoten. Daher liefert `firstChild.nodeValue` eben diesen Text.

Für die Online-Fassung haben wir das Beispiel so aufgebaut, dass der Benutzer die drei Schritte »Verbindung öffnen«, »Callback-Funktion definieren«, »Senden« einzeln ausführen kann. Des Weiteren erscheinen Statusmeldungen über den Ablauf in einem Protokoll in der Webseite. Das ist besonders für das Verständnis von Anweisungen nützlich, die keine sichtbare Wirkung haben.

Diese Schritt-für-Schritt-Ausführung sollte deutlich machen, dass die Ajax-Technik im Kern sehr einfach ist. Neu ist nur das XMLHttpRequest-Objekt, alles andere ist längst bekannte – wenn man den Begriff verwenden möchte – DHTML-Programmierung mit den Zutaten (X)HTML, Javascript und DOM. Letzteres bringt den für einige Webentwickler vielleicht neuen Aspekt XML ins Spiel; im Vergleich mit HTML-DOM ist da aber auch nicht viel Neues zu lernen. Das XMLHttpRequest-Objekt hat neben den vorgestellten Methoden noch einige weitere auf Lager, wie der folgende Abschnitt zeigt.

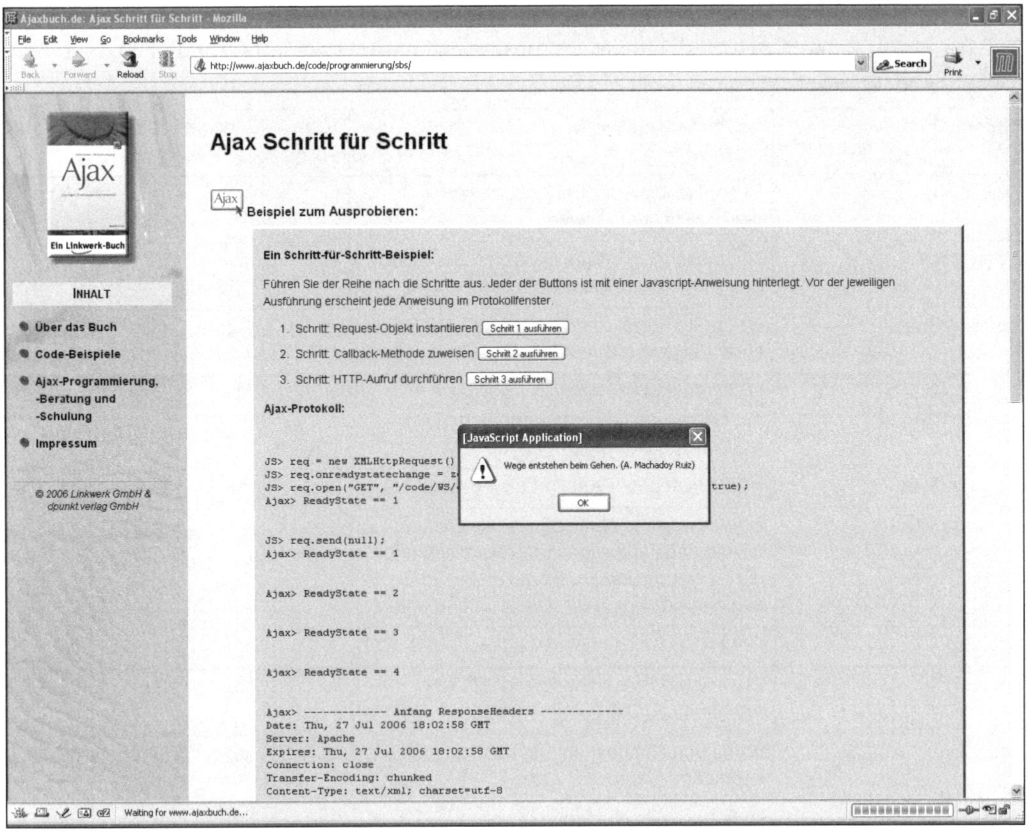

Abb. 3–1
Schrittweises Abarbeiten des Ajax-Beispiels. In der Mitte ist die Alert-Box zu sehen, darüber die Schalter zur Ausführung der Schritte und darunter die Protokollausgabe.

3.2.2 Das XMLHttpRequest-Objekt

`XMLHttpRequest` wurde ursprünglich von Microsoft eingeführt, aber bereits vor einigen Jahren ansatzweise in Mozilla-Browsern implementiert. Die heute vorliegenden Implementierungen weichen – wie üblich – voneinander ab. Das World Wide Web Consortium (W3C) hat im April 2006 einen Entwurf für eine Spezifikation des XMLHttpRequest-Objekts veröffentlicht. Alles in allem liegt also (nach HTML, Javascript, DOM) wieder einmal eine Situation vor, in der jeder sein eigenes Süppchen kocht. Auf den ersten Blick sieht alles zueinander identisch aus, aber im Detail bestehen Unterschiede. Die folgende Tabelle versucht einen Überblick über Eigenschaften und Methoden von `XMLHttpRequest` in den unterschiedlichen Ausprägungen zu geben. Die Halbwertszeit dieser Information lässt sich nicht vorhersagen. Grundlage für die Tabelle ist der *dokumentierte* Stand, der erfahrungsgemäß vom Implementationsstand abweichen kann. Soweit in der Spalte eines Browser eine Angabe in runden Klammern steht, so ist in der Dokumentation keine Aussage zu finden. Bei der geklammerten Angabe handelt es sich dann um unsere eigene Aussage auf Grundlage von Tests.

Tab. 3–1 *Übersicht der Eigenschaften und Methoden*

Name	Beschreibung	Microsoft	Mozilla	W3C	Opera
`onreadystatechange`	Event-Handler, der bei Änderung von `readyState` gerufen wird	ja	ja	ja	(ja)
`readyState`	Numerischer Wert (im Bereich 0 bis 4), der den Status des Request-Objekts angibt	ja	ja	ja	(ja)
`responseBody`	HTTP-Rumpf der Antwort als nicht interpretierte Folge von Bytes	ja	(nein)	nein	(nein)
`responseStream`	HTTP-Rumpf der Antwort als Stream; nur interessant bei Programmierung mit MSXML; im Browser irrelevant	ja	nein	nein	(nein)
`responseText`	HTTP-Rumpf der Antwort als Zeichenkette	ja	ja	ja	(ja)
`responseXML`	Die Antwort auf den Request als DOM-Objekt des Typs `document`; Voraussetzung: die Serverantwort wurde mit einem XML-Mime-Type verschickt (Details siehe unten).	ja	ja	ja	(ja)
`status`	Der HTTP-Statuscode der Antwort (z.B. 200)	ja	ja	ja	(ja)
`statusText`	Die lesbare Statusangabe der HTTP-Antwort (z.B. Ok)	ja	(ja)	ja	(ja)
`abort()`	Bricht den Request ab und setzt das Objekt in Zustand 0 zurück	ja	(ja)	ja	(ja)
`getAllResponse Headers()`	Liefert eine Zeichenkette mit allen HTTP-Headern	ja	(ja)	ja	(ja)
`getResponseHeader (header)`	Liefert den Wert eines bestimmten HTTP-Headers	ja	ja	ja	(ja)
`open(methode, url, asynchron, user, passwort)`	Bereitet das Request-Objekt für einen Request an die Adresse `url` mit der HTTP-Methode `methode` vor. Der Request ist asynchron, wenn der entsprechende Parameter true ist; andernfalls synchron. Optional können Username und Passwort angegeben werden.	ja	ja	ja	(ja)
`send(requestBody)`	Führt den mit `open()` initialisierten Request aus. Der `requestBody` ist nur für die Methode `POST` sinnvoll.	ja	ja	ja	(ja)
`setRequestHeader (header, wert)`	Setzt einen angegebenen Request-Header auf den angegebenen Wert	ja	ja	ja	(ja)
`overrideMimeType (mimeType)`	Überschreibt den vom Server gelieferten MIME-Type; sinnvoll, falls bekannt ist, dass der Server einen falschen MIME-Type angibt	nein	ja	nein	(nein)

- **onreadystatechange**
  onreadystatechange ist ein Event-Handler, der bei *jeder* Änderung der Eigenschaft readyState gerufen wird. Die übliche Verwendung besteht darin, zunächst eine Funktion zu definieren, die die Serverantwort in geeigneter Weise verarbeitet. Diese Funktion wird dann der Objekteigenschaft onreadystatechange zugewiesen. Beispiel:

```
function verarbeiteServerAntwort() {
    if (req.readyState == 4) {      // Kommunikation beendet
        if (req.status == 200) {    // Erfolgreich, falls der Server
                                    // den HTTP-Statuscode 200
                                    // gesendet hat.
            // *** Tue irgendetwas ***
        }
    }
}

...
req.onreadystatechange = verarbeiteServerAntwort;
```

  Neben dem Aufruf des Event-Handlers bei einer Änderung von readyState darf die Funktion beziehungsweise Methode gemäß aktuellem W3C-Entwurf im Fall readyState == 3 auch mehrfach gerufen werden.

- **readyState**
  Die Eigenschaft readyState repräsentiert den Zustand, in dem sich der Request befindet. Folgende Werte sind möglich:

Wert	Bezeichnung	Bedeutung
0	Uninitialized (MS, Mozilla, W3C)	Der Ausgangswert nach Instantiierung des Objekts, noch vor dem Aufruf der open()-Methode
1	Loading (MS, Mozilla), Open (W3C)	Die open()-Methode wurde bereits aufgerufen, send() noch nicht
2	Loaded (MS, Mozilla), Sent (W3C)	MS: Die send()-Methode wurde aufgerufen, aber Status- und Header-Informationen sind *noch nicht* verfügbar. Mozilla: Die send()-Methode wurde aufgerufen, Status- und Header-Informationen *sind* verfügbar. W3C: Der User Agent (Browser) hat den Request abgeschickt, aber es wurden noch keine Daten empfangen.
3	Interactive (MS, Mozilla), Receiving (W3C)	MS: Einige Daten wurden empfangen. Der Zugriff auf responseBody oder responseText, um einen Teil der Nachricht zu lesen, führt zu einem Fehler, weil Status- und Antwort-Header noch nicht vollständig verfügbar sind. Mozilla: Ladend; responseText enthält Teil der Antwort. W3C: Unmittelbar vor dem Erhalt des Nachrichtenrumpfs (Message body). Alle HTTP-Header wurden empfangen.
4	Completed (MS, Mozilla), Loaded (W3C)	Der Datentransfer ist abgeschlossen.

- **`responseText`**
  HTTP-Rumpf der Antwort als Zeichenkette, das heißt, `responseText` ist die eigentliche Nachricht, die als Antwort auf den Request vom Server gesendet wurde. Die Antwort wird unter Verwendung der Kodierungsinformation, die der Server geschickt hat, in eine Zeichenkette gewandelt. Falls die Kodierungsinformation fehlt, wird UTF-8 als Zeichenkodierung angenommen. Falls es sich bei dem Nachrichtenformat um XML handelt, sollte statt `responseText` besser `responseXML` gelesen werden. In diesem Fall kann der Browser die zusätzliche Kodierungsinformation aus der XML-Deklaration lesen (`<?xml version="..." encoding="..."?>`. Wenn `readyState` einen anderen Wert als 3 oder 4 hat, so ist `responseText` im W3C-Entwurf eine leere Zeichenkette; im Gegensatz dazu trägt `responseText` in der Mozilla-Dokumentation in diesem Fall den Wert `null`. Microsoft macht keine Aussage.
- **`responseXML`**
  Im Falle einer XML-Antwort vom Server enthält `responseXML` diese Antwort als DOM-Objekt vom Typ `document`. Die Antwort gilt für Microsoft als XML, wenn der Server den MIME-Type `text/xml` verwendet. Für das W3C gelten auch die Typen `application/xml` und alle, die auf `+xml` enden. In allen anderen Fällen trägt `responseXML` den Wert `null`. Microsoft weist in seiner Dokumentation darauf hin, dass der XML-Parser aus Sicherheitsgründen *nicht validiert*. Insbesondere wird keine DTD geladen. Weiter heißt es, dass im Falle eines nicht gültigen Dokuments dennoch ein DOM-Objekt erzeugt wird und die Eigenschaft `parseError` Informationen über den Fehler enthält. Wie entschieden wird, ob es sich um ein gültiges oder nicht gültiges Dokument handelt, wenn die Validierung ausgeschaltet und auch keine DTD geladen wird, bleibt offen.
- **`status`**
  Diese Eigenschaft enthält den HTTP-Statuscode, den der Server als Teil seiner Antwort schickt. Eine Übersicht der wichtigsten Codes zeigt folgende Tabelle. Vollständig sind sie in HTTP/1.1 nachzulesen *(ftp://ftp.rfc-editor.org/in-notes/rfc2616.txt)*.

HTTP-Status-codes	Statustext	Beschreibung
Erfolgreich 2xx		
200	OK	Der Request war erfolgreich. Im Falle eines `GET`-Zugriffs werden die angeforderten Daten (z.B. die Webseite) gesendet. Im Falle eines `HEAD`-Zugriffs werden die angeforderten Header-Zeilen gesendet. Im Falle eines `POST`-Zugriffs werden Daten (z.B. eine Webseite) als Antwort auf den Request gesendet.
Umleitung 3xx		
301	Moved Permanently	Die angeforderte Ressource ist *dauerhaft* unter einer neuen Adresse zu finden, die der Server im `Location`-Feld im HTTP-Kopf angeben *sollte*.
302	Found	Die angeforderte Ressource ist *temporär* unter einer neuen Adresse zu finden, die der Server im `Location`-Feld im HTTP-Kopf angeben *sollte*.
307	Temporary Redirect	wie 302
Clientfehler 4xx		
400	Bad Request	Der Server konnte die Anfrage des Browsers nicht verstehen.
401	Unauthorized	Nicht autorisierter Zugriff. Der Server fordert zur Angabe der Zugangsberechtigung auf (in der Regel Benutzername und Passwort).
403	Forbidden	Zugriff verboten.
404	Not Found	Ressource nicht gefunden.
Serverfehler 5xx		
500	Internal Server Error	Interner Serverfehler. Der Client kann die Fehlerursache prinzipiell nicht am Statuscode erkennen. Siehe auch Abschnitt 3.2.8.
503	Service Unavailable	Im Gegensatz zur 500-Situation deutet dies auf einen *temporären* Ausfall hin. Soweit bekannt, kann der Server die Ausfalldauer im `Retry-After` angeben.

- **`statusText`**
  Diese Eigenschaft enthält den Statustext. Die den Codes entsprechenden Texte zeigt die obige Tabelle. Die Texte sind der HTTP-1.1-Spezifikation entnommen. Ein Programm sollte sich nicht darauf verlassen, dass sich ein Server buchstabengetreu an die Texte enthält. Im Gegensatz dazu ist es zuverlässig, die Statuscodes abzufragen.
- **`abort()`**
  Bricht eine gerade laufende Kommunikation ab.
- **`getAllResponseHeaders()`**
  Liefert alle HTTP-Header der Antwort. Die einzelnen Header sind durch Carriage Return/Line Feed voneinander getrennt. Falls `readyState` einen anderen Wert als 3 oder 4 hat, liefert `getAllResponseHeaders()` den Wert `null`.

Der Zugriff auf alle Response-Header ist vor allem zu Test- und Debugging-Zwecken sinnvoll. Eine beispielhafte Ausgabe ist im Abschnitt 3.2.8 und den korrespondierenden Seiten auf `www.ajax-buch.de` zu sehen.

- **`getResponseHeader(header)`**
  Liefert zu einem gegebenen Header den vom Server geschickten Wert. Diese Methode ist nützlich, um nicht das Zeichenkettenergebnis des zuvor genannten Methodenaufrufs an den CR/LF-Grenzen auftrennen zu müssen. Falls `readyState` einen anderen Wert als 3 oder 4 hat, liefert `getAllResponseHeaders()` eine leere Zeichenkette. Der W3C-Entwurf sieht Folgendes vor: Falls es in der HTTP-Antwort des Servers mehr als eine Header-Zeile gibt, die den abgefragten Namen trägt, dann liefert `getResponseHeader()` eine Zeichenkette, in der die verschiedenen Werte durch »Komma Leerzeichen« voneinander getrennt sind.
- **`open(methode, url, asynchron, user, passwort)`**
  Initialisiert einen HTTP-Request mit folgenden Eigenschaften: Als Methode kommen `GET` oder `POST` in Frage. `GET` entspricht dem Zugriff auf eine Seite ausschließlich über deren Adresse (URI/URL), wie durch einen Link. `POST` wird bei der Übertragung von umfangreichen Informationen vom Client zum Server verwendet, beispielsweise bei der Übermittlung von Formularinformationen an den Server. Neben dem obligatorischen URL enthält der HTTP-Request Informationen im Rumpf. Damit der `POST`-Request genauso aussieht wie beim Absenden eines Formulars, sollte gegebenenfalls der MIME-Type mit der Methode `setRequestHeader()` gesetzt werden (entsprechend dem Attribut `enctype` des `form`-Elements in HTML. Beispiel: `req.setRequestHeader('Content-Type','application/x-www-form-urlencoded')`. Der zweite Parameter der `open()`-Methode gibt den URL an, an den die Anfrage gestellt wird. Der dritte, boolesche Parameter steuert, ob der Request synchron (`false`) oder asynchron (`true`) erfolgt. Bei einem synchronen Zugriff stoppt die Programmausführung nach Aufruf der `send()`-Methode so lange, bis die Kommunikation mit dem Server abgeschlossen ist. Die Parameter `user` und `passwort` dienen dem Zugriff auf passwortgeschützte Daten.
- **`send(requestBody)`**
  Diese Methode führt den per `open()` initialisierten Request aus. Der Aufruf ist nur zulässig, wenn `readyState` den Wert 1 besitzt. Wenn der Request mit der HTTP-Methode `POST` oder `PUT` ausgeführt wird, schickt der Browser die als Argument (`requestBody`) übergebenen Daten im Rumpf des HTTP-Requests mit. Falls es sich bei

requestBody um eine Zeichenkette handelt, wird diese in UTF-8-Kodierung versendet. Falls es sich bei requestBody um ein XML-DOM-Dokument handelt, wird dies zu einer Zeichenkette serialisiert. Dabei wird die Kodierung, die im DOM-Dokument angegeben ist, für das Enkodieren der Zeichen verwendet; falls die Angabe fehlt, verwendet der Browser UTF-8. Das W3C schlägt vor, dass der Browser im Falle einer HTTP-Umleitung (Statuscodes 301, 302, 303 oder 307) dieser Umleitung automatisch folgt. In einem Forum zur Mozilla-Implementierung tauchte die Meldung auf, dass bei einem POST-Request, der per HTTP umgeleitet wird, der requestBody verloren geht. Hier ist also Vorsicht geboten.

- **setRequestHeader(header, wert)**
  Nach dem Aufruf der open()-Methode lässt sich mit setRequestHeader() einem HTTP-Header ein Wert für den zu sendenden Request zuweisen. Ein Beispiel ist bereits oben in der Beschreibung für open() zu finden. Das W3C schlägt vor, dass ein Browser die Liste der auf diese Weise definierten Header durch Aufruf von open() löscht. Des Weiteren sieht der Working Draft eine Reihe von Headern vor, die der Browser automatisch setzen muss (zum Beispiel Host), die Javascript nicht überschreiben darf (zum Beispiel Connection und Keep-Alive) und solche, an die Informationen angefügt werden dürfen (zum Beispiel Authorization).

  Der Header Content-Type wird bei Zugriff per Post vom Mozilla und Opera selbständig auf text/xml gesetzt. Internet Explorer setzt keinen Content-Type. Möglicherweise werden sich die Browser in Zukunft auf eine konsistente Vorgehensweise einigen. Bis dahin empfiehlt es sich, den Wert explizit zu setzen. Zum Beispiel: setRequestHeader("Content-Type", "application/x-www-form-urlencoded")
- **overrideMimeType(mimeType)**
  Diese Methode ist nur in der Mozilla-Dokumentation zu finden. Sie tritt in Aktion, wenn a priori bekannt ist, dass ein Server für eine XML-Nachricht einen falschen MIME-Type versendet. Dann lässt sich durch Aufruf dieser Methode nach open(), aber vor send() ein MIME-Type vorgeben. Unter *http://kb.mozillazine.org/XMLHttpRequest* ist folgendes Listing als Beispiel zu finden:

```
var req = new XMLHttpRequest();
req.open('GET', 'http://www.example.com/really-xml.txt', false);
req.overrideMimeType('text/xml');
req.send(null);
alert(req.responseXML);
```

3.2.3 XMLHttpRequest-Objekt für alle Browser

Microsoft hat seine Erfindung, das XMLHttpRequest-Objekt, in die hauseigene XML/XSLT-Implementierung namens MSXML eingebaut. Das macht es erforderlich, im Browser auf ActiveX zurückzugreifen. In dem Moment, als andere Browser die Technik übernehmen wollten, war klar, dass es wieder einmal zu einer unangenehmen Inkompatibilität zwischen den Browsern kommt. Andere Browser, wie die Mozilla-Browser oder Opera, stellen ihrer Javascript-Umgebung das Objekt »nativ« zur Verfügung. So scheint es heute, als ob gerade die Erfinderin Microsoft »aus der Reihe tanzen« würde. Das dürfte nicht unwesentlich dazu beigetragen haben, dass der IE 7 das XMLHttpRequest-Objekt genauso anbietet wie andere Browser. Da die Version 7 recht neu ist und es immer lange dauert, bis alte Versionen vom Webentwickler vernachlässigt werden dürfen, ist eine Abfrage der Browserfähigkeiten bei der Ajax-Programmierung unumgänglich.

Die »Browserweiche« kann im einfachsten Fall so aussehen:

```
if (window.XMLHttpRequest) {         // Test, ob der Browser ein ein-
                                     // gebautes XMLHttpRequest-Objekt
                                     // besitzt oder...
    req = new XMLHttpRequest();
} else if (window.ActiveXObject) {  // ... ob er das Objekt per
                                     // ActiveX implementiert
    req = new ActiveXObject("Microsoft.XMLHTTP");
}
```

Diese Vorgehensweise bleibt dem Ansatz dieses Abschnitts treu, die Ajax-Programmierung auf dem niedrigsten Niveau selbst auszuführen – sozusagen ohne Netz und doppelten Boden. Aber bereits bei dieser Browserunterscheidung zeigt sich, dass es Dinge gibt, über die man sich bei der Programmierung keine Gedanken machen möchte. Spätestens hier entsteht der Wunsch nach einer Kapselung. Der folgende Abschnitt wird diesen Wunsch verstärken. Eine erste Lösung wird dann in Abschnitt 3.3 präsentiert. Die später behandelten Ajax-Frameworks werden noch mehr Luxus bieten.

Die oben gezeigte Fallunterscheidung verdeckt lediglich die Unterschiede bei der Erzeugung des Objekts. Was sie nicht abdeckt, sind die unterschiedlichen Implementierungen von Objekteigenschaften und -methoden. Bereits in der Tabelle 3–1 in Abschnitt 3.2.2 haben wir versucht, die Objektunterschiede gemäß der jeweiligen Dokumentation wiederzugeben. Im Abschnitt 3.2.9 folgt ein Beispiel, das aufgrund der Browserunterschiede nur in Mozilla-Browsern läuft.

In der Praxis ist es dringend angeraten, ein Framework einzusetzen, um größtmögliche Browserkompatibilität zu erreichen. Das ist deshalb sinnvoll, weil man bei einem etablierten Framework eine große Zahl von Testern mit verschiedenen Browsern auf unterschiedlichen Betriebssystemen voraussetzen kann. Das eigenständige Testen von (mindestens) MSIE, Mozilla/Firefox, Opera, Safari und Konqueror unter (mindestens) Windows, Unix und Mac OS ist viel zu aufwendig. Wer Browserunterscheidung dennoch in die eigene Hand nehmen möchte, kann sich von den Frameworks inspirieren lassen. Prototype (Abschnitt 5.3) führt die Fallunterscheidung folgendermaßen durch: Die Unterscheidung ist so gekapselt, dass Prototype eine Funktion definiert, die zur Instantiierung eines XmlHttpRequest-Objekts verwendet wird und die die Unterscheidung »innen« selbst macht:

```
function() {
    return Try.these(
      function() {return new ActiveXObject('Msxml2.XMLHTTP')},
      function() {return new ActiveXObject('Microsoft.XMLHTTP')},
      function() {return new XMLHttpRequest()}
    ) || false;
```

MochiKit (Abschnitt 5.6) geht ähnlich vor, unterscheidet aber mehr Fälle:

```
function () {
   var self = arguments.callee;
   if (!self.XMLHttpRequest) {
       var tryThese = [
           function () { return new XMLHttpRequest(); },
           function () { return
                         new ActiveXObject('Msxml2.XMLHTTP'); },
           function () { return
                         new ActiveXObject('Microsoft.XMLHTTP'); },
           function () { return
                        new ActiveXObject('Msxml2.XMLHTTP.4.0'); },
           function () { throw new
                   MochiKit.Async.BrowserComplianceError("Browser
                                does not support XMLHttpRequest");
           }
       ];
       for (var i = 0; i < tryThese.length; i++) {
           var func = tryThese[i];
           try {
               self.XMLHttpRequest = func;
               return func();
           } catch (e) {
               // pass
           }
       }
   }
   return self.XMLHttpRequest();
}
```

Noch mehr Fälle hat das PHP-Framework Sajax (Abschnitt 5.9) im Angebot:

```
function sajax_init_object() {
   sajax_debug("sajax_init_object() called..")

   var A;

   var msxmlhttp = new Array( 'Msxml2.XMLHTTP.5.0',
                              'Msxml2.XMLHTTP.4.0',
                              'Msxml2.XMLHTTP.3.0',
                              'Msxml2.XMLHTTP',
                              'Microsoft.XMLHTTP');
   for (var i = 0; i < msxmlhttp.length; i++) {
      try {
         A = new ActiveXObject(msxmlhttp[i]);
      } catch (e) {
         A = null;
      }
   }

   if(!A && typeof XMLHttpRequest != "undefined")
      A = new XMLHttpRequest();
   if (!A)
      sajax_debug("Could not create connection object.");
   return A;
}
```

Spry (Abschnitt 5.7) unterscheidet zwischen Microsoft- und Nicht-Microsoft-Browsern. Zur Erkennung der Ersteren benutzt Spry ein Array mit bekannten Microsoft-Versionen des XmlHttpRequest-Objekts:

```
Spry.Utils.msProgIDs = ["MSXML2.XMLHTTP.5.0", "MSXML2.XMLHTTP.4.0",
"MSXML2.XMLHTTP.3.0", "MSXML2.XMLHTTP", "Microsoft.XMLHTTP"];

Spry.Utils.createXMLHttpRequest = function()
{
   var req = null;
   try
   {
      if (window.XMLHttpRequest)
         req = new XMLHttpRequest();
      else if (window.ActiveXObject)
      {
         for (var i = 0; i < Spry.Utils.msProgIDs.length; i++)
             {
              try { req = new
             ActiveXObject(Spry.Utils.msProgIDs[i]); } catch (e) {}
              }
      }
   }
```

```
    catch (e) { req = null; }

    if (!req) Spry.Debug.reportError("Failed to create an
                                     XMLHttpRequest object!" );

     return req;
  };
```

Es zeigt sich, dass die Fallunterscheidung insbesondere für die Microsoft-Welt aufgrund der Vielzahl der möglichen Fälle lästig ist. Mit dem Internet Explorer 7 wird sich das Problem nach und nach entspannen, da er »native« Unterstützung (das heißt hier: ohne ActiveX) des XmlHttpRequest-Objekts mitbringt. Bis dahin bietet Microsoft unter *http://msdn.microsoft.com/library/en-us/xmlsdk/html/5016cf75-4358-4c1f-912e-c071aa0a0991.asp* detaillierte Informationen über Erkennung der MSXML-Version; gegenwärtig MSXML 3.0, MSXML 4.0, MSXML 5.0 for Microsoft Office Applications, MSXML 6.0. Übrigens testet keines der genannten Frameworks auf Version 6.

3.2.4 Konkurrierende Requests

Aufgrund ihrer Asynchronität können Ajax-Requests parallel ausgeführt werden. »Parallel« bedeutet, dass der Browser einen weiteren Aufruf ausführt, noch bevor der Server einen vorhergehenden Aufruf beantwortet hat. Bei der Programmierung ist zu berücksichtigen, dass keine Vorhersage darüber möglich ist, in welcher Reihenfolge parallele Requests eine Antwort liefern. Die Callback-Funktion eines Aufrufs darf sich daher nicht auf die (erfolgreiche) Ausführung einer anderen Callback-Funktion verlassen. Wenn es derartige Abhängigkeiten in der Programmlogik gibt, sind diese im Programm abzufragen, zum Beispiel

- durch Setzen von (globalen) Flags,
- durch Abfrage der Eigenschaft `readyState` eines vorhergehenden Ajax-Requests oder
- durch Verwendung von *synchronen*, das heißt blockierenden Aufrufen.

Neben Abhängigkeiten kann es auch Konkurrenzsituationen von Ajax-Requests geben. Ein Aufruf B *darf nicht ausgeführt werden*, wenn Aufruf A noch im Gange ist. Bei diesem Szenario handelt es sich lediglich um einen Spezialfall einer Abhängigkeit. Die Abhängigkeit besteht darin, dass B nicht laufen darf, bis A *irgendein Ergebnis*, eventuell auch einen Fehler erzeugt hat. Hierfür eignen sich die obigen Maßnahmen.

Eine andere Konkurrenzsituation liegt vor, wenn der Aufruf B einen noch laufenden Aufruf A *beenden* soll. Ein Beispiel für dieses Szenario ist unsere Anwendung unter *http://www.ajaxbuch.de/code/beispiele/xmlad/*. Wir haben sie bereits früher gezeigt. Zur Erinnerung: Auf der Seite gibt es ein Eingabefeld, das die Suche in einem Verzeichnis von XML-Begriffen erlaubt. Jeder Tastendruck führt zu einem Ajax-Aufruf, der auf dem Server im Verzeichnis sucht und die Liste der passenden Begriffe als Antwort liefert. Bei kurz aufeinanderfolgenden Tastendrücken ist es sinnlos, das Ergebnis für einen kurzen Ausdruck zu liefern, wenn schon ein langer (und damit aussagekräftigerer) Ausdruck vorliegt. Beispielsweise sagt »XS« weniger aus als »XSL«. Der Request für »XS« ist aber möglicherweise bereits unterwegs, wenn der Benutzer die dritte Taste drückt.

Die Beispielanwendung behandelt diesen Fall durch Verwendung und Wiederverwendung nur eines XmlHttpRequest-Objekts sowohl für Aufruf A als auch für Aufruf B. In der Funktion, die den Aufruf ausführt, steht folgende if-Abfrage:

```
if (req && (req.readyState == 2 || req.readyState == 3)) {
   req.abort();      // falls ein Request läuft, diesen abbrechen
}
```

`req` ist das XmlHttpRequest-Objekt. Die Abfrage testet, ob es das Objekt gibt, und falls ja, ob es sich im `readyState` 2 oder 3 befindet. Dann bricht es durch Aufruf der Methode `abort()` die laufende Kommunikation ab und kann anschließend den zweiten Aufruf durchführen.

3.2.5 Timout-Behandlung

Das Thema »Timeout« ist für Ajax vielfältig. Eine Internetsuche nach »Ajax« und »Timeout« liefert zahlreiche Treffer, aber nicht immer geht es um die gleiche Frage. Daher ist zunächst zu klären, was Timeout bedeutet. Folgende Bedeutungen des Begriffs sind für Ajax wichtig (ohne Anspruch auf Vollständigkeit):

1. Der Benutzer der Webanwendung hat das Browserfenster zwar noch geöffnet, tätigt aber seit geraumer Zeit keine Eingabe mehr. (Timeout durch Benutzerinaktivität)
2. Der Server antwortet nicht auf den Request. Fragen: Kommt die Antwort noch? Was macht die Anwendung in der Zwischenzeit? Soll die Anwendung eine maximale Zeitspanne vorgeben, innerhalb derer der Server antworten muss und danach eine Fehlerbe-

handlung ausführen? Wie kann der Request abgebrochen werden? (Auslösen eines Timeouts)

3. Der HTTP-Request initiiert serverseitig einen Prozess, der so lange läuft, dass der *Webserver* ihn abbricht. Frage: In HTTP gibt es keinen Code, mit dem der Server dem Browser mitteilen könnte, dass der Request aufgrund eines Timeouts nicht erfolgreich bearbeitet werden konnte. Welchen HTTP-Statuscode sendet der Server zurück? Wie kann die Ajax-Anwendung damit umgehen? (Server-Timeout)

3.2.6 Timeout durch Benutzerinaktivität

Der erste Fall hat nicht ursächlich mit Ajax zu tun. Er tritt auch bei »Ajax-freien« Webanwendungen auf. In der Regel entsteht daraus nur bei serverseitigem Session-Management ein Problem. Benutzerinaktivität kann zum Ablaufen der Session führen.

Ajax liefert hier eine Lösung: Über die Javascript-Methode `window.setTimeout()` oder noch einfacher über `window.setInterval()` lässt sich eine periodische Ajax-Anfrage veranlassen, deren einziger Zweck darin besteht, die Session »am Leben zu halten«. Für die Serveranwendung ist ein derartiger Request gleichbedeutend mit der Aussage: »Das Browserfenster ist noch nicht geschlossen.«

3.2.7 Auslösen eines Timeouts

Eine asynchrone Kommunikation ist eine bequeme Sache. Man schickt einen Request, definiert eine Callback-Funktion und muss sich um nichts weiter kümmern. In der Zwischenzeit bis zum Eintreffen der Antwort blockiert die Webanwendung noch nicht einmal. Sehr schön.

Doch was passiert, wenn die Antwort nicht wenige Sekunden benötigt, sondern Minuten oder Stunden? Eine Ajax-Webanwendung kann zum Beispiel ihre Oberfläche im Laufe der Benutzung stark ändern. Was, wenn nach 30 Minuten eine Antwort auf einen längst vergessenen Request kommt, die eine Komponente der Seite ändern soll, die sich zwischenzeitlich gewandelt hat. Für den Benutzer wäre das mindestens so überraschend wie die ausgebliebene Antwort, die ihm eine halbe Stunde früher so viel Geduld abverlangt, die er aber mittlerweile vergessen hat.

Asynchron ist schön, aber ein wenig Kontrolle über den eigenen Programmablauf ist besser. Im Netz hat uns eine Lösung inspiriert, die dort mit Prototype implementiert ist (siehe *http://codejanitor.com/wp/2006/03/23/ajax-timeouts-with-prototype/;* die Beschreibung von Prototype folgt im Abschnitt 5.3.) Die von Jason Rust in seinem Blog implementierte Idee lässt sich auch ohne Prototype umsetzen:

Die Timeout-Behandlung hängt sich in die Schrittfolge in Abschnitt 3.2.1 an den Schritt

```
req.send(null);
```

Unmittelbar *vor* diesem Schritt fügen wir folgende Zeile ein:

```
req.timeoutId = window.setTimeout(
function() {
  if (req.readyState != 4) {
    req.abort();
    zeigeTimeoutMeldung();
  }
}, 5000 // Fünf Sekunden
);
```

Hiermit wird ein Javascript-Timeout gesetzt, der fünf Sekunden später überprüft, ob der Request in den `readyState` 4 gelangt ist. Falls nicht, bricht der Timeout den Request ab und ruft eine Funktion, die den Benutzer über den Timeout informieren oder andere geeignete Maßnahmen ergreifen kann.

Wenn die Serverantwort innerhalb von fünf Sekunden eintrifft, muss der Timeout gestoppt werden. Das passiert in der Funktion für die Behandlung einer erfolgreichen Anfrage:

```
function zeigeNachricht() {
   if (req.readyState == 4) {                  // Kommunikation beendet
       window.clearTimeout(req.timeoutId); // Timeout löschen

       if (req.status == 200) {         // Erfolgreich, falls der
                                        // Server den HTTP-Statuscode
                                        // 200 gesendet hat.
       alert(req.responseXML.documentElement.firstChild.nodeValue);
       }
   }
}
```

Neu ist hier der Methodenaufruf `window.clearTimeout()`. Sollte der Server den Request *sehr* schnell beantworten, so läuft das Programm trotzdem korrekt, weil wir die Zuweisung des Timeouts *vor* dem Senden durchgeführt haben. Keinesfalls kann `zeigeNachricht()` *vor* dem Start des Timers laufen.

3.2.8 Server-Timeout

Nun zum letzten Timeout-Punkt: Da es sich um eine Serverangelegenheit handelt, lässt sich nicht für alle Server vorhersagen, wie sie reagieren. Für den Apache haben wir ein Beispiel geschrieben, das auf einem serverseitigen CGI-Skript basiert. Das Skript wartet eine frei wählbare Zeit, bevor es eine Ausgabe erzeugt. Wählt man die Zeit so groß, dass sie über der im Apache eingestellten Timeout-Zeit liegt, bricht der Server das Skript ab und schickt den HTTP-Code 500 an den Browser. Das zugehörige Beispiel ist unter *http://www.ajaxbuch.de/code/programmierung/warten/* zu finden. Es benutzt den »Warten-Webservice« unter *http://www.ajaxbuch.de/code/WS/wartenWS/*.

Im Browser besteht keine Möglichkeit, mit dieser Situation konstruktiv umzugehen. Das Beispielprogramm gibt mit den folgenden Zeilen lediglich eine Fehlermeldung aus, mit der der Benutzer allerdings ziemlich allein gelassen ist.

```
if (req.status >= 500) {
          var error = "Serverseitig ist ein Fehler aufgetreten.";
          error += "\nFehlernummer: " + req.status;
          error += "\nFehlermeldung: " + req.statusText;
          alert(error);
     }
```

Abb. 3–2
Die Fehlermeldung nach dem Server-Timeout

Die Ursache für das Problem besteht darin, dass der Server nicht weiß, ob das Skript noch arbeitet oder ob es sich verklemmt hat. Um das zu vermeiden, ist es erforderlich, dass das Skript dem Server irgendein Lebenszeichen gibt. Der Warten-Webservice ist mit einem Schalter ausgestattet, der das Skript auf »aktives« Warten setzen kann. In diesem Modus schreibt es in jeder Sekunde einen ».« (Punkt) in einem Dummy-HTTP-Header. Zum Vergleich ein Blick auf die verschiedenen Header; zuerst ohne aktives Warten:

```
Date: Fri, 02 Jun 2006 16:38:49 GMT
Server: Apache
Keep-Alive: timeout=15, max=94
Connection: Keep-Alive
Transfer-Encoding: chunked
Content-Type: text/xml; charset: utf-8
```

Und nun die Ausgabe des Webservice mit dem Parameter »aktiv= true«:

```
Date: Fri, 02 Jun 2006 16:40:18 GMT
Server: Apache
X-dummy:
............................................................
Content-Length: 130
Keep-Alive: timeout=15, max=100
Connection: Keep-Alive
Content-Type: text/xml; charset: utf-8
```

Zweifelsohne ist es nicht besonders elegant, den Server von der Aktivität des Skriptes durch Ausgeben eines überflüssigen Headers zu informieren. Im Rahmen dieses Buches ist es aber ein gutes Anschauungsobjekt, weil das aktive Warten des Skripts auch auf Browserseite erkennbar ist. Darüber hinaus lässt sich die Vorgehensweise durch kleine Modifikationen nutzen, um bei einer langen Datenübertragung eine Fortschrittsanzeige zu implementieren; dazu später mehr (Abschnitt 3.2.9).

Den Warten-Webservice haben wir exemplarisch in Perl mit folgendem Skript implementiert:

```
#!/usr/bin/perl -w
use CGI qw/:standard/;
use strict;

####################################################################
#
# Hauptprogramm
#

my $mimeType    = "";
my $warteZeit   = "";
my $aktivWarten = "";

if (CGI::param(-name=>'mimeType')) {
    $mimeType = CGI::param(-name=>'mimeType');
}
if (CGI::param(-name=>'sekunden')) {
    $warteZeit= CGI::param(-name=>'sekunden');
}
if (CGI::param(-name=>'aktivWarten')) {
    $aktivWarten= CGI::param(-name=>'aktivWarten');
}
```

```
my $warteMaximum = 65; # Sekunden

if (not("$mimeType" eq "text/xml") ) {   # Bei jedem anderen Wert als
                                         # "text/xml" wird
                                         # "text/plain" verwendet
    $mimeType = "text/plain";
}

$warteZeit = minimum($warteZeit, $warteMaximum);
$warteZeit = maximum($warteZeit, 1);

warten($mimeType, $warteZeit, $aktivWarten);

exit;

 ##################################################################

 sub maximum {
    ...
 }
 sub minimum {
    ...
 }

 sub warten {
     my ($mimeType, $warteZeit, $aktivWarten, $rest) = @_;
     my $message = "Danke fuer Ihre Geduld. Sie haben $warteZeit
                    Sekunden gewartet.";

     print "Content-Type: $mimeType; charset: utf-8\n";

     $|=1;               # erzwingt einen flush;
                         # see http://perldoc.perl.org/perlvar.html

     if ("$aktivWarten" eq "true") {
         print "X-dummy: ";
         my $startzeit = time();
         while (time() < $startzeit + $warteZeit) {
             print "." ;
             sleep 1;
         }
         print "\n";
     } else {
         sleep $warteZeit;
     }

     print "\n";
```

```
        if ("$mimeType" eq "text/xml") {
            print "<?xml version='1.0'?>\n";
            print "<message>$message</message>\n
                   <!-- http://www.ajaxbuch.de/ -->\n";
        } else {
            print "$message\n";
        }
    }
```

Für das aktive Warten beginnt der wesentliche Abschnitt mit `if ("$aktivWarten" eq "true")`. Der true-Zweig gibt den Dummy-Header aus und schreibt in jeder Sekunde einen Punkt. Der false-Zweig macht sich die Arbeit mit `sleep $warteZeit` einfacher. Bei der Erzeugung des Headers ist darauf zu achten, dass nicht zuvor bereits eine Leerzeile geschrieben wurde[1]. Ein weiterer wichtiger Punkt ist, dass keine Ausgabepufferung stattfindet. Wenn die Ausgabe gepuffert wird und etwa erst nach Schreiben einer bestimmten Anzahl von Zeilen oder Bytes eine effektive Ausgabe stattfindet, kann es passieren, dass der Server trotz aktiven Wartens nichts von der Aktivität bemerkt. Um das zu vermeiden, ist im Perl-Skript die Variable `$|` ungleich Null gesetzt. In anderen Sprachen und Laufzeitumgebungen ist eine analoge Vorkehrung zu treffen.

3.2.9 Handhabung eines kontinuierlichen Datenstroms

Im Abschnitt über Timeouts hat der Warten-Webservice in jeder Sekunde seiner Laufzeit einen Punkt in einen Dummy-Header geschrieben. Diese Idee kann man kopieren, um eine sinnvolle Anwendung zu realisieren. Es geht darum, dem Benutzer anzuzeigen, wie lange eine Operation noch dauert. Dazu verwenden wir einen Webservice, der einen kontinuierlichen Datenstrom sendet, der erst mit dem eigentlichen Ergebnis endet. Das zugehörige Beispiel ist im Web unter *http://www.ajaxbuch.de/code/programmierung/strom/* zu finden. *Ein wichtiger Hinweis vorab:* Aufgrund des unterschiedlichen Verhaltens der Browser im Falle `readyState == 3` läuft das folgende Beispiel *nur in Mozilla-Browsern* wie beabsichtigt. Mehr dazu nach dem Listing.

Das Perl-Skript, das den Webservice implementiert, besitzt einen vergleichbaren Aufbau wie das des Warten-Webservices. Deshalb hier nur das Listing der zentralen Funktion:

1. Aus diesem Grund schreibt das Skript den Content-Type-Header selbständig und nicht über die bequeme `header()`-Funktion des CGI-Perl-Moduls; denn diese schreibt eine Leerzeile und beendet damit den Kopf der HTTP-Antwort.

```
sub sendStream {
    my ($mimeType, $dauer, $rest) = @_;
    my $message = "Danke fuer Ihre Geduld. Sie haben $dauer
                   Sekunden gewartet.";

    print header(-type=>$mimeType,
                 -charset=>'utf-8',
                 -expires=>'now');

    $|=1;                  # erzwingt einen flush;
                           # see http://perldoc.perl.org/perlvar.html

    print "<?xml version='1.0'?>\n<wurzel>\n";

    my $startzeit = time();
    my $schritt = $dauer;
    while (time() < $startzeit + $dauer) {
        $schritt = $schritt -1;
        print "\t<status timestamp='" . time() .
              "'>$schritt</status>\n" ;
        sleep 1;
    }
    print "\t<message timestamp='" . time() .
          "'>$message</message>\n" ;
    print "</wurzel>\n";
}
```

Im Gegensatz zum Warten-Skript schreibt die Funktion ihr periodisches Lebenszeichen nicht in den Kopf der HTTP-Nachricht, sondern in den Rumpf; genauer in status-Elemente. Das vollständige XML-Dokument bei einer 10-sekündigen Dauer sieht so aus:

```
<?xml version='1.0'?>
<wurzel>
        <status  timestamp='1149267865'>9</status>
        <status  timestamp='1149267866'>8</status>
        <status  timestamp='1149267867'>7</status>
        <status  timestamp='1149267868'>6</status>
        <status  timestamp='1149267869'>5</status>
        <status  timestamp='1149267870'>4</status>
        <status  timestamp='1149267871'>3</status>
        <status  timestamp='1149267872'>2</status>
        <status  timestamp='1149267873'>1</status>
        <status  timestamp='1149267874'>0</status>
        <message timestamp='1149267875'>Danke fuer Ihre Geduld. Sie
                          haben 10 Sekunden gewartet.</message>
</wurzel>
```

Wichtiger als die Ausgabe ist hierbei allerdings, dass der kontinuierliche Datenstrom (in Mozilla-Browsern) wiederkehrend im Ajax-Status 3 im Browser zur Verfügung steht.

Die Programmierung im Browser sieht wie folgt aus:

```
function getStream(sekunden) {
    if (window.XMLHttpRequest) {      // Test, ob der Browser ein
                                      // eingebautes XMLHttpRequest-
                                      // Objekt besitzt oder...
        req = new XMLHttpRequest();
    } else if (window.ActiveXObject) { // ... ob er das Objekt per
                                       // ActiveX implementiert
        req = new ActiveXObject("Microsoft.XMLHTTP");
    }
    req.onreadystatechange = zeigeNachricht;
    var url = "stromWS/?mimeType=text/xml";
    url += "&dauer=" + sekunden;

    req.open("GET", url, true);
    setCursor('wait');
    req.send(null);
}

function zeigeNachricht() {
    if (req.readyState == 3) {
        var message = req.responseText;
        var aktStatusRegExp = /<status.*>.+<\/status>/g;
        RegExp.multiline = true;
        var treffer = message.match(aktStatusRegExp);


        if (treffer != null && treffer.length > 0) {
                var tagRE = /<\/?status[^<]*>/g;
                var aktuellerStatus =
               String(treffer[treffer.length-1]).replace(tagRE,'');

                var countdownElem =
                              document.getElementById('countdown');
                var text = document.createTextNode('Loading... '
                                                   + aktuellerStatus);

                if (countdownElem.childNodes.length > 0) {
         countdownElem.replaceChild(text,countdownElem.firstChild);
                } else {
                        countdownElem.appendChild(text);
                }
        }
```

```
    } else if (req.readyState == 4) {
        var countdownElem = document.getElementById('countdown');
        countdownElem.removeChild(countdownElem.firstChild);

        if (req.status == 200) {
           var xmlMessages =
                  req.responseXML.getElementsByTagName("message");
           alert(xmlMessages[xmlMessages.length-1].
                 firstChild.nodeValue);
        } else if (req.status >= 500) {
           var error = "Serverseitig ist ein Fehler aufgetreten.";
           error += "\nFehlernummer: " + req.status;
           error += "\nFehlermeldung: " + req.statusText;
           alert(error);
        }
    }
}
```

Die Funktion `zeigeNachricht()` reagiert mit `if (req.readyState == 3)` auf das Eintreffen von neuen Daten. Unvollständig geladene Daten können nicht als `responseXML` verarbeitet werden, weil sie kein wohlgeformtes XML-Dokument bilden. Beispielsweise liegen nach drei von zehn Sekunden folgende Daten in `responseText` vor:

```
<?xml version='1.0'?>
<wurzel>
        <status timestamp='1149267865'>9</status>
        <status timestamp='1149267866'>8</status>
        <status timestamp='1149267867'>7</status>
```

Um den Fortschritt des Ladevorgangs anzuzeigen, arbeitet `zeigeNachricht()` auf textueller Ebene und schneidet mit dem regulären Ausdruck `/<status.*>.+<\/status>/g` die Statuselemente aus dem Text. Im weiteren Verlauf extrahiert die Funktion den Inhalt des letzten und damit aktuellen Statuselements und speichert die Information in der Variablen `aktuellerStatus`. Diese Angabe wird noch um die Zeichenkette »Loading ...« ergänzt und per HTML-DOM-Programmierung in der Webseite angezeigt. Setzt man die Anzeige auf die Farbe Rot und fette Schrift, erhält man eine kontinuierliche Ladeanzeige wie unter *http://www.ajaxbuch.de/code/programmierung/strom/*. Die folgende Abbildung vermittelt einen statischen Eindruck des Beispiels.

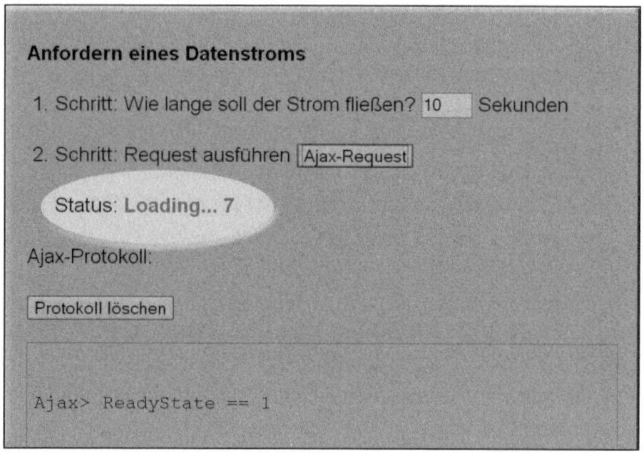

Abb. 3–3
Statusanzeige des Datenstroms

Browserunterschiede

Das Beispiel soll zweierlei zeigen: zum einen, wie man das mehrfache Erreichen des Zustands `readyState == 3` sinnvoll nutzen kann. Zum anderen dient es als Test, um Unterschiede festzustellen, die die Browser *während* des Empfangs von Ajax-Daten aufweisen. Beachten Sie das im Abschnitt 3.2.2 bei »readyState« beschriebene unterschiedliche Verhalten der Browser.

Wichtig: Das Beispiel läuft nur mit *Mozilla-Browsern* fehlerfrei durch. *Opera* läuft nur einmal in den `readyState == 3`. Der *Internet Explorer* verhält sich, wie in der Dokumentation von Microsoft beschrieben: Zwar wird der `readyState == 3` erreicht, aber die Header-Zeilen stehen noch nicht vollständig zur Verfügung; ein Zugriff auf `responseBody` oder `responseText` führt zu einem Fehler.

Fazit: Um den Fall `readyState == 3` produktiv nutzen zu können, muss man noch abwarten, ob sich die Browserhersteller zum Beispiel auf das Verhalten von Mozilla einigen können.

3.3 Ajax elegant

In diesem Abschnitt geht es darum, wie man die bisher vorgestellte Ajax-Programmierung etwas »netter verpacken« kann.

3.3.1 Verzicht auf globale XMLHttpRequest-Objekte

Die Programmierung, die der vorhergehende Abschnitt vorgestellt hat, ist zwar einfach zu verstehen, aber nicht besonders elegant. Es ist für jeden Request ein globales Objekt im Spiel. Das war notwendig, damit die Callback-Methode, die die vom Server gelieferte Nachricht verarbeitet, an das Objekt herankommt. Diese unschöne und teilweise umständliche Programmierung loszuwerden ist eine erste Aufgabe für Ajax-Bibliotheken.

Eine solche Bibliothek kam bereits im ersten Kapitel zum Einsatz. Die dort verwendete Funktion `Lokris.AjaxCall()` dient dazu, Ajax-Requests mit folgenden Eigenschaften zu vereinfachen: Der Request erwartet eine XML-Antwort, erfolgt mit der HTTP-Methode `GET`, asynchron und muss niemals abgebrochen werden. Eine erste Implementierung sieht so aus:

```
var Lokris = new Object();
Lokris.AjaxCall = function(uri, callbackFunction) {
    var req = null; // Request-Objekt lokal definieren

    if (window.XMLHttpRequest) {      // Test, ob der Browser ein
                                      // eingebautes XMLHttpRequest-
                                      // Objekt besitzt oder...
        req = new XMLHttpRequest();

    } else if (window.ActiveXObject) { // ... ob ActiveX vorliegt
        req = new ActiveXObject("Microsoft.XMLHTTP");
    } else {                     // andernfalls funktioniert Ajax nicht
        alert("Ajax not available");
        return false;
    }

    // Event-Handler am Objekt registrieren
    req.onreadystatechange =
                       getReadyStateHandler(req, callbackFunction);

    // Request absetzen
    req.open("GET", uri, true);
    req.send(null);

    return true;
}
```

Die Verwendung der Funktion ist ziemlich intuitiv; sie bekommt zwei Parameter, die Adresse, an die der Request gesendet werden soll, und die Funktion, die die XML-Antwort verarbeitet. `callbackFunction()` hat die Signatur `callbackFunction(DOMdocument: doc)`, das heißt, sie arbeitet auf einem DOM-Objekt vom Typ `document`.

Bemerkenswert ist an `Lokris.AjaxCall()` als Erstes, dass sie das XMLHttpRequest-Objekt *lokal* definiert. Die spannende Frage wird also sein, wie `onreadystatechange()` damit umgeht. Die Antwort steckt in der Zuweisung `req.onreadystatechange = getReadyStateHandler(req, callbackFunction)`. `getReadyStateHandler()` erzeugt eine Funktion aus den Zutaten `req` und `callbackFunction`. Diese zur Laufzeit erzeugte, anonyme Funktion kapselt das Objekt und die eigentliche Verarbeitungsfunktion in sich. Um zu verstehen, wie das funktioniert, bedarf es eines Blicks auf die Definition von getReadyStateHandler()[2]:

```
function getReadyStateHandler(req, responseXmlHandler) {

  // Return an anonymous function that listens to the
  // XMLHttpRequest instance
  return function () {

    // If the request's status is "complete"
    if (req.readyState == 4) {

      // Check that a successful server response was received
      if (req.status == 200) {

        // Pass the XML payload of the response to the
        // handler function
        responseXmlHandler(req.responseXML);

      } else {

        // An HTTP problem has occurred
        alert("HTTP error: "+req.status);
      }
    }
  }
}
```

Es zahlt sich hier aus, dass Javascript Funktionen als Objekte behandelt, die als Parameter an Funktionen übergeben werden können und als Ergebniswert von Funktionen zurückgegeben werden können[3]. Zum Zeitpunkt der Definition der zurückgegebenen, anonymen Funktion ist das Objekt req instantiiert. Das ist alles, worauf es hier ankommt. Es spielt keine Rolle, dass das Objekt außerhalb von Lokris.AjaxCall() nicht sichtbar ist; ausschließlich die Existenz in getReadyStateHandler() ist entscheidend. Aus Sicht der definierten, anonymen Funktion handelt es sich bei req also um ein festes Objekt, das im Rumpf der Funktionsdefinition verwendet wird. Wenn die Funktion später aufgerufen wird und abläuft, arbeitet sie ganz natürlich mit diesem Objekt, greift auf dessen Eigenschaften zu und über-

2. Die Funktion ist bis auf kleine Änderungen einem Tutorial von IBM entnommen, das unter *http://www-128.ibm.com/developerworks/library/j-ajax1/?ca=dgr-lnxw01Ajax* zu finden ist. Der nächste Abschnitt wird größere Änderungen einbauen.
3. Später werden wir ein Framework namens »Prototype« vorstellen, das diesen Programmierstil sehr konsequent pflegt und in seiner Implementierung an funktionale Programmiersprachen erinnert.

gibt die Nutzlast (`req.responseXML`) an die bei der Definition übergebene Funktion `responseXmlHandler()`.

3.3.2 Lokris

`Lokris.AjaxCall()` erfüllt so, wie der vorhergehende Abschnitt sie vorgestellt hat, ihre Aufgabe und vermeidet die globalen XmlHttp-Request-Objekte. Allerdings lässt ihr Leistungsumfang noch zu wünschen übrig. Der Abschnitt 3.2 hat einige Features diskutiert, die `Lokris.AjaxCall()` auch besitzen sollte. Dazu gehören:

- Wahlweise synchrone oder asynchrone Ajax-Aufrufe
- Einstellen von Timeout-Zeiten und Abbrechen des Requests bei Überschreitung
- Zugriffe wahlweise per HTTP-Get oder -Post
- Parameterübergabe per Post im Rumpf der Nachricht
- Nachträgliches Abbrechen des Requests

Diese neuen Anforderungen sind in folgender Version von `Lokris.AjaxCall()` berücksichtigt. Da die Funktion während der Arbeit am Buch nach und nach an Funktionen gewinnt, ist jetzt der richtige Zeitpunkt, sie als eigenständige Bibliothek zu behandeln und ihr einen eigenen Namen zu geben: Lokris. Der Name ist nach »Ajax dem Kleinen« gewählt. Ajax der Kleine ist eine Figur des antiken Griechenlands, Sohn des Oileus, König von Lokris (siehe *http://de.wikipedia.org/wiki/Ajax_der_Kleine*). Wir haben bewusst keinen Bezug zu Ajax dem Großen hergestellt. Unsere Bibliothek ist im Gegensatz zu umfangreichen Frameworks eine auf den Kern der Ajax-Kommunikation beschränkte Hilfe. Die Verwendung nimmt nun folgende Gestalt an:

```
Lokris.AjaxCall(url, callbackFunction, options);
```

Die Implementierung zeigt das folgende Listing:

```
/* ============================================================

   = Lokris - An Ajax library for Javascript =

   Lokris provides some basic Ajax functions.
   Originally developed for use on ajaxbuch.de.

   It's named after "Ajax the Lesser", son of the King of Locris
   (http://en.wikipedia.org/wiki/Ajax_the_Lesser).
   The spelling (with k) follows the transcription of the
   ancient greek name of the region of Locris.
```

```
    (c) 2006 Linkwerk.com, Christoph Leisegang, Stefan Mintert
    Licence:   http://www.ajaxbuch.de/lokris/lokris-licence.txt
    Home page: http://www.ajaxbuch.de/lokris/

    $Id: kapAjax.xml,v 1.35 2006/10/11 11:07:01 sm Exp $

    ==============================================================
*/


var Lokris = new Object();

/* Setting global defaults */
Lokris.Defaults = {
    rawResponse:    false,
    async:          true,
    method:         "GET",
    postBody:       null,
    user:           undefined,
    password:       undefined,
    timeoutHandler: undefined,
    timeout:        60000,
    postMime:       "application/x-www-form-urlencoded",
    errorHandler:   function(req) {alert("HTTP error: "+req.status)}
};

/* Defining IE prog IDs
   For details see http://msdn.microsoft.com/library/en-
us/xmlsdk/html/5016cf75-4358-4c1f-912e-c071aa0a0991.asp */
Lokris.MSIEIDS = ["Msxml2.XMLHTTP.6.0", "Msxml2.XMLHTTP.5.0",
"Msxml2.XMLHTTP.4.0", "MSXML2.XMLHTTP.3.0", "Microsoft.XMLHTTP"];

/* Lokris.AjaxCall - The Ajax function */
Lokris.AjaxCall = function (uri, callbackFunction, options) {

    var lwAjax = new Object; // "Host" Object for XmlHttpRequest and
                             // own properties
    var req    = null;       // Define local XmlHttpRequest
    Lokris.XMLHTTPRequestImplementation = "";

    // Evaluate Options
    var raw  =
       (options != undefined && options.rawResponse != undefined) ?
       options.rawResponse : Lokris.Defaults.rawResponse;
     var async =
       (options != undefined && options.async != undefined) ?
       options.async : Lokris.Defaults.async;
     var method =
       (options != undefined && options.method != undefined) ?
       options.method : Lokris.Defaults.method;
```

```
var body  =
   (options != undefined && options.postBody != undefined) ?
   options.postBody : Lokris.Defaults.postBody;
var user =
   (options != undefined && options.user != undefined) ?
   options.user : Lokris.Defaults.user;
var password =
   (options != undefined && options.password != undefined) ?
   options.password : Lokris.Defaults.password;
var timeoutHandler =
(options != undefined && options.timeoutHandler != undefined) ?
   options.timeoutHandler : Lokris.Defaults.timeoutHandler;
var timeout =
   (options != undefined && options.timeout != undefined) ?
   options.timeout : Lokris.Defaults.timeout;
var postMime =
   (options != undefined && options.mime != undefined) ?
   options.mime : Lokris.Defaults.postMime;
var errorHandler =
  (options != undefined && options.errorHandler != undefined) ?
   options.errorHandler : Lokris.Defaults.errorHandler;


if (window.XMLHttpRequest) {       // Check for native
                                   // XmlHttpRequest ...
    req = new XMLHttpRequest();
    Lokris.XMLHTTPRequestImplementation = "XMLHttpRequest";
} else if (window.ActiveXObject) { // ... or ActiveX
  for (var i = 0; i < Lokris.MSIEIDS.length; i++) {
    try {
      req = new ActiveXObject(Lokris.MSIEIDS[i]);
      Lokris.XMLHTTPRequestImplementation = Lokris.MSIEIDS[i];
      break;
    } catch (e) { }
  }
}
if ( req === null) { // Sorry, no Ajax
    alert("Ajax not available");
    return null;
}

lwAjax.request = req;
// set Timeout
if (timeoutHandler != undefined) {
    lwAjax.timeoutHandler = timeoutHandler;
    lwAjax.timeoutId = window.setTimeout(function() {
        lwAjax.request.abort();
        lwAjax.timeoutHandler(lwAjax.request) },
      timeout);
};
```

```
    // Register Event Handler
    lwAjax.request.onreadystatechange =
             Lokris.getReadyStateHandler(lwAjax, callbackFunction,
                                            raw, errorHandler);

    // Send Request
    lwAjax.request.open(method, uri, async, user, password);

    // Content-Type for Post Requests
    if (method.toLowerCase() == "post") {
        lwAjax.request.setRequestHeader("Content-Type", postMime);
    }

    lwAjax.request.send(body);

    return lwAjax.request;
}


/*==================================================================
  getReadyStateHandler(XMLHttpRequest: req, function:
                       responseXmlHandler, bool: raw)

   Returns a callback function, to be called each time
   req.readystate changes. If the XMLHttpRequest finishes
   successfully responseHandler() is called on req.responseXML
   or req.responseText, depending on the content type

   Inspired by: http://www-128.ibm.com/developerworks/
                library/j-ajax1/?ca=dgr-lnxw01Ajax
================================================================= */

Lokris.getReadyStateHandler = function (lwAjax, responseHandler,
                                       raw, errorHandler) {

  if (responseHandler == null || responseHandler === undefined) {
    return function() {};  // Dummy function
    // Background: When async==false, MSIE calls
    // getreadystatechange. Mozilla doesn't!
    // Therefore: Call Lokris.AjaxCall with "null" as
    // 2nd argument (responseHandler).
    // This if-clause returns a dummy function to be called
    // from MSIE (and Opera, maybe other browsers).
    // Check manual for an example of a synchronous call.
  }
```

```
    // Return an anonymous function that listens to the
    // XMLHttpRequest instance
    return function () {

      // If the request's status is "complete"
      if (lwAjax.request.readyState == 4) {
        if (lwAjax.timeoutId != undefined) {
          window.clearTimeout(lwAjax.timeoutId);
        }

        // Check that a successful server response was received
        if (lwAjax.request.status == 200) {

          if (raw != undefined && raw) {
            responseHandler(lwAjax.request);
          } else {
            var mimeType = String("" + lwAjax.request.
                   getResponseHeader("Content-Type")).split(';')[0];

            if ( mimeType == "text/xml" ) {
              // Pass the XML payload of the response to the
              // handler function
              responseHandler(lwAjax.request.responseXML);
            } else {
              // Pass the text payload of the response to the
              // handler function
              responseHandler(lwAjax.request.responseText);
            }
          }
        } else {
          // An HTTP problem has occurred
          errorHandler(lwAjax.request);
        }
      }
    }
  }
```

Um Abwärtskompatibilität wahren zu können und gleichzeitig auf zukünftige Erweiterungen vorbereitet zu sein, hat sich die Signatur der Funktion nur wenig verändert. Neu ist der dritte, optionale Parameter namens `options`. Weil er optional ist, ist die Funktion abwärtskompatibel. `options` ist ein Objekt mit einer Reihe von Eigenschaften, die in Tabelle 3–2 beschrieben sind.

Typ	Eigenschaft	Beschreibung	Beispiel
Boolean	async	Falls true (Vorgabewert) erfolgt der Request asynchron. Falls false synchron.	{async: false}
String	method	HTTP-Methode des Requests. Entweder "GET" (Vorgabe) oder "POST".	{method: "POST"}
String	mime	Angabe des MIME-Types für Post-Anfragen. Vorgabewert ist application/x-www-form-urlencoded.	{postBody: "<upload>..daten..</upload>", method:"post", mime:"text/xml"}
String	password	Das Passwort für den Zugriff auf geschützte Seiten.	{user: "name", password: "geheim"}
String	postBody	Der Rumpf der HTTP-Anfrage.	{postBody: "param=wert"}
Boolean	rawResponse	Legt fest, ob die callbackFunction das Antwortobjekt vollständig als Argument erhalten soll (rawResponse == true). Andernfalls (rawResponse == false, Vorgabe) ruft Lokris.AjaxCall() die callbackFunction in Abhängigkeit des vom Server gesendeten MIME-Types entweder mit req.responseXML (im Falle eines XML-MIME-Types) oder mit req.responseText (bei anderen MIME-Types).	{rawResponse: true}
Number	timeout	Eine ganze Zahl, die die Dauer in Millisekunden angibt, bevor der Request ohne Eintreffens einer Serverantwort abgebrochen wird. Wirkt nur, wenn timeoutHandler gesetzt ist.	s.u.
Function	timeoutHandler	Eine Funktion, die gerufen wird, *nachdem* der Request wegen Überschreitung des Zeitlimits timeout mit abort() beendet wurde. Die Funktion bekommt das Request-Objekt als Argument.	{timeout: 5000, timeoutHandler = meineTimeoutFunktion}
String	user	Der Benutzername für den Zugriff auf geschützte Seiten.	siehe password

Tab. 3–2
Eigenschaften des options-Objekts von Lokris.AjaxCall()

Die Implementierung der Optionen async, mime, postBody, method, user und password ist einfach. Sie beschränkt sich auf das Durchreichen der Optionen an das interne XmlHttpRequest-Objekt und ist unmittelbar dem Listing zu entnehmen. Damit sind die Anforderungen »wahlweise synchrone oder asynchrone Ajax-Aufrufe« und »Zugriffe per HTTP-Get oder -Post« umgesetzt. Für das nachträgliche Abbrechen ist dadurch Sorge getragen, dass `Lokris.AjaxCall()` das Request-Objekt als Ergebnis zurückliefert (`return lwAjax.request`). Ein nachträglicher Abbruch kann so aussehen:

```
var meinRequest = Lokris.AjaxCall(...);
...
meinRequest.abort();
```

Es bleibt die Implementierung der Timeout-Behandlung zu erklären. `Lokris.AjaxCall()` führt mit `var lwAjax = new Object` ein lokal sichtbares Objekt ein. Es bekommt die Eigenschaften `lwAjax.req`, `lwAjax.timeoutHandler` und `lwAjax.timeoutId`. Sein Sinn besteht darin, ein einzelnes Objekt zu haben, das sowohl das eigentliche Request-Objekt als auch die Timeout-Objekte als Eigenschaften besitzt. Es wird an `Lokris.getReadyStateHandler()` übergeben und ist darin sichtbar. Man könnte die erforderlichen Informationen auch direkt an das XmlHttp-Request-Objekt hängen. Das funktioniert in den Browsern mit nativer Ajax-Unterstützung gut, leider nicht in der ActiveX-basierten Microsoft-Implementierung. Aus diesem Grund haben wir den »Umweg« über das lokal sichtbare Objekt gewählt.

Vor dem Absenden des Requests richtet `Lokris.AjaxCall()` einen Javascript-Timeout ein, dessen ID in `lwAjax.timeoutId` gespeichert wird. Der eingerichtete Timeout bricht nach Ablauf von `timeout` Millisekunden den Request ab und ruft den `timeoutHandler`. Damit das im Erfolgsfall nicht passiert, erzeugt `getReadyStateHandler()` eine Callback-Funktion, die bei `req.readyState == 4` den Timer löscht (`window.clearTimeout(lwAjax.timeoutId)`).

Damit ist unsere Ajax-Funktion fürs Erste fertig. Sie ist auf der Webseite zum Buch in Form der Bibliothek »Lokris« herunterzuladen. Der Leistungsumfang ist nicht mit dem anderer Bibliotheken und Frameworks (Kapitel 5) vergleichbar. Ihren Zweck als Lehrbeispiel im Rahmen des Buches hat sie aber erfüllt. Darüber hinaus ist sie klein, einfach zu verstehen und in Zusammenhang mit dem Buch gut dokumentiert. So mag sie für den ein oder anderen Leser nützlich sein. Sollte es weitere Versionen geben, so werden sie ebenfalls über die Webseite erhältlich sein.

4 Jenseits des Tellerrands

Dem Namen zufolge geht es bei Ajax um eine *asynchrone* Kommunikation mit *XML*-Nachrichten. Dass es weder »A« noch »X« sein muss, diskutiert dieses Kapitel.

4.1 Orientierung

1. Dieses Kapitel kann als Fortsetzung des vorhergehenden angesehen werden.
2. Während zu synchroner Kommunikation in Abschnitt 4.2 nicht viel zu sagen ist, zeigt 4.3 in Kürze Beispiele für zu XML alternativen Nachrichtenformaten.
3. Für den Leser dürften insbesondere die Formate Text, HTML und JSON interessant sein, da sie eine leichtgewichtige Alternative in solchen Fällen sein können, in denen XML zu schwerfällig ist. Text, wenn Nachrichten eindimensional sind, keine Struktur besitzen. HTML, wenn die Nachricht ohne weitere Verabeitung in die Webseite geschrieben werden soll. JSON, wenn die Nachricht unmittelbar in Javascript-Objekte gewandelt werden soll.

4.2 Ajax ohne »A«

Zur nicht asynchronen Kommunikation gibt es nicht mehr viel zu sagen. Bereits der Abschnitt über XSLT im Browser (2.5.1) hat gezeigt, dass *synchrone* Kommunikation sehr sinnvoll sein kann. Dort ging es darum, sicherzustellen, dass ein XSLT-Programm wirklich geladen ist, bevor man versucht, es zu starten. Auch der Abschnitt 3.2.4 über konkurrierende Requests hat einen Nutzen der synchronen Requests diskutiert. Die Implementierung von `Lokris.AjaxCall()` (Abschnitt 3.3.2) ist bereits auf die Möglichkeit synchroner Aufrufe vorbereitet.

Was bleibt also noch zu sagen? Ein Wort zum Browserverhalten: Im Fall es eines synchronen Aufrufs führen getestete Mozilla/Firefox-Browser im Gegensatz zum Internet Explorer und Opera 9 die Callback-Methode `getreadystatechange` *nicht* aus. Das bedeutet, der Mozilla muss nach Abarbeiten des blockierenden Ajax-Aufrufs die erhaltenen Daten verarbeiten. Für `Lokris.AjaxCall()` haben wir deshalb folgende Aufrufkonvention im *synchronen* Fall festgelegt:

```
var antwort = Lokris.AjaxCall(uri, null, {async: false});
verarbeiteAntwort(antwort.responseXML);
```

Die Konvention lautet, dass im *synchronen* Fall der zweite Parameter, die Callback-Funktion, den Wert `null` haben soll. `Lokris.AjaxCall()` prüft auf `null` und definiert für `getreadystatechange` eine Dummy-Funktion. Sie sorgt dafür, dass IE, Opera und gegebenenfalls andere Browser eine Callback-Funktion vorfinden, die nichts tut. Beide Browser bekommen aber den Rückgabewert der Funktion und können diesen wie oben gezeigt verarbeiten. Der gegenüber dem asynchronen Fall veränderte Programmierstil (Rückgabewert im Gegensatz zu Callback) ist insofern legitim, als er mehr dem Stil eines blockierenden Funktionsaufrufs entspricht. Wichtig ist, dass es sich bei der Übergabe von `null` um eine *Konvention* handelt, die in keine Weise durch Lokris erzwungen wird. Sollten sich in Zukunft alle Browser in diesem Punkt gleich verhalten, muss Lokris nicht verändert werden.

4.3 Ajax ohne »X«

Es gibt keine Notwendigkeit dafür, dass eine Ajax-Kommunikation ausschließlich XML-Nachrichten austauscht. In diesem Abschnitt zeigen wir, wie auch Text, HTML, Javascript-Code und JSON (Javascript Object Notation) per Ajax übertragen und zur Änderung der Seite verwendet werden können. Anschließend schicken wir noch eine Grafik im (zugegeben, Base64-kodierten) PNG-Format über die Leitung; der Sinn dieses Vorgehens, das sei gleich vorab betont, ist zweifelhaft, als Machbarkeitsstudie taugt das Beispiel aber allemal.

Für diesen Abschnitt gibt es eine Webseite unter der Adresse *http://www.ajaxbuch.de/code/programmierung/glueckskeks/*. Auf der Seite befinden sich Schalter, um eine Datenlieferung in jeweils einem anderen Format anzufordern. Die Daten stammen alle von dem mittlerweile bekannten Webservice, der auf `ajaxbuch.de` unter `/code/WS/getFortuneCookieWS/` erreichbar ist. Bei einem Zugriff auf *http://www.ajaxbuch.de/code/WS/getFortuneCookieWS/?mimeType=text/xml* liefert der Webservice die bereits früher gezeigte XML-Fassung aus. Weitere

Bestandteile des Beispiels sind ein Schnipsel HTML-Code der Webseite sowie eine Callback-Funktion, die die empfangenen Daten in die Seite einbaut. Hier sind alle drei Teile im Überblick:

- Der Aufruf:

```
Lokris.AjaxCall('/code/WS/getFortuneCookieWS/?mimeType=text/xml',
showXmlFortuneMessage)
```

- Eine beispielhafte Antwortnachricht:

```
<?xml version='1.0'?>
<message author='Ruiz'>Wege entstehen beim Gehen. (A. Machadoy
Ruiz)</message>
<!-- http://www.ajaxbuch.de/ -->
```

- Der HTML-Code:

```
<div id="fortuneMessage"></div>
```

- Die Callback-Funktion:

```
//
// Behandlung von XML-Nachrichten
//
function showXmlFortuneMessage(xmlDocument) {

showFortuneMessage(xmlDocument.documentElement.firstChild.nodeValue
);
}
```

Die Funktion liest aus dem übertragenen XML-Dokument den Text des Wurzelelements (`documentElement.firstChild.nodeValue`) und greift dann auf die Funktion `showFortuneMessage()` zurück, deren Aufbau der nächste Abschnitt beschreibt.

4.3.1 Textnachrichten

Im Falle von Textnachrichten läuft das Beispiel genau wie zuvor ab. Es sind wieder die Zutaten »Aufruf«, »Nachricht«, »HTML-Ausschnitt« und »Callback-Funktion« relevant. Der HTML-Teil ist unverändert, muss daher nicht noch einmal gezeigt werden. Die verbleibenden Teile sehen wie folgt aus.

- Der Aufruf:

```
Lokris.AjaxCall('/code/WS/getFortuneCookieWS/?mimeType=text/plain',
showFortuneMessage)
```

- Eine beispielhafte Antwortnachricht:

```
Versuch herauszufinden, was du nicht gut kannst - und dann lass es
bleiben. (G. Shumway)
```

- Die Callback-Funktion:

```
//
// Behandlung von Textnachrichten
//
function showFortuneMessage(message) {
  var htmlElement = document.getElementById("fortuneMessage");

  htmlElement.innerHTML = message;
}
```

`showFortuneMessage()` verwendet den nicht standardisierten, aber bequemen Weg über `innerHTML`, um die erhaltene Nachricht in der Webseite einzublenden. Der wesentliche Unterschied zu `showXmlFortuneMessage()` besteht darin, dass Letztere ein XML-DOM-Objekt als Parameter erwartet, während `showFortuneMessage()` mit einer Zeichenkette arbeitet. `Lokris.AjaxCall()` sorgt durch Erkennung des vom Server gelieferten MIME-Types automatisch für den richtigen Aufruf.

4.3.2 HTML-Nachrichten

- Der Aufruf:

```
Lokris.AjaxCall('/code/WS/getFortuneCookieWS/?mimeType=text/html',
showHtmlFortuneMessage)
```

- Eine beispielhafte Antwortnachricht:

```
<div>
<p><span style='font-size: 120%'>Es sind die Begegnungen mit
Menschen, die das Leben lebenswert machen. (Guy de
Maupassant)</span>
<p><span style='font-size: 80%'>[Suche nach <a
href='http://www.arslonga.de/lit/search.php?Suchen=Maupassant'>
Maupassant</a>]</span>
</div>
<!-- http://www.ajaxbuch.de/ -->
```

- Die Callback-Funktion:

```
//
// Behandlung von HTML-Nachrichten
//
showHtmlFortuneMessage = showFortuneMessage;
```

Die Callback-Funktion für HTML ist identisch zur Funktion für Text. Das funktioniert wegen der Verwendung von `innerHTML`. Besonders zu beachten ist, dass es sich bei der Nachricht ausnahmsweise wirklich um einen Schnipsel HTML, nicht um XHTML handelt[1].

1. Das zeigt sich an den nicht geschlossenen p-Elementen, was in HTML erlaubt und korrekt ist, in XHTML jedoch nicht.

Eine weitere Eigenschaft dieses Nachrichtenformats ist, dass es natürlich alle möglichen Änderungen in der Webseite bewirken kann. Der Server kann durch eine entsprechende Datenlieferung die Webseite sehr weitgehend umgestalten. Beispielsweise ist in der obigen Antwortnachricht zu sehen, dass nicht nur der eigentliche Text, sondern auch ein Link enthalten ist[2].

4.3.3 Javascript als Nachrichtenformat

Im Beispiel für Javascript als Nachrichtenformat bekommt der Ajax-Aufruf einen weiteren Parameter. Gleichzeitig tritt an die Stelle der selbstdefinierten Callback-Funktion eine in Javascript eingebaute Funktion. Hier die Codelistings:

- Der Aufruf:

```
Lokris.AjaxCall('/code/WS/getFortuneCookieWS/?mimeType=
application/javascript&targetId=fortuneMessage', eval)
```

- Eine beispielhafte Antwortnachricht:

```
document.getElementById('fortuneMessage').innerHTML = 'Alle Dinge
kommen zu dem, der zu warten versteht. (H. W. Longfellow)';
```

Bei der Antwortnachricht handelt es sich bereits um ausführbaren Javascript-Code, der die gewünschte Aktion durchführt. Um die richtige Javascript-Anweisung zu bekommen, ist es notwendig, die ID des zu ändernden Elements bereits beim Ajax-Aufruf zu übergeben. Die so präparierte Nachricht wird an die Javascript-eigene Funktion `eval()` zwecks Ausführung übergeben. Auch hier versteht es sich von selbst, dass die Möglichkeiten des Nachrichtenformats innerhalb der Grenzen des Clientscripting unbeschränkt sind. Nachteilig ist dieser Kommunikationsform zu bescheinigen, dass sie keine anwendungsbezogen definierte Schnittstelle besitzt.

4.3.4 JSON-Nachrichten

Wenn Javascript für die Übertragung geeignet ist, dann selbstverständlich auch die literale Objektnotation JSON.

- Der Aufruf:

```
Lokris.AjaxCall('/code/WS/getFortuneCookieWS/?mimeType=
application/json', showJsonFortuneMessage)
```

---

2. Bei `arslonga.de/lit/` handelt es sich um Henning Behmes Datensammlung zur Literaturgeschichte.

- Eine beispielhafte Antwortnachricht:

```
{"author":"Nietzsche","message":"Wer ein Wofür im Leben hat, der
kann fast jedes Wie ertragen. (Fr. Nietzsche)"}
```

- Die Callback-Funktion:

```
//
// Behandlung von JSON-Nachrichten
//
function showJsonFortuneMessage(json) {
  // Umwandeln der JSON-Notation und auswerten:
  showFortuneMessage(json.parseJSON().message);

  // Alternative: Ohne JSON-Bibliothek:
  showFortuneMessage(eval('('+json+')').message);
}
```

Das per JSON gelieferte Objekt besitzt zwei Eigenschaften, `author` und `message`. `showJsonFortuneMessage()` macht nur von `message` Gebrauch. Es sind zwei Alternativen zu sehen. Die erste führt das Parsing der Zeichenkette mit der entsprechenden Funktion der JSON-Bibliothek durch[3]. Die zweite wertet die Zeichenkette unmittelbar mit `eval()` aus. In beiden Fällen steht anschließend das Objekt und damit die Eigenschaft `message` zur Verfügung.

Die Vorteile von JSON als Nachrichtenformat:

- JSON ist eine Objektnotation und bietet sich daher insbesondere an, wenn serverseitige Objekte in clientseitige (und eventuell zurück) verwandelt werden sollen.
- Die Syntax ist unmittelbar für Javascript zugänglich, wie die Verwendung von `eval()` zeigt. Dadurch ist der Parsing-Aufwand für einen Javascript-Interpreter geringer als beispielsweise für XML.

4.3.5 Binärdaten am Beispiel PNG

Beim Schreiben dieses Buches tauchte die Frage auf, ob sich per Ajax ausschließlich Textformate übertragen lassen. Da das XmlHttpRequest-Objekt nur die beiden Eigenschaften `responseText` und `responseXML` besitzt, ist es klar, dass die Datenübertragung letztlich auf Text hinausläuft. Gleiches gilt aber auch für E-Mails; binäre Daten in Mails werden vor dem Versand in Text verwandelt und beim Empfänger wieder zurückgewandelt. Lässt sich dieser Weg auch für Ajax verfolgen? Und falls ja, was fängt der Browser mit den Daten an?

---

3. Es handelt sich um die in Abschnitt 2.2.3 genannte Bibliothek.

Auf der Suche nach einer Antwort schicken wir PNG über die Leitung. Für unsere Zwecke ist eine besondere Form notwendig, die durch einen (selbstdefinierten, inoffiziellen) MIME-Type namens `image/x-uri-data-png` gekennzeichnet ist. Die Benennung des Typs mit einem vorangestellten »x« folgt der Konvention für »Experimental Media Type Values« aus RFC 2046 *(http://www.rfc-editor.org/rfc/rfc2046.txt)*[4].

- Der Aufruf:

```
Lokris.AjaxCall('/code/WS/getFortuneCookieWS/?mimeType=
image/x-uri-data-png', showFortunePic)
```

- Eine beispielhafte Antwortnachricht (nur die ersten Zeichen):

```
data:image/png;base64,iVBORw0KGgoAAAANSUhEUgAAArkAAAG...
```

- Die Callback-Funktion:

```
//
// Behandlung von Grafiken
//
function showFortunePic(encodedPic) {
  var img = document.createElement("img");

  img.src = encodedPic;

  var htmlElement = document.getElementById("fortuneMessage");
  if (htmlElement.hasChildNodes()) {
          htmlElement.replaceChild(img,htmlElement.firstChild);
  } else {
          htmlElement.appendChild(img);
  }
}
```

Der Ablauf folgt der gleichen Reihenfolge wie die bisherigen Beispiele. Eine Besonderheit liegt in der Art der hier vom Server gelieferten Daten. Es stellt sich nämlich die Frage, wie die eigentlich binären Daten einerseits übertragen und anschließend in den DOM-Baum eingefügt werden können.

Für die Übertragung kommt hier die Base64-Kodierung zum Einsatz, eine verbreitete Technik, um binäre Daten textuell zu repräsentieren. Das Einfügen der Daten stellt ein größeres Problem dar. Zwar lässt sich ein Bildobjekt sehr einfach erzeugen (`document.createElement("img")`), jedoch gibt es kein DOM-Mittel, um dem Objekt Daten zu übergeben. Die einzige Schnittstelle, über die sich das Bild mit Daten

4. Dass unser »x« klein, das im RFC aber groß ist, resultiert daraus, dass der RFC an anderer Stelle Namen als »case insensitive« bezeichnet und dass sich die Schreibweise mit kleinem »x« etabliert hat (vgl. `application/x-www-form-urlencoded` für HTML-Formulare).

füllen lässt, ist die src-Eigenschaft. Sie entspricht dem gleichnamigen Attribut aus HTML. Ihre Aufgabe ist es, einen URL für eine Grafik zu enthalten. Dank der Ajax-Übertragung liegen die Daten aber nicht mehr auf dem Server (wo sie per URL und damit für src erreichbar sind), sondern sie befinden sich längst im Browser.

Die Verbindung zwischen den vorliegenden Daten einerseits und der URL-Schnittstelle der Bildobjekte andererseits bildet ein data:-URI. Er beginnt mit data:, gefolgt vom MIME-Type sowie der Kodierung und schließlich den Daten. data:-URIs sind wenig bekannt. Ihre Spezifikation ist in RFC 2397 zu finden *(http://www.rfc-editor.org/rfc/rfc2397.txt)*. Sie sind ursprünglich für kleine Datenmengen entworfen worden. Mit Mozilla, Firefox und Opera konnten wir Übertragungen in dieser Form mit deutlich über einem halben Megabyte erfolgreich testen (im Gegensatz zum MSIE 6). Nichtsdestotrotz muss man sagen, dass das Beispiel keinen echten Wert besitzt. Ajax dient gerade dazu, Daten vom Server nachzuladen und mit diesen die Webseite in irgendeiner Weise zu verändern. Bei Grafiken ist das gar nicht erforderlich. Grafiken liegen immer außerhalb der Seite[5]. Ist in einer Seite ein dynamisches Austauschen einer Grafik beabsichtigt, genügt die Zuweisung eines neuen URLs an die src-Eigenschaft des entsprechenden Objekts. Obwohl es sich um einen Ajax-freien Weg handelt, haben wir eine solche Lösung auf der Seite der Online-Beispiele ergänzt. Der in diesem Abschnitt gezeigte Weg hat seine Berechtigung als Machbarkeitsstudie, die zeigt, dass auch ursprünglich binäre Daten per Ajax abrufbar sind.

5. Eine Ausnahme zu dieser »Immer«-Regel wurde durch das Beispiel selbst geschaffen.

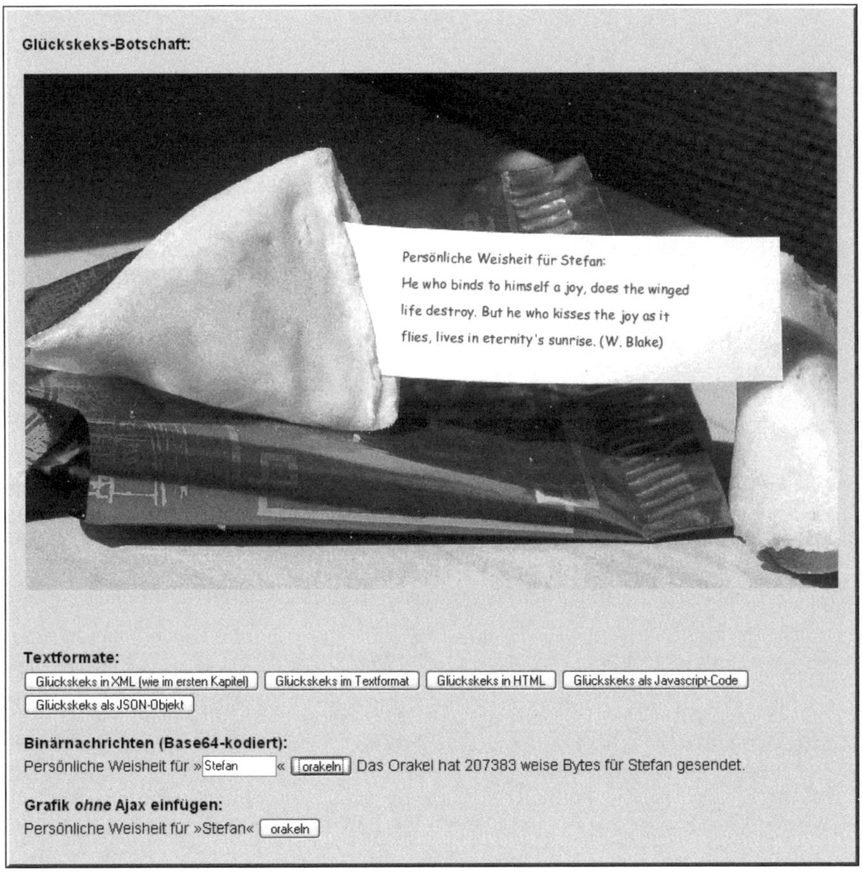

Abb. 4–1 *Der Glückskeks statt im Textformat als Grafik*

5 Konzepte von Ajax-Frameworks

Kein Bereich der Ajax-Technik ist so wichtig und so sehr im Fluss wie die »Frameworks«. Entsprechend ausführlich widmet sich dieses Kapitel der Betrachtung von Tools und ihren Konzepten.

5.1 Orientierung

1. Die bisherigen Kapitel haben die Ajax-Programmierung behandelt; unser Buch könnte bereits hier enden und wäre dennoch ein vollständiges Buch zur Programmierung. Allerdings wäre es unvollständig bezüglich des Anspruchs, die Praxis widerzuspiegeln.
2. Die Betrachtung von Frameworks ist für die Praxis sehr wichtig; die Bedeutung zeigt sich im Anteil, den das Kapitel am Gesamtumfang einnimmt.
3. Einzelne Produkte zu behandeln ist in einem Buch gefährlich, soll es nicht nach drei Monaten zu Altpapier werden.
4. Deshalb sind die Produkte in diesem Kapitel nur Beispiele, nur *Mittel zum Zweck*. Der Zweck lautet: *Der Leser soll Konzepte von Ajax-Produkten verstehen.* Ein Konzept ist zeitlos. Es können neue entstehen, aber das einmal verstandene Konzept überlebt.
5. Um den vollen Nutzen aus diesem (zentralen) Kapitel zu ziehen, ist der Leser gut beraten, nicht zu genau auf die jeweiligen Produkte oder Programmiersprachen zu achten. Wer ausschließlich in Java programmiert, sollte durchaus auch einmal die hier durch ein PHP- oder .Net-Framework vorgestellten Konzepte *selbst* ausprobieren. Analoges gilt für den passionierten C#-, Perl- oder Sonstwas-Programmierer.
6. Dieses Kapitel kann nicht die eigenverantwortliche Entscheidung für die Auswahl eines Produktes ersetzen. Der Leser wird aber in die Lage versetzt, entscheiden zu können, in welchem Stil er programmieren möchte. Ob es dann ein passendes Framework für

seine jeweiligen Randbedingungen gibt (Sprache, Laufzeitumgebung, Preis etc.), muss er selbst recherchieren.

7. Last, but not least: Die Frameworks sind in Bewegung. Nicht nur, dass sich alle (aktiven) nach vorn bewegen, sie bewegen sich *aufeinander zu*. Es entstehen aggregierte Produkte. Das bietet sich geradezu an, wenn zwei Produkten unterschiedliche Konzepte zugrunde liegen[1]. Umso wichtiger ist es, das Lernen auf die Konzepte zu konzentrieren.

5.2 Vorbemerkungen

Seit Beginn des Ajax-Booms schießen Ajax-Frameworks unterschiedlichster Couleur wie Pilze aus dem Boden. Wer auf einer Portalseite zum Thema versucht, sich einen Überblick zu verschaffen, findet vor allem eins: viel. Auf *http://www.ajaxian.com/* sind bereits zum Zeitpunkt des Schreibens Produkte in dreistelliger Zahl genannt. Auf der Suche nach einer Antwort, was ein Ajax-Framework eigentlich ist und welche Konzepte es gibt, bietet *http://ajaxpatterns.org/* eine Teilantwort: Der Klick auf die entsprechende Rubrik liefert derzeit 19 Unterkategorien. Es zeigt sich schnell: Im Vergleich zu Ajax-Frameworks sind die sprichwörtlichen Äpfel und Birnen eine außerordentlich homogene Menge.

Vor diesem Hintergrund soll »Framework« hier ein allgemeiner Oberbegriff sein, der die Vokabeln »Framework«, »Toolkit« und »Bibliothek« und gegebenenfalls weitere subsummiert. Des Weiteren versteht es sich auch, dass an dieser Stelle nicht alle Produkte vorgestellt werden können. Nicht einmal eine namentliche Nennung ist möglich. Die schiere Menge sorgt für eine gewisse Bescheidenheit. Das Ziel lautet, dem Leser einen Eindruck von der großen Bandbreite des Leistungsumfangs von Ajax-Frameworks zu geben.

Eine erste Einordnung der Konzepte lässt sich danach vornehmen, ob es sich um eine Software für die Client- oder für die Serverseite handelt. Damit ist noch keine Aussage über den Funktionsumfang getroffen, aber man hat einen Einstiegspunkt.

Auf der Clientseite findet Ajax-Programmierung in dem Sinne statt, dass ein Skript einen (nicht notwendigerweise) asynchronen HTTP-Aufruf an den Server stellt und das Ergebnis verarbeitet. Die Arbeit mit dem XMLHttpRequest-Objekt ist gelegentlich umständlich, so dass eine Kapselung der Komplexität eine erste Aufgabe für ein clientsei-

---

1. Von Natur aus passen serverseitige Frameworks (etwa Xajax) gut zu clientseitigen DHTML-/Widget-Bibliotheken (etwa Scriptaculous).

tiges Ajax-Tool ist. Wie das aussehen kann, hat unsere Eigenentwicklung in Abschnitt 3.3.2 gezeigt. Des Weiteren zieht die Verarbeitung der Serverantwort meist DOM-Programmierung nach sich. Hier wird das Thema bereits grenzwertig. Ist eine Javascript-Bibliothek, die die HTML-DOM-Programmierung erleichtert, ein Ajax-Framework? Da die Leistungen einer solchen Bibliothek völlig unabhängig von einer Kommunikation mit dem Server sind, fällt das Produkt eher durchs Raster; eine Betrachtung ist aber für den Programmierer trotzdem interessant.

Noch drängender wird die Frage »Ist das Ajax?« bei solcher Software, die GUI-Widgets für die Gestaltung von Webseiten anbietet. Dabei geht es stellenweise gar nicht mehr um Ajax-Programmierung, sondern nur noch um Anwendungsfälle, in denen Ajax *auch* zum Einsatz kommt. Wenn eine Bibliothek beispielsweise eine besonders schöne, noch nie dagewesene DHTML-Implementierung eines Menüs anbietet, so scheint es, dass viele Menschen die Assoziation haben, »Ajax ist für Webanwendungen, Webanwendungen brauchen (gelegentlich) Menüs, die Bibliothek kann Menüs, also ist die Bibliothek ein Ajax-Framework«. Als Beispiele für solche Bibliotheken seien Rico *(http://www.openrico.org/)* und Scriptaculous *(http://script.aculo.us/)* genannt. Beide bieten unbestritten eine Reihe von sehr schönen visuellen Effekten, Drag & Drop und anderes. Diese Dinge sind aber ohne Weiteres unabhängig von jedweder Ajax-Funktion. Für die Zugriffe auf den Server setzen beide Produkte auf Prototype, eine Javascript-Bibliothek für XMLHttpRequest-Behandlung und DOM-Manipulation. Aus diesem Grund beginnen wir die Betrachtung mit Prototype und werfen dann einen zweiten Blick auf Rico und Scriptaculous. Beide müssen dann zeigen, was sie an eigenständigem Ajax-Funktionsumfang leisten. Als weitere Javascript-Bibliothek stellen wir MochiKit vor. Es bringt im Gegensatz zu Prototype und Abkömmlingen einen interessanten, eigenen Verarbeitungsansatz für Ajax-Nachrichten mit. Ähnlich umfangreich wie MochiKit und ebenfalls sehr beliebt ist Dojo. Damit sich das Frameworks-Kapitel nicht laufend wiederholt, haben wir Dojo hier nicht betrachtet. Stattdessen findet der Leser im Abschnitt 6.3 eine Beispielanwendung mit dieser Bibliothek. Den Abschluss bildet Adobes Spry mit einem eigenen Weg, Daten dynamisch in eine Webseite einzubringen. Nach der Betrachtung der Clientseite schließen sich Vertreter der Serverseite an. Hier ist es nicht minder schwierig, einen Überblick zu vermitteln.

Den Anfang der Serverseite macht Googles Web Toolkit, GWT. Es erlaubt die Programmierung in Java, bietet RPCs zwischen Browser und Server und stellt einen Javascript/HTML-Generater dar. Sajax ist ein Toolkit für verschiedene Skriptsprachen (darunter PHP, Perl und

Python). Mit seiner Hilfe lassen sich Funktionen dieser Sprachen aus browserseitigem Javascript aufrufen. Das Gleiche ermöglicht auch die PHP-Bibliothek Xajax. Darüber hinaus besitzt Xajax einige Methoden, um eine Webseite dynamisch und ohne Javascript zu manipulieren. Ebenfalls einen RPC-Mechanismus bietet das in Java geschriebene DWR. DWR ist ein Servlet und läuft in einem beliebigen Container. Der Seitenwechsel von Java in die.Net-Welt erfolgt mit Atlas von Microsoft. Atlas zeichnet sich durch eine XML-Script genannte Alternative für Javascript und sogenannte »Bridges« aus, die den Zugriff auf fremde Webservices gestatten.

Konzepte, *nicht* Produkte!

Es bleibt vorab eine Frage zu klären, die bereits während der Arbeit am Manuskript mehrfach an uns herangetragen wurde: »Wie kam die Auswahl der Frameworks zustande?« Sowohl Gutachter des Manuskripts als auch Leser der vorab in der iX *(http://www.ix.de/)* erschienenen Auszüge vermissten »ihr« Framework, ihren persönlichen Favoriten, ihr Lieblingsprodukt. Deshalb noch bevor die Frage bei den Lesern des Buches auftauchen kann, gleichermaßen als Antwort auf die »Most FAQ«: Das vorliegende Kapitel *stellt keine Produkte vor.* Es bedient sich einiger Produkte, *um Konzepte zu veranschaulichen.* Produkte beziehungsweise Produktversionen veralten schneller als ein Buch. Es ergibt keinen Sinn, tief in alle Tools einzusteigen. Stattdessen möchten wir dem Leser mit Hilfe der Software das Verständnis für Ajax-Konzepte und -Programmierparadigmen vermitteln. Wenn also die Frage »Fehlt etwas?« auftritt, dann sollte es die Frage »Welches Konzept fehlt?« sein. Wir hoffen, dass wir eine Momentaufnahme aller wichtigen Konzepte liefern. Für die Auswahl der Produkte haben wir eine inkrementelle Vorgehensweise gewählt. Wir haben *irgendwo* angefangen und nach und nach weitere Produkte angesehen. Wenn ein neues Produkt kein neues Konzept liefern konnte, fiel es durchs Raster. Dass es dabei eine Präferenz für Open Source gibt, liegt nicht zuletzt an der leichten Beschaffbarkeit. Für die Arbeit an einem Buch ist es nicht sehr verlockend, eine 30-Tage-Evaluierungsversion herunterzuladen.

Die Abschnitte des Kapitels unterscheiden sich in ihrem Charakter. Es gibt welche, die grob den Leistungsumfang beschreiben und solche, die im Stil eines Tutorials in die Arbeit mit dem entsprechenden Tool einführen. Einige beschränken sich auf ein oder zwei Alleinstellungsmerkmale, andere besitzen sogar referenzartige Passagen. All das hängt von den Eigenschaften Umfang, Reifegrad, Komplexität und einigen mehr ab. Ein Tool, das so leicht zu programmieren ist, dass zwei Absätze genügen, darüber hinaus auch einen stabilen Eindruck macht, kann man auch mit einer Referenztabelle beschreiben. Im Gegensatz dazu ist ein komplexes Produkt, das sich in einer frühen Betaphase befindet, besser mit einem Tutorial behandelt, das den Leser in die Lage versetzt, erste Schritte zu gehen.

Die nachfolgende Übersicht gibt eine Orientierung über die Merkmale von Ajax-Frameworks.

- Client- oder serverseitiges Framework?
  Ein clientseitiges Framework ist in der Regel darauf angewiesen, zur Verfügung gestellte Services zu rufen. Hier stellt sich die Frage, ob das Tool mit beliebigen Services umgehen kann oder etwa eine bestimmte Nachrichtensyntax erwartet. In der Regel bieten clientseitige Frameworks einen vereinfachten Umgang mit Ajax-Requests sowie häufig darüber hinausgehende DHTML-Funktionen.

  Ein serverseitiges Framework stellt beispielsweise serverseitig verfügbare Funktionen im Browser zur Verfügung (»Direct Web Remoting«). Der Entwickler sollte sich dabei nicht mehr um die Javascript-/Ajax-Ebene kümmern müssen. Ob die Verarbeitung der Ergebnisse von clientseitig aufgerufenen und serverseitig ausgeführten Funktionen (entspricht der RPC-Idee) durch den Entwickler selbst zu programmieren ist, variiert von Framework zu Framework. Es gibt Tools, die für im Browser häufig benötigte Abläufe vorgefertigte Funktionen anbieten.
- Javascript-freie Entwicklung möglich?
  Geht die Abstraktion durch die Software so weit, dass der Programmierer bestenfalls geringfügig mit Javascript in Berührung kommt (high level), oder greift er in wesentliche Abläufe der Kommunikation selbst ein (low level)?
- Funktionsumfang
  Welche Funktionen bietet das Framework an, was leistet es, was ohne Ajax nicht möglich ist?
- Laufzeitbibliothek oder Entwicklungsframework?
  Handelt es sich um eine Software, die zur Laufzeit der Webapplikation abläuft, oder gibt es einen Generator, der »offline« eine Webapplikation (etwa als Sammlung von HTML-, Javascript-, CSS-Dateien und gegebenenfalls Servlets o.Ä.) erzeugt, die später ohne den Generator abläuft?
- Unterstützte Sprachen (PHP, Java, Perl, Python, ...)
  Sofern es sich um ein serverseitiges Framework handelt: In welcher Sprache unterstützt es die Programmmierung?
- Laufzeitumgebung
  Welche Anforderungen stellt die Software an die Laufzeitumgebung? Benötigt sie Perl, PHP (als Modul oder CGI), einen Servlet-Container oder ASP.Net? Benötigt sie einen bestimmten Webserver?

5.3 Prototype

Die Javascript-Bibliothek Prototype ist eine Ausgliederung der Javascript-Bestandteile des Ruby-on-Rails-Projekts. Prototype stellt eine objektorientierte Sammlung von Bibliotheken dar, die der einfacheren Handhabung wegen in der Datei `prototype.js` zusammengefasst sind. Prototype bietet eine Fülle an nützlichen Erweiterungen, dazu zählen Erweiterungen der Javascript-Kernklassen `Number`, `String` und `Array`, ein `Hash`-Objekt, eine `Enumerable`-Klasse, die Objekte `Form` und `Field` zur Manipulation von Formularen und Feldern, Funktionsobjekte zum Binden von Funktionen an Objekte und diverse nützliche Funktionen zur DOM-Manipulation. Hier seien insbesondere die Objekte `Element` und `Insertion` zum Verändern und Einfügen von Elementen erwähnt. Verwiesen sei auch auf die Sammlung von sogenannten `$...()`-Funktionen. Beispielsweise dient `$()` als Shortcut der DOM-Funktion `document.getElementById()`. Zum Erzeugen und Erweitern von Objekten stellt Prototype die Funktionen `Class.create` und `Object.extend` zur Verfügung. Alle vorher genannten Erweiterungen münden in einem Ajax-Objekt, das einfach nutzbare Ajax-Klassen zur Verfügung stellt.

Prototype ist in anderen Produkten die Grundlage für Ajax-Kommunikation und DOM-Manipulation.

Prototype kommt in anderen Ajax-Frameworks als Basisbibliothek zum Einsatz, insbesondere im Hinblick auf die Ajax-Programmierung. Als Beispiele seien hier Scriptaculous (Abschnitt 5.5) und Rico (Abschnitt 5.4) genannt.

Das in Prototype vordefinierte Ajax-Objekt stellt in der Version 1.4.0 die nachfolgend im Detail beschriebenen Ajax-Klassen zum Absetzen und Verarbeiten von Ajax-Requests zur Vefügung[2]:

- `Ajax.Base`
- `Ajax.Request`
- `Ajax.Updater`
- `Ajax.PeriodicalUpdater`
- `Ajax.Responders`

`Ajax.Base` ist die Basisklasse für andere Klassen des Ajax-Objekts. Die Klassen `Ajax.Request` und `Ajax.Updater` kapseln jeweils die gesamte Aufruf-Logik, die browserabhängigen Komponenten eines Requests, sowie die Möglichkeit die Antworten beziehungsweise Fehler asynchron mit Event-Handler-Funktionen zu verarbeiten. Mit `Ajax.PeriodicalUpdater` lassen sich periodisch `Ajax.Updater`-Requests absetzen.

2. Die Terminologie der »Klassen« und »Objekte« mag dem Leser mit klassischem OO-Hintergrund merkwürdig erscheinen. Sie ist den Eigenheiten von Javascript geschuldet, wonach Funktionen sowohl Objekte sind als auch in ihrer Rolle als Konstruktoren die konstituierende Eigenschaft einer Klasse einnehmen.

`Ajax.Responders` registriert global Event-Handler zu den verschiedenen Ajax-spezifischen Ereignissen (z.B. `onComplete`). Diese werden dann bei Auftreten der entsprechenden Ereignisse ausgeführt.

5.3.1 Die Klasse `Ajax.Base`

Die Klasse `Ajax.Base` dient als Basisklasse für andere Klassen des Ajax-Objekts. Sie stellt die folgenden extern verwendbaren Methoden bereit:

Methode	Argumente	Beschreibung
`setOptions(options)`	`options` Objekt	Setzt die Optionen eines Ajax-Requests. Eine detaillierte Aufstellung der Eigenschaften des `options`-Objekts erfolgt im Abschnitt zu `Ajax.Request`.
`responseIsSuccess()`	ohne	Liefert `true`, wenn der Ajax.Request erfolgreich abgeschlossen wurde, sonst den Wert `false`.
`responseIsFailure()`	ohne	Liefert die gegenteiligen Werte zur Funktion `responseIsSuccess()`.

5.3.2 Verwendung der Klasse `Ajax.Request`

Die Klasse `Ajax.Request` stellt die Basis der Klassen mit tatsächlichem Ajax-Funktionsumfang dar. Sie ist abgeleitet von `Ajax.Base`. Der Konstruktor der Klasse erhält als erstes Argument einen URL und als zweites Argument ein `options`-Objekt:

```
Ajax.Request(url, options);
```

Ein konkreter Aufruf kann so aussehen:

```
new Ajax.Request('/code/WS/getFortuneCookieWS/python/',
        {
           method      : 'post',
           postBody    : 'mimeType=text/xml',
           onSuccess   : showXmlFortuneMessage,
           onFailure   : function(resp) {
                               alert('Fehler: ' + resp.statusText);
                                     },
           onException : function(resp, exception) {
                                     alert('Ausnahme ' + exception);
                                     }
        });
```

Der zweite Parameter dieses Aufrufs ist ein anonymes Objekt in literaler Notation. Das bedeutet, es wird ein Objekt übergeben, das eine Eigenschaft `method` mit dem Wert `post`, eine Eigenschaft `postBody` mit dem Wert `mimeType=text/xml` sowie die zwei Eigenschaften `onSuccess` mit der Event-Handler-Funktion `showXmlFortuneMessage()` als Wert und `onFailure` mit einer anonymen Event-Handler-Funktion als Wert hat. Jedes Objekt kann als Parameter übergeben werden, solange es die entsprechenden Eigenschaften aufweist.

Die Liste der möglichen Eigenschaften des `options`-Objekts sind in der nachfolgenden Tabelle zusammengefasst:

Tab. 5–1
Das `options`-Objekt

Option	Typ	vorgegebener Wert	Beschreibung
method	String	'post'	Anfrage-Typ des Aufrufs. Das Argument kann die Werte `post` oder `get` annehmen.
parameters	String	'' (Leerstring)	Eine URL-enkodierte Zeichenkette mit dem Anfrage-Teil der URL.
asynchronous	Boolean	true	Gibt an, ob der Ajax-Request asynchron abgearbeitet wird. Ein Wert `false` steht für synchrone Abarbeitung, d.h., der Browser blockiert, bis der Aufruf komplett abgearbeitet ist.
postBody	String	undefiniert	Der im Rumpf der Anfrage übermittelte Inhalt. Wird nur im Falle von `post`-Anfragen verwendet.
requestHeaders	Array	undefiniert	Ein Array von Http-Request-Headern, die mit dem Aufruf übermittelt werden, in der Form: `['header-1', 'value-1', 'header-2', 'value-2']`. Das Array muss eine gerade Anzahl von Elementen besitzen.
onLoading, onLoaded, onInteractive, onComplete	Function(XMLHttpRequest, Object)	undefiniert	Event-Handler-Funktionen, die getriggert durch das jeweils entsprechende XMLHttpRequest-Ereignis ausgeführt werden. Das `XMLHttpRequest`-Objekt und gegebenenfalls ein JSON-Objekt werden der Funktion als Parameter übergeben.
onSuccess	Function(XMLHttpRequest, Object)	undefiniert	Event-Handler-Funktion, die nach einem erfolgreichen Abschluss des Aufrufs (der Server hat einen 2xx-Code zurückgeliefert) ausgeführt wird. Das `XMLHttpRequest`-Objekt und ggf. ein JSON-Objekt werden der Funktion als Parameter übergeben.
onFailure	Function(XMLHttpRequest, Object)	undefiniert	Event-Handler-Funktion, die nach einem Serverfehler (der Server hat einen 4xx- oder 5xx-Code zurückgeliefert) ausgeführt wird. Das `XMLHttpRequest`-Objekt und gegebenenfalls ein JSON-Objekt werden der Funktion als Parameter übergeben.
on404, onXXX	Function(XMLHttpRequest, Object)	undefiniert	Event-Handler-Funktionen, die getriggert durch den jeweiligen Serverrückgabewert ausgeführt werden. Das `XMLHttpRequest`-Objekt und gegebenenfalls ein JSON-Objekt werden der Funktion als Parameter übergeben.
onException	Function(Ajax.Request, exception)	undefiniert	Event-Handler-Funktion, die bei einem clientseitigen Fehler ausgeführt wird. Das umgebende `Ajax.Request`-Objekt und die `Exception` werden der Funktion als Parameter übergeben.

Die Klasse `Ajax.Request` hat die folgende extern verwendbare Methode:

Methode	Argumente	Beschreibung
`header(name)`	name: Name des HTTP Kopfs	Liefert den jeweiligen Inhalt des dem Namen entsprechenden HTTP-Kopfs der Ajax-Antwort. Die Funktion sollte nur nach erfolgreichem Ajax-Aufruf Verwendung finden.

Prototype überträgt mit jedem Request zusätzlich einen speziellen HTTP-Header `X-Requested-With: XMLHttpRequest`. Serverseitig lässt sich so ein *normaler* HTTP-Request von einem `XMLHttpRequest` unterscheiden.

Eine Funktion zur serverseitigen Prüfung sieht in Python beispielsweise so aus:

```
def isXMLHttpRequest() :
    return os.environ.has_key('HTTP_X_REQUESTED_WITH') \
           and os.environ['HTTP_X_REQUESTED_WITH'] == \
           "XMLHttpRequest"
```

Dadurch könnte etwa ein CGI-Skript in zwei verschiedenen Rollen arbeiten: Ohne den speziellen »Ajax«-Header liefert es eine normale HTML-Seite aus, mit dem Header verhält es sich wie ein Webservice, der eine XML-Antwort generiert[3].

5.0.2 Verwendung der Klasse `Ajax.Updater`

Die Klasse `Ajax.Updater` eignet sich für solche Anfragen an Server, die Antworten in HTML-Form zurückliefern[4]. Die Klasse erweitert `Ajax.Request`. Ein weiterer Parameter gibt das Element der Webseite an, das mit dem HTML-Rückgabewert gefüllt werden soll.

Der Konstruktor der Klasse hat damit folgende Form:

```
Ajax.Updater(container, url, options);
```

Beispiel für einen konkreten Aufruf:

```
new Ajax.Updater('fortuneMessage',
'/code/WS/getFortuneCookieWS/python/',
        {
          method      :  'post',
          postBody    :  'mimeType=text/html',
```

3. Vergleiche dazu auch die zwei Rollen, die Sajax-/Xajax-PHP-Skripte spielen (Abschnitte 5.9 und 5.10).
4. Genauer: Es wird sich dann um XHTML handeln, um die Wohlgeformtheitsbedingungen von XML zu erfüllen.

```
                  onFailure   : function(resp) {
                                     alert('Fehler: ' + resp.statusText);
                                              },
                  onException : function(resp, exception) {
                                          alert('Ausnahme ' + exception);
                                              }
              });
```

Wie man sieht, ähnelt der Aufruf dem vorhergehenden Aufruf für Ajax.Request, es fehlt jedoch die Eigenschaft onSuccess. An ihre Stelle tritt der Container, das ist das HTML-Element, das den Inhalt der Antwort erhalten soll. Beim container-Argument kann es sich entweder um die ID des HTML-Elements (im Beispiel »fortuneMessage«) oder das HTML-Element (DOM-Objekt) selbst handeln. Es ist auch möglich, ein Objekt mit den Eigenschaften object.success und object.failure zu übergeben. object.success enthält dabei das HTML-Element (Objekt) oder die entsprechende ID des im Erfolgsfall zu verwendenden Objekts. Analoges gilt für object.failure im Fehlerfall.

Das options-Argument-Objekt ist im Vergleich zu Ajax.Request um die Eigenschaften evalScripts und insertion erweitert:

Tab. 5–2 *Das options-Argument-Objekt (Erweiterung für Ajax.Updater)*

Option	Typ	vorgegebener Wert	Beschreibung
insertion	eine Insertion-Klasse	undefiniert	Eine Klasse, die das Verhalten beim Einfügen des Inhalts in den container festlegt. Mögliche Klassen sind Insertion.Before, Insertion.Top, Insertion.Bottom oder Insertion.After.
evalScripts	Boolean	false	Gibt an, ob Skript-Blöcke innerhalb der Antwort nach deren Empfang evaluiert werden sollen. Beispiel: Der Server schickt die Nachricht <p>Hello World</p><script type="text/javascript">alert("Hallo nochmal");</script>

5.3.3 Verwendung der Klasse Ajax.PeriodicalUpdater

Die Klasse Ajax.PeriodicalUpdater verwendet wiederholt ein Ajax.Updater-Objekt, um periodisch beispielsweise den Inhalt eines HTML-Elements zu verändern. Die Klasse Ajax.PeriodicalUpdater ist abgeleitet von Ajax.Base.

Der Konstruktor der Klasse hat folgende Form:

```
Ajax.PeriodicalUpdater(container, url, options);
```

Beispiel für einen Aufruf:

```
new Ajax.PeriodicalUpdater('fortuneMessage',
'/code/WS/getFortuneCookieWS/python/',
   {
      frequency   : 5,
      method      : 'post',
      onFailure   : function(resp) {
                          alert('Failure: ' + resp.statusText);
                                    },
      onException : function(resp, exception) {
                             alert('Exception ' + exception);
                                     },
      postBody    : 'mimeType=text/html'
   });
```

Das options-Argument-Objekt wird um die zwei Eigenschaften decay und frequency erweitert:

Tab. 5-3
Das options-Argument-Objekt (Erweiterung für Ajax.PeriodicalUpdater)

Option	Typ	vorgegebener Wert	Beschreibung
decay	Number	1	Gibt den Wert der Verzögerung bei Antworten gleichen Inhalts an. Beispielsweise für den Wert 2 wird das Objekt – bei Erhalt der gleichen Antwort wie beim letzten Request – nach der ersten Wiederholung 2-mal so lange, nach der zweiten Wiederholung 4-mal so lange und so weiter warten.
frequency	Number	2	Gibt das Intervall in Sekunden bis zum nächsten Aufruf an.

Die Klasse Ajax.PeriodicalUpdater hat die folgende extern verwendbare Methode:

Methode	Argumente	Beschreibung
stop()	ohne	Ein Aufruf veranlasst das Objekt, die periodische Ausführung der Anfragen zu stoppen. Das Objekt ruft danach den in der Eigenschaft onComplete hinterlegten Event-Handler auf.

5.3.4 Verwendung der Klasse Ajax.Responders

Die Klasse Ajax.Responders erlaubt es, für alle aktiven Ajax-Requests global Objekte mit Event-Handler-Funktionen zu registrieren, die bei Auftreten der verschiedenen möglichen Ereignisse von Ajax-Requests ausgeführt werden. Es sei noch einmal betont, die Event-Handler gelten *global* für *alle* Ajax-Requests.

Mögliche Anwendungen sind:

- Anzeigen einer Animation »Lade ...« für gerade in Ausführung befindliche Ajax-Requests
- Anzeigen des Zustands von gerade in Ausführung befindlichen Ajax-Requests
- Globale Fehler- oder Ausnahmebehandlung für alle Ajax-Requests

Folgendes Beispiel illustriert die Verwendung:

```
function showSearching(res) {
        new Element.update("ajaxStatus", "Suche Glückskeks...");
}

function showReady(res) {
        new Element.update("ajaxStatus", "Gefunden!");
}

Ajax.Responders.register({
        onCreate : showSearching,
        onComplete : showReady
});
```

Dieses Beispiel definiert `showSearching()` und `showReady()`. `Ajax.Responders.register()` und ein anonymes Objekt mit den Eigenschaften `onCreate` und `onComplete` legen die Funktionen anschließend als globalen Event-Handler fest. Das Auftreten eines der Ereignisse `onCreate` beziehungsweise `onComplete` bei irgendeinem aktiven Ajax-Request löst die Ausführung der Funktionen aus.

Die möglichen Eigenschaften des zu übergebenden Objekts entsprechen hier den Zuständen, in denen sich der Request befinden kann:

- onCreate
- onLoading
- onLoaded
- onInteractive
- onComplete

Die Klasse Ajax.Responders hat die folgenden Methoden:

Methode	Argumente	Beschreibung
register (responder ToAdd)	responderToAdd: Objekt mit den aufzurufenden Event-Handler-Funktionen	Das übergebene Objekt muss Properties wie zum Beispiel onCreate, onComplete, onException besitzen. Bei Auftreten der entsprechenden Ereignisse werden die jeweils zugehörigen Methoden der registrierten Objekte aufgerufen.
unregister (responder ToRemove)	responderToRemove: das zu entfernende Objekt	Das übergebene Objekt wird aus der Liste der registrierten Objekte entfernt.
dispatch (callback, request, transport, json)	callback: der Name des Ereignisses, das ausgelöst werden soll request: das Ajax.Request-Objekt, das das Ereignis ausgelöst hat transport: das XMLHttpRequest-Objekt, das den Ajax-Aufruf umgibt json: falls vorhanden, der X-JSON-HTTP-Kopf der Antwort	Sucht in der Liste der registrierten Objekte nach Objekten mit der im callback-Argument angegebenen Methode. Jede gefundene Methode wird dann mit den drei weiteren Argumenten aufgerufen. Der Inhalt eines eventuell vorhandenen X-JSON-HTTP-Kopfes wird vor Aufruf der Methode evaluiert und das Ergebnis dann in json übergeben. Im Fall eines onException-Ereignisses wird die Ausnahme in transport übergeben. json wird in diesem Fall nicht übergeben.

5.3.5 Anwendungsbeispiel

Das nächste Beispiel verwendet erneut unseren Glückskeks. An die Stelle der Eigenprogrammierung unter *http://www.ajaxbuch.de/code/einstieg/glueckskeks/* tritt im Folgenden die Klasse Ajax.Updater. Das Listing zeigt nur die relevanten Teile; vollständig ist der Code unter *http://www.ajaxbuch.de/code/frameworks/prototype/* zu finden.

```
<html lang="de">

  <head>

    <title>Ajaxbuch.de: Prototype-Glückskeks</title>

    <script type="text/javascript"
            src="/code/lib/prototype.js"></script>

    <script type="text/javascript">
```

```
      function showSearching(res) {
        Element.update("ajaxStatus", "Suche Glückskeks...");
      }

      function showLoading(res) { new
       Insertion.Bottom("ajaxStatus", "Glückskeks angefordert...");
      }

      function showLoaded(res) { new
        Insertion.Bottom("ajaxStatus", "Glückskeks auswählen...");
      }

      function showInteractive(res) { new
        Insertion.Bottom("ajaxStatus", "Glückskeks aufbrechen...");
      }

      function showReady(res) { new
        Insertion.Bottom("ajaxStatus", "Glücksnachricht lesen!");
      }

      Ajax.Responders.register({
          onCreate  : showSearching,
          onLoading : showLoading,
          onLoaded : showLoaded,
          onInteractive : showInteractive,
          onComplete : showReady
      });

    </script>

</head>

<body>

  <h1>Ajax-Glückskeks</h1>

  <!-- ... -->

  <p><strong>Glückskeks-Botschaft:</strong> </p>

  <div id="fortuneMessage"></div>
  <p><span id="ajaxStatus"></span></p>

  <form action="">
    <p>
      <input type="button"
             value="Neuer Glückskeks (Ajax.Updater)"
             onClick="new Ajax.Updater('fortuneMessage',
                     '/code/WS/getFortuneCookieWS/python/',
                     {
                      method      : 'post',
                      postBody    : 'mimeType=text/html',
```

```
                        onFailure   : function(resp) {
                                alert('Fehler: ' + resp.statusText);
                                   },
                        onException : function(resp, exception) {
                                    alert('Ausnahme ' + exception);
                                   }
                      });"/>
      </p>
    </form>

  </body>
  </html>
```

Im ersten Teil befindet sich das obligatorische Laden von `prototype.js` mittels des `script`-Elements:

```
<script type="text/javascript"
        src="/code/lib/prototype.js"></script>
```

Es schließen sich im weiteren Verlauf die Definitionen einiger Funktionen und deren Registrierung als Event-Handler durch `Ajax.Responders.register()` an:

```
Ajax.Responders.register({
        onCreate      : showSearching,
        onLoading     : showLoading,
        onLoaded      : showLoaded,
        onInteractive : showInteractive,
        onComplete    : showReady
});
```

Hier sei kurz auf die Verwendung des `Element`-Objekts und der Klasse `Insertion.Bottom` in den Event-Handler-Funktionen hingewiesen. Das `Element`-Objekt bietet eine Fülle an Möglichkeiten zur Manipulation von Elementen im DOM. Im Beispiel kommt die Funktion `Element.update()` zum Tragen, die den `innerHTML`-Bestandteil durch einen Schnipsel HTML-Code (eine Zeichenkette aus Text vermischt mit Markup) ersetzt. Die Klasse `Insertion.Bottom` ermöglicht das Einfügen von Inhalten am Ende eines HTML-Elements. Es stehen zusätzlich die Klassen `Insertion.Before`, `Insertion.After` und `Insertion.Top` zur Verfügung, die das Einfügen vor beziehungsweise hinter einem Element oder am Anfang eines Elements erlauben.

Darauf folgen im Rumpf des Dokumentes die Elemente:

```
<div id="fortuneMessage"> </div>
<p><span id="ajaxStatus"></span></p>
```

Sie dienen als Container zur Aufnahme der Glückskeks-Nachricht beziehungsweise zur Aufnahme der Status-Nachrichten der registrierten Event-Handler während und nach der XMLHttpRequest-Anfrage.

Zum Schluss hinterlegt das `onclick` des `input`-Elements einen `Ajax.Updater`-Aufruf für den korrespondierenden Knopf:

```
<input type="button"
       value="Neuer Glückskeks (Ajax.Updater)"
       onclick="new Ajax.Updater('fortuneMessage',
               '/code/WS/getFortuneCookieWS/python/',
               {
                method      : 'post',
                postBody    : 'mimeType=text/html',
                onFailure   : function(resp) {
                               alert('Fehler: ' + resp.statusText);
                              },
                onException : function(resp, exception) {
                                     alert('Ausnahme ' + exception);
                              }
               });"/>
```

5.3.6 Fazit

Prototype ist eine clientseitige Bibliothek und stellt für sich gesehen kein Framework im eigentlichen Sinn dar. Neben den reinen Ajax-Funktionen existieren noch eine Vielzahl an mächtigen Funktionen und Erweiterungen, die das Entwickeln von Webapplikationen stark vereinfachen. Die Handhabung stellt für den geübten Javascript-Entwickler kein Problem dar. Allerdings steht zu Prototype keine Original-Dokumentation zur Verfügung. So bleibt nur, den Quellcode zu lesen oder sich im Netz nach Dokumentation umzusehen. Eine gute Anlaufstelle ist *http://www.prototypedoc.com/*. Hier finden sich einige Beispiele für den Einsatz von Prototype in eigenen Webapplikationen. Dieser Umstand ist jedoch sehr zeitaufwendig, daher ist eine kompakte Dokumentation der Schnittstellen wünschenswert.

Prototype unterstützt in der vorliegenden Version 1.4.0 die folgenden Browser:

- Microsoft Internet Explorer for Windows, ab Version 6.0
- Mozilla Firefox 1.0/Mozilla 1.7 und höher
- Apple Safari, ab Version 1.2

Zum Schluss noch ein Hinweis: Wer schon immer wissen wollte, was sich mit Javascript alles bewerkstelligen lässt, dem sei `prototype.js` als *Gute-Nacht-Lektüre* empfohlen.

5.4 Rico

Rico ist der eigenen Website zufolge eine »open-source Javascript library for creating rich internet applications« *(http://openrico.org/)*. Weiter heißt es, das Produkt biete volle Ajax-Unterstützung, »Drag & Drop-Management« und eine »Cinematic Effect«-Bibliothek. Bereits beim Download wird offensichtlich, dass Rico auf Prototype zurückgreift. Interessant ist daher, welche Unterschiede zu Prototype bei der Ajax-Handhabung auftreten.

Seine Ajax-Funktionen kapselt Rico im Objekt `ajaxEngine`, das in der Seite automatisch zur Verfügung steht. Die Methode `registerRequest()` macht vorab alle URIs bekannt, an die man später eine Anfrage schicken möchte. Neben der Bekanntmachung vergibt die Methode für die registrierten Webservices einen Namen, im folgenden Beispiel den Nameen »getFortuneCookie«:

```
ajaxEngine.registerRequest('getFortuneCookie',
'http://www.ajaxbuch.de/code/WS/getFortuneCookieWS/');
```

Das Ausführen eines Ajax-Aufrufs nimmt dann beispielsweise folgende Form an:

```
<input type="button"
       onclick="ajaxEngine.sendRequest('getFortuneCookie',
        'mimeType=text/x-rico')" value="Hol den Glückskeks!" />
```

Die `sendRequest()`-Methode verwendet den oben vergebenen Namen im ersten Parameter. Beim HTTP-Aufruf fügt sie die im zweiten Parameter angegebenen, optionalen Werte als CGI-Parameter an[5]. Eine Besonderheit ist bei Rico das Nachrichtenformat, das ein Webservice liefern muss. Das Format ist nicht beliebig, sondern sieht wie folgt aus:

```
<ajax-response>
  <response type="element" id="fortuneMessage" >
    <div>
      <p>
        beliebiger HTML-Content ...
      </p>
    </div>
  </response>
  <!-- ... weitere <response>s ... -->
</ajax-response>
```

5. Der hier gezeigte Mime-Type ist kein offizieller. Da der genannte Webservice mit einer Vielzahl von Beispielen zusammenarbeiten soll, kann er Daten in unterschiedlichen Mime-Types liefern. `mimeType=text/x-rico` ist dabei ein selbstdefinierter Typ, was dank des `x`-Präfixes nicht gegen den entsprechenden RFC verstößt. Zu beachten ist, dass die Serverantwort den Mime-Type `text/xml` schickt, damit Rico die Antwort bearbeitet.

Unterhalb des Wurzelelements befindet sich eine Folge von response-Elementen, die Rico im Browser auswertet. Der einfachste Typ einer Antwort lautet »element«. Solche Antworten besitzen eine ID, die ein Element der HTML-Seite identifiziert (`id="fortuneMessage"`). Des Weiteren enthalten Responses als Inhalt wohlgeformten XHTML-Code. Rico weist der `innerHTML`-Eigenschaft des identifizierten Elements den XHTML-Code zu und verändert damit die aktuelle Seite.

Die Zuordnung zwischen Antwort und HTML-Element geschieht über die ID. Dennoch ist es notwendig, Rico vorab mittels

```
ajaxEngine.registerAjaxElement('fortuneMessage');
```

anzuweisen, die Auswertung für die Response »fortuneMessage« durchzuführen.

Damit die Initialisierung zum richtigen Zeitpunkt ausgeführt wird (mindestens Ricos `ajaxEngine` muss vorhanden sein), sollten die beiden Anweisungen erst »onload« ablaufen, etwa durch

```
function lw_init() {
  ajaxEngine.registerRequest(...);
  ajaxEngine.registerAjaxElement(...);
}
...
<body onload="lw_init();">
```

Änderung der Webseite ohne DOM-Programmierung

Dieser Ansatz erspart es völlig, eigenen Javascript-Code (für die DOM-Manipulation) zu schreiben. Darüber hinaus entscheidet die Serverkomponente durch Angabe der ID, welches Seitenelement sie verändert. Grund für beides ist natürlich die festgelegte Logik bei der Auswertung von `<response type="element">`-Elementen. Wer die Logik doch lieber in die eigenen Hände nimmt, verwendet den folgenden Response-Typ:

```
<ajax-response>
  <response type="object" id="cookieHandler" >
    <message>
      beliebiger XML-Content ...
    </message>
  </response>
  <!-- ... weitere <response>s ... -->
</ajax-response>
```

Ist die Antwort vom Typ »object«, ruft Rico bei der Auswertung der Antwort die Methode `ajaxUpdate()` an dem durch die ID identifizierten Objekt auf. Im Beispiel lautet der Aufruf `cookieHandler.ajaxUpdate()`. Die `ajaxUpdate()`-Methode erhält als Parameter den Inhalt von response als DOM-Objekt vom Typ `document` (hier die DOM-Entsprechung von `<message>...</message>`).

Es liegt in der Verantwortung des Programmierers, vorab ein entsprechendes Javascript-Objekt zu definieren. Im Beispiel kann das Objekt wie folgt aussehen:

```
cookieHandler {
  ajaxUpdate: function(responseXML) {
    var cookieMessage =
                 responseXML.getElementsByTagName('message')[0].
                                             firstChild.nodeValue;
    document.getElementById('fortuneMessage').firstChild.nodevalue =
                                                    cookieMessage;
    // Die letzte Anweisung setzt voraus, dass das firstChild ein
    // vorhandener Textknoten ist!
  }
}
```

Rico unterstützt auch mehrere <response>-Elemente gemischten Typs in einer <ajax-response>. Es überrascht nicht, dass bei einem Blick unter Ricos Haube die Prototype-Funktionen `Ajax.Request` und `Ajax.Updater` zum Vorschein kommen.

5.5 Scriptaculous

Legt man die Häufigkeit der Nennung auf Webseiten, in Artikeln und in Büchern zugrunde, so erfreut sich Scriptaculous großer Beliebtheit (*http://script.aculo.us/*). Scriptaculous ist aber viel weniger Ajax-Framework, als die häufigen Zitierungen glauben machen. Die Javascript-Bibliothek verwendet Prototype und stellt für die reine Kommunikation keine eigenen High-Level-Wrapper oder Ähnliches zur Verfügung. Stattdessen konzentriert sich der Entwickler Thomas Fuchs auf DHTML-Effekte, -Controls und -Widgets (Drag & Drop, Slider, Ein- und Ausblend-Effekte u.a.).

Scriptaculous bietet davon eine interessante Auswahl, von denen die meisten ohne Ajax-Funktion auskommen. Anders ist das beim »Ajax.Autocompleter«, dem »Ajax.InPlaceCollectionEditor« und dem »Ajax.InPlaceEditor«. Wie schon der Name vermuten lässt, ist der Autocompleter eine Komponente zur Vervollständigung von Textfeldern. Die Vorschläge für die Vervollständigung erwartet Scriptaculous durch serverseitig bereitliegende Wortlisten in Form einer unsortierten Liste. Diese Funktion entspricht ungefähr dem Beispiel aus unserem Ajax-Artikel in iX 11/2005, online unter *http://www.heise.de/ix/artikel/2005/11/056/*.

Die beiden Editor-Controls bieten die Möglichkeit, Elemente innerhalb der Seite zu editieren und die Änderungen an einen Webservice zu schicken. Wie dieser Service die Daten verarbeitet, liegt außerhalb der Zuständigkeit von Scriptaculous.

Scriptaculous ist kein Ajax-Framework im engeren Sinne. Vielmehr macht die Bibliothek den nächsten Schritt und baut mit Hilfe von Ajax (hier durch Prototype implementiert) neue Komponenten für die clientseitige Webentwicklung. Der derzeitige Leistungsschwerpunkt rechtfertigt es aber, eher von einer klassischen DHTML-Bibliohek zu sprechen.

5.6 MochiKit

Der nächste Vertreter an der Javascript-Front ist MochiKit *(http://mochikit.com/)*, eine »lightweight Javascript library that makes Javascript suck less [...] and get shit done, fast« (Zitat von der Webseite). Bemerkenswert ist, dass weder im Zitat noch auf der ersten Webseite auch nur einmal der Ausdruck Ajax zu finden ist.

Die Bibliothek besitzt – wie andere auch – Klassen für visuelle Effekte (MochiKit.Visual), DOM-Manipulation (MochiKit.DOM), Drag & Drop (MochiKit.DragAndDrop), Event-Behandlung (MochiKit.Signal), CSS-Manipulation (MochiKit.Style) und vieles andere mehr. Zur Durchführung asynchroner Kommunikation steht MochiKit.Async zur Verfügung. Der dort zu findende Funktionsumfang ist von einer Python-Bibliothek namens »Twisted« inspiriert.

Verzögerte Auswertung

Die zentrale Klasse für asynchrone Kommunikaton heißt »Deferred« (aus dem Englischen: verzögert). Entweder erzeugt ein Konstruktor ein Deferred-Objekt, mit dem man weiterarbeiten kann, oder man lässt das Objekt gleich durch einen »SimpleXMLHttpRequest« erzeugen. Die entsprechende Funktion heißt `doSimpleXMLHttpRequest()`. Ihre Benutzung ist sehr intuitiv und sieht für das Glückskeks-Beispiel wie folgt aus:

```
var responseObject =
doSimpleXMLHttpRequest('/code/WS/getFortuneCookieWS/',{mimeType:
'text/xml'});
```

Der Funktionsaufruf führt ein HTTP-Get an die Adresse *http://www.ajaxbuch.de/code/WS/getFortuneCookieWS/?mimeType=text/xml* aus (vorausgesetzt, die Seite liegt auf www.ajaxbuch.de). `responseObject` ist eine Instanz der Klasse Deferred. Es ist überraschend, dass die Zeile als erste in einem Programm stehen darf. Bis hier gibt es keinerlei Verarbeitungslogik für die angeforderte XML-Nachricht. Das lässt sich mit einem Deferred-Objekt durch Zuweisung von Callback-Funktionen für den Erfolgs- und Fehlerfall *nachträglich* festlegen. Für den Glückskeks:

```
function showCookie(resp) {
  var cookieMessage =
          resp.responseXML.documentElement.firstChild.nodeValue;
  document.getElementById('fortuneMessage').firstChild.nodevalue =
                                                   cookieMessage;
}

responseObject.addCallback(showCookie);
```

Diese Zeilen sorgen dafür, dass die erhaltene Nachricht durch die Funktion `showCookie()` an der richtigen Stelle im HTML-Dokument erscheint (`getElementById('fortuneMessage')`).

Callback-Funktionen für den Fehlerfall heißen bei MochiKit »Errorback«, und ihre Registrierung geschieht analog:

```
function onError(resp) {
  alert(resp.statusText);
}

responseObject.addErrback(onError);
```

Das nachträgliche Definieren von Callback-Funktionen ist nicht die einzige Besonderheit. MochiKit kann »Callback-Chains« verarbeiten. Dazu registriert man am Deferred-Objekt mehrere Funktionen, die wie in einer Pipeline ablaufen. Als Beispiel sei angenommen, dass eine Ajax-Anfrage als Antwort folgendes Dokument bekommt, das im Deferred-Objekt namens `numResponse` gehalten wird: <wurzel>5</wurzel>

Die anschließenden Definitionen von Callback-Funktionen öffnen ein `alert()`-Fenster mit dem Text »Das Ergebnis lautet: 35«.

```
function toNum(resp) {
  return Number(resp.documentElement.firstChild.nodeValue);
}
function f(x) {
  return x*x;
}
function g(x) {
  return "Das Ergebnis lautet: " + String(x+10);
}

numResponse.addCallback(toNum);
numResponse.addCallback(f);
numResponse.addCallback(g);
numResponse.addCallback(alert);
```

Ein Beispiel, das mit Zeichenketten statt Zahlen arbeitet, steht online unter *http://www.ajaxbuch.de/code/frameworks/mochikit/def/* zum Testen zur Verfügung.

Die Möglichkeiten der verzögerten Verarbeitung mit MochiKit sind umfangreicher als hier dargestellt. Die Verarbeitungsketten können deutlich komplexer werden, zum Beispiel durch Rückgabe eines neuen Deferred-Objekts. Ein sinnvoller Einsatz ergibt sich etwa dann, wenn das Ergebnis eines Ajax-Aufrufs in Abhängigkeit des Ergebnisses eines anderen Ajax-Aufrufs oder einer Benutzerinteraktion verarbeitet werden soll. Die eingebaute »Verzögerung« erspart das manuelle Vorhalten des aktuellen Werts. Wer tiefer in MochiKit.Async einsteigen möchte, findet auf der Webseite eine umfangreiche API-Dokumentation. Derzeit sind aber einführende Texte eher Mangelware. Es lohnt sich das Stöbern im MochiKit-Wiki.

Um MochiKit in die eigene Seite zu laden, genügt der Import von `MochiKit.js`. Allerdings lädt der Browser dann alle (derzeit 14) Javascript-Bibliotheken. Für das obige Beispiel genügen hingegen `Base.js` und `Async.js`, wobei die Ladereihenfolge wichtig ist. Abschließend sei erwähnt, dass MochiKit der Benennung von CGI-Parametern Beschränkungen auferlegt. Das im Beispiel benutzte »mimeType« funktioniert, wohingegen »mime-type« wegen des Bindestrichs einen Fehler hervorruft.

5.7 Spry

Als letzter Vertreter in Sachen clientseitige Javascript-Bibliotheken soll hier noch Adobes Spry-Framework *(http://labs.adobe.com/technologies/spry/)* betrachtet werden. Adobe geht einen zunächst XML-orientierten Weg und benutzt dafür als Grundlage Googles Javascript-Implementierung von Xpath (als Teil von AjaXSLT unter *http://googajaxslt.sourceforge.net/* erhältlich). Typischerweise sehen die Javascript-Includes wie folgt aus:

```
<script type="text/javascript" src="xpath.js"></script>
<script type="text/javascript" src="SpryData.js"></script>
```

5.7.1 XML Data Sets

Zweidimensionale XML Data Sets für den browserseitigen Umgang mit XML-Daten vom Server

Der Kern von Sprys Ajax-Funktionen sind »XML Data Sets« und »Dynamic Regions«. Ein `XMLDataSet`-Objekt handhabt den Umgang mit auf dem Server verfügbaren XML-Daten. Wesentlich ist dabei, dass die potentiell verschachtelten XML-Daten in »Zeilen und Spalten« verwandelt, sozusagen »flachgeklopft« werden. Dieses Flachklopfen endet aber bereits bei den Kindern eines ausgewählten XML-Elements. Kindelemente und spätere Nachfahren sind im XML Data Set *nicht* mehr sichtbar. Aus diesem Grund heißt es oben, Adobe geht

»zunächst« einen XML-orientierten Weg. Ja, Spry akzeptiert beliebig tiefes XML, die Verarbeitung aber bitte nur flach.

Für den XML-Glückskeks-Service spielt das keine Rolle, die Nachrichten sind sowieso außerordentlich flach. Ein Zugriff sieht so aus:

```
var dsFortuneCookie = new
Spry.Data.XMLDataSet("/code/WS/getFortuneCookieWS/",
    "/message",
    { method: "POST",
      postData: "mimeType=text/xml",
      headers: { "Content-Type": "application/x-www-form-urlencoded;
                                              charset=UTF-8"}});
```

Das dritte Argument enthält optional eine Reihe von Attributen, die hier in der literalen Objektnotation von Javascript vorliegen. Als zweites Argument erwartet der Konstruktor einen Xpath-Ausdruck. Er gibt an, welche Teile der empfangenen XML-Nachricht im XML Data Set landen sollen. Im Beispiel sind das alle Elemente, die zu «/message« passen; da es sich offensichtlich um das Wurzelelement handelt, ist es nicht verblüffend, dass es nur eines ist. Im Data Set gibt es deshalb auch nur eine Zeile.

Ein Beispiel aus Adobes Tutorial zeigt einen komplexeren Fall. Daran angelehnt sei folgende XML-Struktur gegeben:

```
<galleries>
    <gallery id="12345">
        <photographer id="4532">John Doe</photographer>
        ...
    </gallery>
    <gallery id="54321">
        <photographer id="1234">Ansel Adams</photographer>
        ...
    </gallery>
</galleries>
```

Der Xpath-Ausdruck `/galleries/gallery/photographer` führt zu folgendem Data Set:

Name der Spalte:		**photographer**	**@id**
Werte:	**Zeile 1**	John Doe	4532
	Zeile 2	Ansel Adams	1234

Jeder »Treffer« für `photographer` liefert eine Zeile. Die Spalten entstehen (falls vorhanden) aus dem Textinhalt (wie gesagt, Kindelemente sind nicht im Data Set) und allen Attributen.

Data-Set-Objekte besitzen Methoden für Zugriff auf und Bearbeitung von in ihnen enthaltenen Daten, beispielsweise `dsFortuneCookie.getData()` und `dsFortuneCookie.sort()`. Selbstverständlich lassen sich Daten auf diesem Weg durch Eigenprogrammierung in die Webseite einblenden. Adobe hat dazu aber noch etwas im Angebot: Dynamic Regions.

5.7.2 Dynamic Regions

Dynamic Regions binden Data Sets an Bereiche in der Webseite.

Dynamic Regions sind Adobes Art, einen Data Set an einen Bereich im HTML-DOM zu binden. Zu diesem Zweck stehen besondere Spry-Attribute im HTML-Quellcode.

```
<html xmlns="http://www.w3.org/1999/xhtml"
      xmlns:spry="http://ns.adobe.com/spry">
  <head>
    <title>Glückskeks</title>
    <script type="text/javascript" src="xpath.js"></script>
    <script type="text/javascript" src="SpryData.js"></script>
    <script type="text/javascript">
     var dsFortuneCookie =
            new Spry.Data.XMLDataSet("/code/WS/getFortuneCookieWS/",
             "/message",
             { method   : "POST",
               postData : "mimeType=text/xml",
               headers  : {
                 "Content-Type": "application/x-www-form-urlencoded;
                charset=UTF-8"}});
    </script>
  </head>
  <body>
    <div spry:region="dsFortuneCookie">
      {dsFortuneCookie::message}
    </div>
  </body>
</html>
```

Der Ausdruck `{dsFortuneCookie::message}` fügt an der Stelle seines Auftretens aus der ersten Zeile des Data Sets (es gibt nur eine) den Wert der Spalte namens »message« (es gibt nur diese) ein. Er ließe sich verkürzt auch `{message}` schreiben. Das Präfix ist nur von Nöten, wenn eine Dynamic Region auf mehrere Data Sets zurückgreift.

Periodisches Neuladen der Daten

Damit steht der Text unmittelbar nach dem Laden der Seite dort, wo man ihn haben möchte. Der mit spry-Attributen gekennzeichnete Bereich hieße nicht »Dynamic«, wäre der Inhalt statisch. Mit Angabe der Optionen `useCache: false, loadInterval: 10000` lädt Spry alle zehn Sekunden neue Daten und blendet sie in der Seite ein.

```
var dsFortuneCookie =
  new Spry.Data.XMLDataSet("/code/WS/getFortuneCookieWS/",
  "/message",
  { method        : "POST",
    postData      : "mimeType=text/xml",
    headers       : {"Content-Type":
                "application/x-www-form-urlencoded;charset=UTF-8"},
    useCache      : false,
    loadInterval : 10000 });
```

Die Funktion muss nicht beim erstmaligen Laden der Daten aktiviert werden. Der Methodenaufruf `dsFortuneCookie.startLoadInterval(10000)` startet ebenfalls die periodische Aktualisierung, `dsFortuneCookie.stopLoadInterval()` beendet sie wieder. Wichtig ist, dass `useCache` auf `false` gesetzt ist. Andernfalls passiert gar nichts, solange sich der URL nicht geändert hat. Stehen weitere Datenquellen unter anderen URLs zur Verfügung, so wählt `setURL("..")` eine von ihnen aus. Die Methode `loadData()` lädt die Daten von der aktuellen Quelle einmalig.

5.7.3 Observer

Observer erkennen veränderte Data Sets.

Die automatische Einblendung per Dynamic Regions ist eine bequeme Möglichkeit, Webseiten bei Datenänderung zu aktualisieren. Verwendet man aber nicht die Dynamic Regions zur Einblendung der Daten, sondern programmiert es etwa mit der oben genannten Methode `dsFortuneCookie.getData()` selbst, stellt sich die Frage, wann man die Aktualisierung auslöst; schließlich erfolgt das Laden unter Umständen automatisch. Damit das Programm von einer Datenänderung erfährt, kann es an einem Data-Set-Objekt einen sogenannten Observer registrieren. Dabei handelt es sich um ein Objekt, das die Methode `onDataChanged(dataSet, notificationType)` besitzt. Sie wird bei einer Änderung am Data Set gerufen. Wie die Parameterliste zeigt, steht der Methode der Data Set zur Verfügung sowie eine Information über die Ursache ihres Aufrufs. Derzeit gibt es die Auslöser »Daten geändert«, »Aktuelle Zeile umgesetzt« und »Daten umsortiert«.

Die bis hierher vorgestellten Möglichkeiten von Spry zeigt das folgende Listing noch einmal zusammenhängend.

```
<html lang="de">

  <head>

    <title>Ajax-Glückskeks mit Spry</title>
```

```
    <script type="text/javascript" src="SpryData.js"></script>
    <script type="text/javascript" src="xpath.js"></script>

<script type="text/javascript">
var dsFortuneCookie =
      new Spry.Data.XMLDataSet("/code/WS/getFortuneCookieWS/",
        "/message",
        { method   : "POST",
          postData : "mimeType=text/xml",
          headers  : { "Content-Type":
              "application/x-www-form-urlencoded; charset=UTF-8"},
          useCache : false});

var notificationText = new Array();
notificationText[Spry.Data.DataSet.ODC_DataChanged] =
                  "Daten neu geladen, modifiziert oder gefiltert";
notificationText[Spry.Data.DataSet.ODC_CurrentRowChanged] =
                                         "Aktuelle Zeile verändert";
notificationText[Spry.Data.DataSet.ODC_SortOrderChanged] =
                                                "Zeilen umsortiert";
var cookieObserver = {
  onDataChanged: function(dataSet, notificationType)
        {
         var jetzt = new Date();
         var message = "Zeitpunkt der letzten Änderung: "
                       + jetzt.toLocaleString();
         message += " / Letzte Aktion: "
                     + notificationText[notificationType];

document.getElementById("statusMessage").firstChild.nodeValue =
                                                          message;
        }
};

dsFortuneCookie.addDataChangedObserver("Keks-Beobachter",
                                       cookieObserver);

</script>

  </head>

<body>

  <h1>Ajax-Glückskeks (Spry-Version)</h1>

  <p><strong>Glückskeks-Botschaft:</strong>
    <span id="fortuneMessage"
          spry:region="dsFortuneCookie">
          {dsFortuneCookie::message}</span></p>
```

```
        <p><span id="statusMessage"> </span></p>
        <form action="">
            <p><input type="button"
                      value="Neuen Glückskeks laden (einmalig)"
                      onclick="dsFortuneCookie.loadData()"/>
                <input type="button"
                      value="Glückskeks periodisch laden
                             (Intervall: 5 Sekunden)"
                      onclick=
                          "dsFortuneCookie.startLoadInterval(5000)"/>
                <input type="button"
                      value="Stop!"

    onclick="dsFortuneCookie.stopLoadInterval()"/></p>
        </form>
    </body>
    </html>
```

5.7.4 Schleifen in Dynamic Regions

Die Dynamic Regions bieten mehr als bislang gezeigt. Hat man es in der XML-Quelle etwa mit mehreren Elementen zu tun (entspricht mehreren Zeilen im Data Set), kann man darüber mit dem Attribut spry:repeat iterieren. Gegeben sei beispielsweise folgendes XML-Dokument, das man als Antwort von *http://www.example.com/ws/employeeWS* erhält (Beispiel frei zitiert von *http://labs.adobe.com/technologies/spry/*):

```
<employees>
  <employee>
    <name>Mitarbeiter 1</name>
    <telephone>12345678</telephone>
  </employee>
  <employee>
    <name>Mitarbeiter 2</name>
    <telephone>23456781</telephone>
  </employee>
  <employee>
    <name>Mitarbeiter 3</name>
    <telephone>34567812</telephone>
  </employee>
</employees>
```

Nun sollen alle Mitarbeiter in einer Liste erscheinen:

```
<html xmlns="http://www.w3.org/1999/xhtml"
xmlns:spry="http://ns.adobe.com/spry">
```

```
<head>
    <title>Mitarbeiter-Liste</title>
    <script type="text/javascript" src="xpath.js"></script>
    <script type="text/javascript" src="SpryData.js"></script>
    <script type="text/javascript">
      var dsEmployees = new
       Spry.Data.XMLDataSet('http://www.example.com/ws/employeeWS',
                            'employees/employee');
    </script>
  </head>
  <body>
    <div spry:region="dsEmployees">
      <ul>
        <li spry:repeat="dsEmployees">{name} - {telephone}</li>
      </ul>
    </ul>
  </body>
</html>
```

Die Unordered List kann alternativ als

```
<ul spry:repeatchildren="dsEmployees">
  <li>{name} - {telephone}</li>
</ul>
```

geschrieben werden.

5.7.5 Fazit

Neben den beschriebenen Funktionen bietet Spry noch bedingte Abfragen, ein xslt:choose-ähnliches Konstrukt, Observer für Regionen, Behandlung von abhängigen Daten (»Master/Detail« genannt) sowie eine Widget- und Effekt-Bibliothek.

Wenngleich sich das Produkt in der Beta-Phase befindet und Adobe betont, dass sich das API noch ändern kann, bleibt ein positiver Eindruck. Spry besitzt eine klare Ausrichtung, nämlich das Einblenden von serverseitig veränderlichen Inhalten in eine Webseite. Zwar verwandelt die Software potentiell tief verschachtelte XML-Strukturen in eine zweidimensionale Sicht, im Gegensatz zu beispielsweise Rico (Abschnitt 5.4) akzeptiert Spry aber beliebige XML-Datenformate vom Server. Somit lässt sich jeder Webservice nutzen, der XML ausliefert. Der Einsatz von Xpath zur Selektion der Daten ist uneingeschränkt zu begrüßen; es gibt keine andere, ebenso einfache und etablierte Selektionssprache für XML.

5.8 Google Web Toolkit

Einen völlig anderen Ansatz zur Entwicklung von Ajax-Anwendungen als die bislang vorgestellten Produkte verfolgt das Google Web Toolkit, kurz GWT genannt *(http://code.google.com/webtoolkit/)*. GWT ist ein Entwicklungsframework, mit dem Ajax-Anwendungen komplett in der Programmiersprache Java entwickelt und dann mit einem Compiler in eine reine Webapplikation (HTML, Javascript) übersetzt werden.

GWTs Webseite hebt die folgenden Features besonders hervor:

- Dynamische, wiederverwendbare UI-Komponenten
  Die User-Interface-Klassen von GWT entsprechen weitgehend den bekannten Swing- beziehungsweise SWT-User-Interface-Klassen. Die User-Interface-Klassen bieten wiederverwend- und erweiterbare Widgets. Widgets sind in Panels organisiert und mit Cascading-Stylesheets gestaltbar. Das mitgelieferte Beispiel »Kitchen Sink« zeigt den Funktionsumfang der User-Interface-Klassen von GWT.
- Browser-History-Verwaltung
  GWT unterstützt den Zurück-Knopf des Browsers sowie den History-Mechanismus.
- Browser-Kompatibilität
  GWT unterstützt Microsoft Internet Explorer, Firefox, Mozilla, Safari und Opera
- Einfache RPCs
  RPC steht für Remote Procedure Call. GWT übernimmt die notwendige Serialisierung beziehungsweise Deserialisierung der Java-Klassen bei Anfragen und Antworten. Polymorphe Klassenhierarchien und Exceptions werden unterstützt.
- Javascript Native Interface (JSNI)
  Das JSNI ermöglicht es, eigenen Javascript-Code im Java-Source-Code zu verwenden.

GWT ist ein Javascript-Generator. Wozu?

Letztendlich ist GWT ein Javascript-Generator. Auf die Frage, warum es sinnvoll ist, Java-Code in Javascript zu übersetzen, nennt Google diese Argumente:

- Zur Entwicklung können die bekannten Entwicklungswerkzeuge (Eclipse, IntelliJ, JProfiler, JUnit) eingesetzt werden.
- Die statische Typ-Prüfung in Java vermeidet Fehler und erhöht die Produktivität.
- Typische Javascript-Fehler werden schon schon zur Compile-Zeit und nicht erst zur Laufzeit entdeckt.
- Der Einsatz von Java ermöglicht es, Refactorings durchzuführen.

- Java-basiertes OO-Design ist einfacher zu verstehen und eignet sich besser zur Kommunikation, was den Ajax-Code besser verständlich macht und weniger Dokumentation erfordert.

5.8.1 Erzeugen einer neuen Applikation

Zur Entwicklung einer GWT-Applikation, muss zuerst ein neues Projekt erzeugt werden. Die dazu benötigten Dateien lassen sich mit den zwei Batchdateien `projectCreator.cmd` und `applicationCreator.cmd`, die dem GWT-Paket beiliegen, erzeugen.

`projectCreator` schafft den Rahmen eines Projekts für die Entwicklungsumgebung Eclipse. Im zweiten Schritt erzeugt `applicationCreator` die eigentliche GWT-Applikation. Der erste Schritt und die Angabe der Option `-eclipse <Projektname>` können entfallen, wenn keine Dateien für ein Eclipse-Projekt gewünscht sind:

```
# wird nur benötigt, wenn ein Eclipse-Projekt
# erzeugt werden soll

projectCreator -out glueckskeks -eclipse glueckskeks_gwt

# '-eclipse glueckskeks_gwt' wird nur benötigt,
# wenn ein Eclipse-Projekt erzeugt werden soll

applicationCreator -out glueckskeks -eclipse glueckskeks_gwt
com.linkwerk.gwt.client.Glueckskeks
```

Damit liegen alle benötigten Dateien vor. Es sieht auf den ersten Blick leichter aus, als es tatsächlich ist. Eventuell sind einige Fehlversuche notwendig, bis alle Optionen richtig gesetzt sind. Ein Stolperstein ist beispielsweise die Wahl des Klassennamens der GWT-Applikation. Dieser sollte an die vorgegebene Projektstruktur angepasst sein und ein `.client.` vor dem Klassennamen aufweisen.

Die folgende Projektstruktur entsteht:

Tab. 5–4
Die Projektstruktur eine GWT-Applikation

Datei	Beschreibung
.classpath,.project, Glueckskeks.launch	Eclipse-Projektdateien
Glueckskeks-shell.cmd, Glueckskeks-compile.cmd	Batchdateien zum Starten und Kompilieren der GWT-Applikation
glueckskeks/src/com/linkwerk/gwt/Glueckskeks.gwt.xml	Module-Konfigurationsdatei mit den Einstellungen für die GWT-Applikation
glueckskeks/src/com/linkwerk/gwt/client/Glueckskeks.java	Java-Datei mit dem Quellcode der Glückskeks-Klasse
glueckskeks/src/com/linkwerk/gwt/public/Glueckskeks.html	HTML-Datei für die GWT-Applikation

Die so erzeugte GWT-Applikation ist ein »Hello World«-Beispiel und lässt sich mit der Batchdatei `Glueckskeks-shell.cmd` sofort im *Hosted Mode* starten:

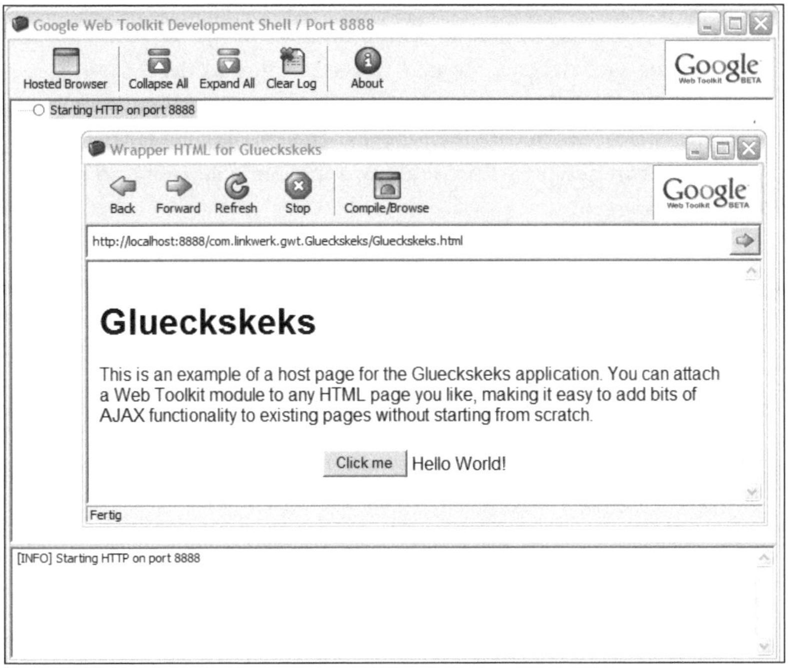

Abb. 5–1
GWT-Applikation gestartet im Hosted Mode

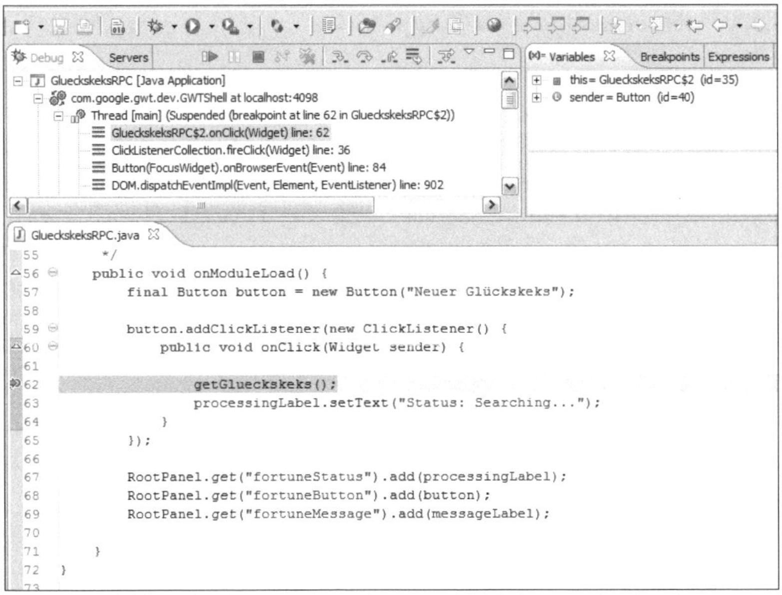

Abb. 5–2
Debuggen der GWT-Applikation in Eclipse im Hosted-Modus

GWT-Applikationen können in zwei unterschiedlichen Modi laufen:

- Hosted-Modus
  Die Applikation wird als Java-Bytecode in der Java Virtual Machine (JVM) ausgeführt. GWT verwendet dazu einen speziellen Browser mit entsprechender Einbindung in die JVM. Der Hosted-Modus ist vorwiegend für den Einsatz während der Entwicklung einer GWT-Applikation in einer Entwicklungsumgebung gedacht. Mit dem *Hosted-Modus-Browser* lassen sich die GWT-Anwendungen direkt in der Java-Entwicklungsumgebung starten und schrittweise debuggen.
- Die Applikation wird als Java-Bytecode in der Java Virtual Machine (JVM) ausgeführt. GWT verwendet dazu einen speziellen Browser mit entsprechender Einbindung in die JVM. Der Hosted-Modus ist vorwiegend für den Einsatz während der Entwicklung einer GWT-Applikation in einer Entwicklungsumgebung gedacht. Mit dem *Hosted-Modus-Browser* lassen sich die GWT-Anwendungen direkt in der Java-Entwicklungsumgebung starten und schrittweise debuggen.
- Webmodus
  `Glueckskeks-compile.cmd` übersetzt die Applikation aus den Java-Quellen in Javascript und HTML und kann so von einem beliebigen Webserver ausgeliefert werden.

5.8.2 Die erste eigene GWT-Applikation

Das frisch erzeugte »Hello World«-Beispiel dient als Startpunkt für die erste eigene Applikation. Wie üblich soll das Glückskeks-Beispiel *(http://www.ajaxbuch.de/code/einstieg/glueckskeks/)* als Basis dienen und mit GWT implementiert werden. Dazu muss der Programmierer nur die beiden Dateien `Glueckskeks.html` und `Glueckskeks.java` erweitern.

Obwohl die zuvor erzeugte Moduldatei `Glueckskeks.gwt.xml` nicht geändert werden muss, trägt ihre Erläuterung zum Verständnis bei: Die Moduldateien entsprechen einzelnen Modulen einer GWT-Applikation. Sie definieren Ableitungen und die entsprechenden `entry points` eines Moduls, hier der Glückskeks-Klasse. Die Moduldateien bilden somit den Klebstoff zwischen den HTML- und Java-Bestandteilen einer GWT-Applikation:

```
<module>

  <!-- Inherit the core Web Toolkit stuff.  -->
  <inherits name='com.google.gwt.user.User'/>
```

```
  <!-- Specify the app entry point class.   -->
  <entry-point class='com.linkwerk.gwt.client.Gluecksrkeks'/>

</module>
```

Vorbereitung der HTML-Datei

Jede GWT-Anwendung benötigt eine HTML-Datei als Einstiegspunkt. Hier die wesentlichen Bestandteile unserer `Gluecksrkeks.html`:

```
<html>
<head>

  <meta name='gwt:module' content='com.linkwerk.gwt.Gluecksrkeks' />

</head>
<body>

  <script language="javascript" src="gwt.js" type=""></script>

  <p><strong>Glückskeks-Botschaft:</strong>
     <span id="fortuneMessage"></span></p>

  <p><span id="fortuneStatus"></span></p>
  <p><span id="fortuneButton"></span></p>

</body>
</html>
```

Um den `entry point` in unserer HTML-Datei einzubetten, muss im Kopf ein `meta`-Element mit dem Einsprungspunkt stehen. Im Rumpf bindet ein `script` die Javascript-Datei `gwt.js` ein. Diese beiden Zeilen müssen mindestens in jeder HTML-Datei einer GWT-Applikation stehen. In unserem Beispiel gibt es zusätzlich drei `span`-Elemente mit den IDs `fortuneMessage`, `fortuneStatus` und `fortuneButton`. Sie dienen als Container zur Aufnahme der Widgets aus der `Gluecksrkeks`-Klasse.

Die `Gluecksrkeks`-Klasse unserer GWT-Anwendung implementiert das Interface `EntryPoint` und die zugehörige Methode `onModuleLoad()`:

```
public class Gluecksrkeks implements EntryPoint {

  final Label statusLabel = new Label("Status: Ready.");

  /**
   *  ....
   */

  /**
   * This is the entry point method.
   */
  public void onModuleLoad() {
    final Button button = new Button("Neuer Glückskeks");
    final Label messageLabel = new Label("");
```

```
    button.addClickListener(new ClickListener() {
      public void onClick(Widget sender) {

        HTTPRequest.asyncGet("/code/WS/getFortuneCookieWS/python/",
                             new MyResponseTextHandler(messageLabel));

        statusLabel.setText("Status: Searching...");
      }
    });

    RootPanel.get("fortuneStatus").add(statusLabel);
    RootPanel.get("fortuneButton").add(button);
    RootPanel.get("fortuneMessage").add(messageLabel);

  }
}
```

Das Listing definiert zwei `Label`-Widgets und ein `Button`-Widget und bindet sie jeweils mit einem Aufruf der Form `RootPanel.get("ID").add(widget)` an die in der HTML-Datei definierten Container. Damit der Knopf beim Drücken auch eine Aktion ausführen kann, braucht es noch einen `ClickListener` sowie die entsprechende Implementierung von `onClick()`.

In der `onClick()`-Methode des ClickListeners steht dann endlich der eigentliche Ajax-Request. Zum Absetzen von Ajax-Requests dient die Klasse `com.google.gwt.user.client.HTTPRequest`. Es lassen sich asynchrone Get- und Post-Requests absetzen (mit jeweils optionalen `usernamen` und `password`):

```
asyncGet(String url, ResponseTextHandler handler)
asyncPost(String url, String postData, ResponseTextHandler handler)
```

Ein übergebener `ResponseTextHandler` muss das Interface und die zugehörige Methode `onCompletion(String responseText)` implementieren. In unserem Beispiel ist der `ResponseTextHandler` eine innere Klasse und hat folgende Form:

```
private class MyResponseTextHandler implements ResponseTextHandler {

  Label label;

  public MyResponseTextHandler(Label label) {
    this.label = label;
  }
```

```
    public void onCompletion(String responseText) {
      statusLabel.setText("Status: Ready.");
      label.setText(responseText);
    }

  }
```

Hier liegt dann auch ein Pferdefuß im Umgang mit Ajax-Requests in GWT begraben. Es steht nicht der volle Umfang von Ajax-Requests zur Verfügung. Die Methode `onCompletion()` bekommt einen String als Nachricht übergeben. XML-Nachrichten werden ebenfalls in textueller Form übergeben (im Gegensatz zum Liefern eines DOM-Objekts des Typs `document`). Zweitens verfügt die Klasse `ResponseTextHandler` über keine Methoden, um auf Serverfehler reagieren zu können. Serverfehler landen ebenfalls komplett als HTML-Text in `responseText` und müssen selbst in geeigneter Weise gehandhabt werden. Das schränkt den sinnvollen Einsatz der Klasse `HTTPRequest` ein.

Zur Verarbeitung der als Strings an die Methode `onCompletion()` übergebenen Nachrichten stehen in GWT mittlerweile die zwei Pakete `com.google.gwt.xml.client` und `com.google.gwt.json.client` zur Verfügung[6]. Die Pakete stellen Klassen bereit, die XML- und JSON-Nachrichten clientseitig parsen und in entsprechende DOM- bzw. JSON-Objekte überführen können.

Die Verarbeitung einer JSON-Nachricht in der `onCompletion()`-Methode eines `ResponseTextHandlers` kann so aussehen:

```
public void onCompletion(String responseText) {

  try {
    JSONObject jsonObj = (JSONObject)JSONParser.parse(responseText);
    JSONValue messageVal = jsonObj.get("message");
    JSONValue authorVal  = jsonObj.get("author");

    if(messageVal != null && authorVal != null
       && messageVal.isString() != null
       && authorVal.isString() != null) {

      String message = messageVal.isString().stringValue();
      String author = authorVal.isString().stringValue();
      String messageComplete = message + " (" + author + ")";

      label.setText(messageComplete);
      statusLabel.setText(/* status message */);
    } else {
      throw new JSONException();
    }
```

6. Die Pakete sind seit Version 1.1.0 Bestandteil von GWT.

```
    } catch(JSONException e) {
        /* Error handling */
    }

}
```

Das Beispiel verdeutlicht, dass der Entwicklungszyklus einer GWT-Anwendung mehr dem Entwicklungszyklus einer Java-Swing-Anwendung entspricht als dem einer üblichen Webanwendung. Bemerkenswert ist außerdem, dass zur Realisierung dieses Beispiels keine Zeile Javascript geschrieben werden musste.

5.8.3 Glückskeks-Beispiel, die Zweite

Im vorherigen Abschnitt wurde ersichtlich, dass die Möglichkeiten für Ajax-Request mit der Klasse `HTTPRequest` sehr eingeschränkt sind. GWT bietet mit `RPC` eine weitere Möglichkeit asynchroner Aufrufe an. Bei `RPC` handelt es sich um einen proprietären »Remote Procedure Call«-Mechanismus. Es werden keine bereits bekannten Mechanismen unterstützt (etwa Soap). In den Paketen `com.google.gwt.user.client.rpc` und `com.google.gwt.user.server.rpc` stehen die entsprechenden Schnittstellen zur Verfügung, mit denen die server- und clientseitigen Implementierungen und Aufrufe erfolgen.

Zuerst benötigen wir eine clientseitige Java-Schnittstelle zu unserem `RPC`-Glückskeks-Service. Die Schnittstelle muss von der Klasse `RemoteService` abgeleitet sein:

```
public interface GluecksKeksService extends RemoteService {
    public GluecksKeksMessage getGluecksKeks() throws Exception;
}
```

Ein zusätzliches Interface ist für die asynchrone Ausführung der Anfrage zuständig. Dieses asynchrone Interface muss über eine vorgegebene Namenskonvention benannt werden, indem an den Service-Namen ein `Async` angehängt wird. Da asynchrone Aufrufe bis zum Abschluss des Aufrufs nicht blockieren, benötigt das Interface einen zusätzlichen Parameter `AsyncCallback callback`. Das diesem Parameter bei einem Aufruf übergebene Objekt übernimmt die Rück-Kommunikation nach Beendigung der asynchronen Anfrage. Aus diesem Grund benötigt das asynchrone Interface auch keinen Rückgabewert. Für das `GluecksKeksService`-Interface sieht das zugehörige asynchrone Interface so aus:

```
public interface GluecksKeksServiceAsync {
    public void getGluecksKeks(AsyncCallback callback);
}
```

Es fehlt noch die Implementierung zum GluecksKeksService-Interface. Das implementierende GluecksKeksServlet muss von der Klasse RemoteServiceServlet abgeleitet sein und natürlich das GluecksKeksService-Interface selbst implementieren. RemoteServlet erweitert HttpServlet um das automatische Deserialisieren eingehender clientseitiger Anfragen und das Serialisieren der entsprechenden Antworten des Services:

```
public class GluecksKeksServlet extends RemoteServiceServlet
implements GluecksKeksService {

    public GluecksKeksMessage getGluecksKeks() throws Exception
    {
                /** ... **/
    }

}
```

In der Moduldatei GluecksKeksRPC.gwt.xml muss der GluecksKeksService, wie bei HttpServlets üblich, bekannt gemacht werden:

```
<servlet path="/GluecksKeksService"
        class="com.linkwerk.gwt.server.GluecksKeksServlet"/>
```

Damit ist die Schnittstellenbeschreibung und die Implementierung des GluecksKeksService fertig zum Einsatz.

Ablauf eines asynchronen Aufrufs

Jeder asynchrone Aufruf führt die folgenden Schritte aus:

1. Erzeugen eines clientseitigen RPC-Proxys mit der Methode GWT.create().
2. Setzen des URLs des ServiceEntryPoints unter Verwendung von ServiceDefTarget. Ein RPC-Proxy lässt sich immer sicher auf einen ServiceDefTarget casten.
3. Erzeugen des AsyncCallback-Objekts, das nach Beendigung des Aufrufs benachrichtigt wird.
4. Ausführen der Anfrage.

Auf der Clientseite wird die EntryPoint-Implementierung um die Methode getGluecksKeks() erweitert. Diese Methode getGluecksKeks() führt die oben beschriebenen Schritte aus:

```
private void getGluecksKeks() {

  GluecksKeksServiceAsync dataService =
    (GluecksKeksServiceAsync) GWT.create(GluecksKeksService.class);

  ServiceDefTarget endpoint = (ServiceDefTarget) dataService;

  String baseUrl = GWT.getModuleBaseURL().equals("") ? "/" :
                   GWT.getModuleBaseURL();
  endpoint.setServiceEntryPoint(baseUrl + "GluecksKeksService");
```

```
    dataService.getGluecksKeks(

      new AsyncCallback(){

        public void onSuccess(Object result) {
          GluecksKeksMessage message = (GluecksKeksMessage)result;
          processingLabel.setText("Status: Ready.");
          messageLabel.setText(message.getMessage());
        }

        public void onFailure(Throwable caught) {
          Window.alert("Unable to get data from server: "
                      +caught.toString());
        }

    });

  }
```

Parameter- und Rückgabewerte müssen serialisierbar sein.

Bei asynchronen Aufrufen gibt es eine entscheidende Einschränkung zu beachten. Die Parameter- und Rückgabewerte müssen serialisierbar sein. Der Begriff serialisierbar ist in diesem Zusammenhang als GWT-spezifisch zu verstehen, ohne Bezug zu dem Standard-Java-Interface `Serializable`. Die nachstehenden Typen sind serialisierbar:

- einfache Typen, wie z.B. `char`, `byte`, `short`, `int`, `long`, `boolean`, `float` oder `double`
- String, Date, Character, Byte, Short, Integer, Long, Boolean, Float oder Double
- Arrays von serialisierbaren Typen (auch serialisierbare Arrays)
- benutzerdefinierte Klassen, die serialisierbar sind
- Klassen mit mindestens einer serialisierbaren Unterklasse
- Collection-Klassen (es müssen bestimmte Vorbedingungen beachtet werden)
- Polymorphe Parameter und Rückgabewerte

Eine benutzerdefinierte Klasse ist dann serialisierbar, wenn sie direkt das `IsSerializable`-Interface implementiert oder von einer Klasse abgeleietet ist, die dieses Interface implementiert. Als Beipiel soll uns die benutzerdefinierte Klasse `GluecksKeksMessage` dienen, die den Rückgabewert der Methode `getGluecksKeks()` im `GluecksKeksService`-Interface definiert:

```
public class GluecksKeksMessage implements IsSerializable {

  private String message = "keine Gluecks-Nachricht verfügbar";
```

```
    public GlueckskeksMessage() {
    }

    public GlueckskeksMessage(String message) {
      this.message = message;
    }

    public String getMessage() {
      return message;
    }
  }
```

5.8.4 Fazit

Das hier vorgestellte Framework mit seinem Ansatz, Webapplikationen in Java zu entwickeln und das Generieren von Javascript aus Java, hat seinen besonderen Reiz. Insbesondere Java-Anwendungsentwickler, die den Umgang mit Swing oder SWT gewohnt sind, werden sich schnell heimisch fühlen und viele Konzepte wiederfinden. Besonders hervorzuheben ist die Einbindung des Frameworks in existierende Entwicklungsumgebungen. Auto-Completion, Projektverwaltung, Typprüfungen und die Möglichkeit, die Anwendungen in gewohnter Weise sowohl client- als auch serverseitig debuggen zu können, stellen eine erhebliche Erleichterung in der Webanwendungsentwicklung dar.

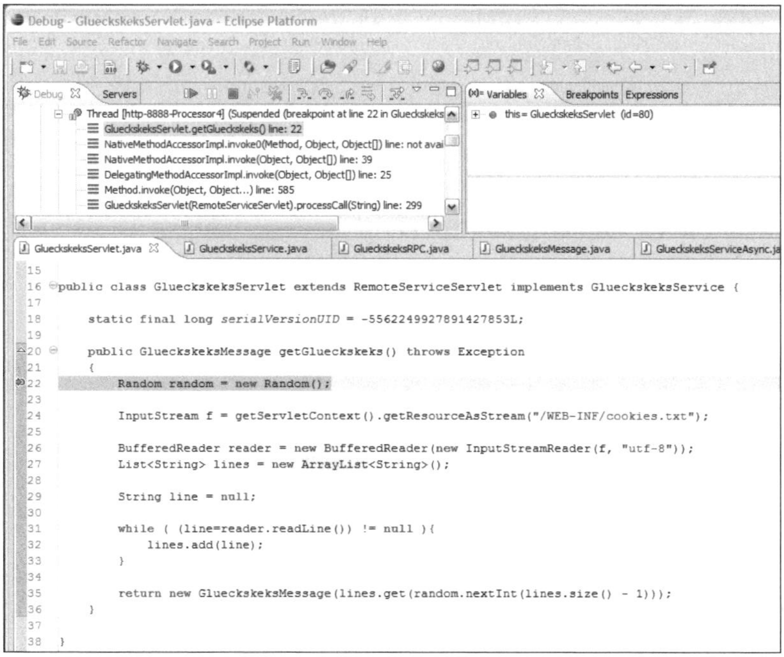

Abb. 5-3
Debuggen des Service-Servlets in Eclipse im Hosted-Modus

Wirklich bemerkenswert ist, dass der Entwickler während des gesamten Entwicklungszyklus keinen Javascript-Code zu sehen bekommt (es sei denn, er legt unbedingt Wert darauf und verwendet das `JSNI`). Der generierte Javascript-Code kapselt insbesondere alle Browserinkompatibilitäten, welche gerne die meisten Probleme bei der Entwicklung von Webanwendungen bereiten. Was für den einen als Vorteil erscheint, veranlasst gestandene Webentwickler vermutlich zu einem Aufschrei, da es für sie keinerlei Möglichkeiten gibt, auf den generierten Code »optimierend« Einfluss zu nehmen. Eins ist natürlich klar, man muss sich auf die Qualität des generierten Javascript-Codes verlassen.

Derzeit gibt es hinsichtlich Ajax-Requests noch ein paar wenige Einschränkungen zu beachten. Die in Version 1.1.10 zur Verfügung stehende Klasse `HTTPRequest` ist in ihrem Funktionsumfang begrenzt, was eine Nutzung bestehender Webservices noch einschränkt. Auch der proprietäre RPC-Mechanismus weiß das zu verhindern, indem er zu keinen bekannten Webservices kompatibel ist. Andererseits ist das auch nicht die Intention des GWT-RPC. Einzige Funktion ist es, »einfach« Anfragen an einen Server stellen zu können (im Sinne von front end (clientseitiger Code) an back end (Services)). Für multi-tiered architectures schlägt Google vor, das back end als leichtgewichtiges Gateway einzusetzen, das die Anfragen etwa an J2EE-Server übernimmt und entsprechend für den Client aufbereitet.

Wer GWT kommerziell einsetzen möchte, sollte die »Google Web Toolkit Terms and Conditions« *(http://code.google.com/webtoolkit/terms.html)* genau studieren, um nicht unbeabsichtigt gegen Lizenzen zu verstoßen. Es ist derzeit auch nicht abzusehen, ob GWT in späteren Version weiterhin frei zur Verfügung stehen wird.

Kritisch anzumerken bleibt noch, dass der »Hosted Mode Browser« bei jedem Start einen Request an einen Google-Webserver stellt, um zu prüfen, ob die neueste Version des Browsers im Einsatz ist. Im Rahmen der Anfrage protokolliert Google Benutzerdaten, eingeschlossen die IP-Adresse, einen Timestamp und die eingesetzte GWT-Version.

Zum Schluss: Das Arbeiten mit GWT kann viel Spaß bereiten, wenn man es im Rahmen seiner Möglichkeiten einsetzt.

5.9 Sajax

Sajax ist ein Framework, das serverseitig implementierte Funktionen (beziehungsweise Methoden) für Javascript auf der Clientseite zur Verfügung stellt. Dazu erzeugt Sajax automatisch Wrapper-Funktionen in Javascript. Bei Aufruf eines solchen Wrappers im Browser erfolgt ein

Ajax-Request, der auf dem Server die Ursprungsfunktion ausführt und dem Browser das Ergebnis des Funktionsaufrufs schickt.

Serverseitig werden mehrere Sprachen unterstützt, dazu zählen ColdFusion, Io, Lua, Perl, PHP, Python und Ruby. Für jede dieser Sprachen gibt es eine eigene Implementierung, keinen gemeinsamen Code, für PHP etwa `Sajax.php`, für Perl `Sajax.pm` und so weiter.

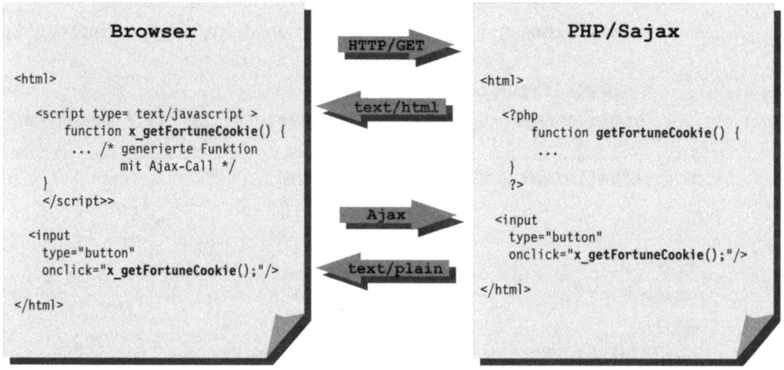

Abb. 5–4
Die wesentliche Idee von Sajax: Für jede serverseitige Funktion erzeugt Sajax eine clientseitige Wrapper-Funktion, die per Ajax die Ursprungsfunktion auf dem Server ruft.

Am Beispiel des in HTML eingebetteten PHPs lässt sich die Programmierung mit Sajax gut verdeutlichen. Dazu muss einmal mehr unser Glückskeks herhalten, der nun folgende Form annimmt (das Listing enthält nur die relevanten Teile des Beispiels unter *http://www.ajax-buch.de/code/kapitelFrameworks/sajax/fortuneCookie.php*):

```
<?php
require("Sajax.php");
// Die folgende Funktion wird fuer Javascript zur Verfuegung stehen:
function getFortuneCookie() {
  $cookies=file("cookies.txt");
  $anzahl=count($cookies);
  $zufall=rand(1,$anzahl);
  $ergebnis=$cookies[$zufall-1];

  return $ergebnis;

}

 // $sajax_debug_mode = true; // optional: Debug-Modus aktivieren
 sajax_init();
 sajax_export("getFortuneCookie"); // Komma-separierte Liste der
                              // nach JS exportierten PHP-Funktionen.
 sajax_handle_client_request();         // Führt bei Bedarf eine der
            // PHP-Funktionen aus und sendet das Ergebnis zum Client.
 ?>
```

```
<html lang="de">
  <head>
    <title>Ajaxbuch.de: Sajax-Glückskeks</title>
    <script type="text/javascript">
     <?php
     sajax_show_javascript();
     ?>
     function showFortuneMessage(cookieText) {
       var textNode = document.createTextNode(cookieText);
       var htmlElement = document.getElementById("fortuneMessage");

       if (htmlElement.hasChildNodes()) {
         htmlElement.replaceChild(textNode,htmlElement.firstChild);
       } else {
         htmlElement.appendChild(textNode);
       }
     }
    </script>
  </head>
  <body>
    <h1>Ajax-Glückskeks (PHP/SAJAX-Version)</h1>
    <!-- ... -->
    <p><strong>Glückskeks-Botschaft:</strong>
       <span id="fortuneMessage"></span></p>
    <form action="">
        <p><input type="button" value="Neuer Glückskeks"
            onclick="x_getFortuneCookie(showFortuneMessage);"/></p>
    </form>
  </body>
</html>
```

Der erste Teil der HTML-Datei bindet mittels `require("Sajax.php")` die benötigten Sajax-Funktionen ein und definiert die zentrale Funktion dieses Beispiels. `getFortuneCookie()` ist die PHP-Funktion, die auf dem Server die Datei `cookies.txt` öffnet, zeilenweise in ein Array einliest und aus dem Array zufällig einen Eintrag als Ergebnis liefert.

Von den folgenden, obligatorischen Zeilen ist der Aufruf von `sajax_export("getFortuneCookie")` für den Programmierer wichtig. Dadurch wird `getFortuneCookie()` nach Javascript »exportiert«. Hinter den Kulissen baut Sajax aus jeder exportierten PHP-Funktion ein Javascript-Pendant gleichen Namens, aber mit dem Präfix »x_«. Aus `getFortuneCookie()` (PHP) wird `x_getFortuneCookie()` (Javascript). Die exportierten Javascript-Funktionen blendet `<?php sajax_show_javascript(); ?>` in die HTML-Seite ein.

Aufgrund der Übersetzung von PHP-Funktionen nach Javascript liegt die Vermutung nahe, auf der Browserseite führte ein Ausdruck wie `var text = x_getFortuneCookie();` zum Erfolg. Das würde jedoch nur im Falle einer synchronen Kommunikation Sinn ergeben. Im asynchronen Fall läuft eine derartige Zuweisung ins Leere. Es muss also einen anderen Weg geben. Sajax gibt dazu eine Konvention vor: Jede PHP-Funktion mit n Argumenten wird durch das Exportieren zu einer Javascript-Funktion mit n+1 Argumenten. Im Beispiel ist das am `onclick`-Event-Handler des `input`-Elements zu sehen. Er lautet `onclick="x_getFortuneCookie(showFortuneMessage);"`. Bei dem neuen Argument handelt es sich um eine Javascript-Funktion, die die Aufgabe hat, das Ergebnis von `getFortuneCookie()` zu verarbeiten. Zusammengefasst ergibt sich folgender Ablauf:

Wrapper benötigen Callback-Funktionen zur Verarbeitung der Ajax-Nachricht.

1. Der erste Zugriff auf die Adresse `.../fortuneCookie.php` liefert eine HTML-Seite mit vom PHP-Prozessor erzeugtem Javascript-Code. Dazu gehört die Funktion `x_getFortuneCookie()`.
2. Ein Klick auf den Button ruft `x_getFortuneCookie(showFortuneMessage)`.
3. Die Funktion setzt per Ajax einen Request der Form `.../fortuneCookie.php?rs=getFortuneCookie` ab. Würde die Funktion Argumente erwarten, hätte der URI darüber hinaus noch Parameter in der Schreibweise `&rsargs[]=argument1&rsargs[]=argument2`.
4. Die serverseitige PHP-Verarbeitung läuft in die Funktion `sajax_handle_client_request()`. Sie erkennt anhand des CGI-Parameters `rs`, dass nicht die HTML-Seite, sondern das Ergebnis des Aufrufs von `getFortuneCookie()` als HTTP-Antwort zu schicken ist.
5. Der Server schickt eine Antwort mit dem Aufbau `+:var res = 'Das Glück im Leben hängt von den guten Gedanken ab, die man hat. (M. Aurel)\n'; res;`.
6. Von dieser Zeichenkette wertet `x_getFortuneCookie()` den Teil hinter dem ersten Doppelpunkt als Javascript-Ausdruck aus und ruft darauf `showFortuneMessage()` auf.
7. `showFortuneMessage()` führt die beabsichtigte DOM-Manipulation der Webseite aus.

Die Vorgehensweise bei der Sajax-Programmierung zeigt sich gut bei Betrachtung einer alternativen Implementierung in einer anderen Sprache, etwa Python (online unter *http://www.ajaxbuch.de/code/frameworks/sajax/fortuneCookie.py*):

```
#!/usr/bin/env python
# -*- coding: utf-8 -*-
import sajax1
import random
```

```
def getFortuneCookie():
   try:
      fileh = file("cookies.txt");
      lines = fileh.readlines()
      message = lines[random.randint(0, len(lines) - 1)]
      fileh.close()
   except:
      return ""
   return message

sajax1.sajax_init()
sajax1.sajax_export(getFortuneCookie)
sajax1.sajax_handle_client_request()

print '''
<html lang="de">
<head>
 <title>Ajaxbuch.de:  Sajax-Glückskeks</title>
 <script type="text/javascript">
'''
sajax1.sajax_show_javascript()
print '''

function showFortuneMessage(cookieText) {
  var textNode = document.createTextNode(cookieText);

  var htmlElement = document.getElementById("fortuneMessage");

  if (htmlElement.hasChildNodes()) {
    htmlElement.replaceChild(textNode,htmlElement.firstChild);
  } else {
    htmlElement.appendChild(textNode);
  }
}

</script>
</head>
<body>

<h1>Ajax-Glückskeks (Python/Sajax-Version)</h1>

<p><strong>Glückskeks-Botschaft:</strong> <span
id="fortuneMessage"></span></p>
<form action="">
<p><input type="button" value="Neuer Glückskeks"
          onclick="x_getFortuneCookie(showFortuneMessage);"/></p>
</form>

</body>
</html>
'''
```

Es ist nicht überraschend, dass die Programmierung fast genauso aussieht wie in PHP. Ein zentraler Unterschied besteht natürlich darin, dass im Falle von PHP der »Container« ein HTML-Dokument ist, in das der Programmcode eingebettet ist, während es sich bei Python um ein Programm handelt, das die Dokumentbeschreibung enthält. Alles Weitere ist prinzipiell gleich, der Import der Sajax-Bibliothek für Python (`import sajax1`), die Definition der Funktion `getFortuneCookie()`, die Initialisierung von Sajax (`sajax1.sajax_init()`), das Exportieren der Python-Funktion nach Javascript (`sajax1.sajax_export(getFortuneCookie)`), das Verarbeiten von etwaigen CGI-Parametern (`sajax1.sajax_handle_client_request()`) und das Einbetten des generierten Javascript-Codes in die Webseite (`sajax1.sajax_show_javascript()`).

Zusammenfassung: Die Sajax-Webseite listet als Features auf: sehr einfach zu benutzen, unaufdringlich, nicht übermäßig abstrakt. Diese Eigenschaften sind Sajax in der Tat zu bescheinigen. Das Tool hat eine klare Zielsetzung und versucht nicht, eine Lösung für alle Fragen zum Thema Ajax zu sein. Mehr noch: Ajax ist bei Sajax kein Selbstzweck, noch nicht einmal spürbar. Stattdessen kommt Ajax als Mittel zum Zweck zum Einsatz. Der Zweck ist hier die fast nahtlose Bereitstellung von serverseitigen Funktionen in der Javascript-Welt des Browsers; und das gleich in mehreren Sprachen.

5.10 Xajax

Xajax dürfte zwar nur zufällig einen zu Sajax ähnlichen Namen haben, dennoch kann man beide als ähnlich bezeichnen. Die zentralen Unterschiede zu Sajax sind:

- Xajax ist eine PHP-Klassenbibliothek, es gibt keine anderen von Xajax unterstützten Sprachen.
- Bei Xajax ist es nicht erforderlich, Javascript-Funktionen zur Verarbeitung der per Ajax übertragenen Daten selbst zu schreiben. Stattdessen bietet Xajax einen eingebauten Weg, um Teile der Webseite durch übertragene Daten zu aktualisieren. Darüber hinaus lassen sich beliebige Javascript-Anweisungen ausführen.
- Eine einzelne »xajaxResponse« kann mehrere Anweisungen ausgeben, die der Browser umsetzt.
- Xajax verpackt Anweisungen in ein eigenes XML-Format, das im Browser interpretiert wird.

5.10.1 Ein Xajax-Beispiel

Der schnellste Weg, um die Funktionsweise von Xajax zu verstehen, geht über ein Codebeispiel; wie üblich mit dem einfachen Glückskeks:

```
<?php
// Einbinden der Xajax-Bibliothek
require("xajax.inc.php");

// Neues Xajax-Objekt anlegen
$xajax = new xajax();

// Die folgende Funktion wird fuer Javascript zur Verfuegung stehen
function getFortuneCookie() {
  // eine zufaellig gewaehlte Zeile aus cookies.txt lesen:
  $cookies=file("cookies.txt");
  $anzahl=count($cookies);
  $zufall=rand(1,$anzahl);
  $ergebnis=$cookies[$zufall-1];

  // neue Response erzeugen und mit Anweisungen fuellen:
  $objResponse = new xajaxResponse();
  $objResponse->addAssign("fortuneMessage","innerHTML", $ergebnis);

  // Response in das Nachrichtenformat XML wandeln:
  return $objResponse->getXML();

}

// Zuvor definierte Funktion fuer Javascript-Export registrieren
$xajax->registerFunction("getFortuneCookie");

// CGI-Request (falls vorhanden) verarbeiten
$xajax->processRequests();

?>
<html lang="de">
  <head>
    <title>Ajaxbuch.de. Xajax</title>

    <?php
    // Javascript-Wrapper fuer PHP-Funktionen sowie weiteren
    // Xajax/Javascript-Code ausgeben:
    $xajax->printJavascript();
    ?>

  </head>
  <body>
    <h1>Ajax-Glückskeks (Xajax-Version)</h1>
```

```
    <p><strong>Glückskeks-Botschaft:</strong>
      <span id="fortuneMessage"></span></p>
    <form action="">
        <p><input type="button" value="Neuer Glückskeks"
                  onclick="xajax_getFortuneCookie();"/></p>
    </form>
  </body>
</html>
```

Die erste Zeile lädt, analog zu Sajax, die erforderliche Bibliothek. Xajax ist objektorientiert, daher läuft die weitere Arbeit über ein Objekt, das mittels `new xajax()` erzeugt wird. Die Funktionsdefinition sieht anders aus als in Sajax; ihre Erklärung sei kurz zurückgestellt. Nach der Funktion geht es auf bekannte Weise weiter. Das Registrieren der Funktion (`registerFunction()`) entspricht dem Exportieren bei Sajax und `processRequests()` entspricht `sajax_handle_client_request()`. Mittels `$xajax->printJavascript();` erscheint automatisch erzeugter Javascript-Code für Wrapper in der HTML-Seite. Ebenfalls eine vertraute Form besitzt der `onclick`-Event-Handler. Wrapper-Funktionen tragen bei Xajax das Präfix `xajax_`. Dementsprechend heißt die Glückskeks-Funktion hier `xajax_getFortuneCookie()`. Damit enden die Parallelen zum Sajax-Beispiel.

Es fällt sofort auf, dass es keinerlei Javascript-Code in der Datei gibt. Die bei Sajax erforderliche Callback-Funktion, die die Ajax-Nachricht verarbeitet, fehlt hier. Stattdessen ruft der Event-Handler die Wrapper-Funktion `xajax_getFortuneCookie()` auf. Jetzt ist es an der Zeit, einen Blick auf die korrespondierende PHP-Funktion zu werfen.

Änderung der Webseite ohne Javascript-Code

Der erste Teil von `getFortuneCookie()` ist mittlerweile bekannt. Darin liest die Funktion zufällig eine Zeile aus der Datei mit den Glückskeks-Sprüchen. Ganz anders als bisher geht es weiter: Die Funktion baut eine Antwort auf die Ajax-Anfrage in Form eines `xajax-Response`-Objekts zusammen. Nach der Initialisierung des Objekts folgt eine Zuweisung mittels der Methode `addAssign()`. `addAssign()` bekommt drei Parameterwerte, als Erstes die HTML-ID eines Elements der Webseite (`fortuneMessage`), als Zweites den Namen einer DOM-Eigenschaft des Elements (`innerHTML`) und als Drittes den Wert, den die Elementeigenschaft bekommen soll (`$ergebnis`)[7]. Umgangs-

7. Bei der DOM-Eigenschaft `innerHTML` handelt es sich nicht um einen Teil eines W3C-Standards. `innerHTML` ist eine bequeme Abkürzung, um einem Element einen neuen Inhalt inklusive allen Markups zuzuweisen. Über das Für und Wider der Verwendung von `innerHTML` wollen wir hier nicht diskutieren. Eine umfangreiche Besprechung des Themas ist unter *http://www.developer-x.com/content/innerhtml/* zu finden. Die Microsoft-Dokumentation befindet sich unter *http://msdn.microsoft.com/workshop/author/dhtml/reference/properties/innerhtml.asp*, das Mozilla-Pendant unter *http://developer.mozilla.org/en/docs/DOM:element.innerHTML*.

sprachlich bedeutet diese Zuweisung: »Setze den Wert von innerHTML des Elements mit der ID fortuneMessage auf $ergebnis.« Da in vielen Ajax-Anwendungsfällen eine derartige Veränderung der Webseite erfolgt, stellt addAssign() eine sehr nützliche Funktion zur Verfügung. Sie erspart das Schreiben einer eigenen Funktion, die genau diese Zuweisung ausführt (vgl. die Sajax-Implementierung). Weitere Methoden eines xajaxResponse-Objekts stellen wir unten vor. Den Abschluss der PHP-Funktion bildet die Zeile return $objResponse->getXML(). Die Methode getXML() serialisiert die zuvor gemachten und im Objekt $objResponse gespeicherten Zuweisungen in eine Xajax-interne XML-Nachricht. Diese nimmt das Javascript-Gegenstück im Browser entgegen, wertet sie aus und führt die Zuweisungen durch.

Dass es sich um mehr als eine Zuweisung handeln kann, ist dem Beispiel nicht anzusehen. Tatsächlich sind in jeder Aktion nicht nur mehrere Zuweisungen möglich, sondern auch weitere Handlungen. Über die Xajax-Webseite *(http://www.xajaxproject.org/)* ist ein Tutorial erreichbar, das als Beispiel folgende Handlungen nennt:

```
$objResponse = new xajaxResponse();
$objResponse->addAssign("myInput1","value",$DataFromDatabase);
$objResponse->addAssign("myInput1","style.color","red");
$objResponse->addAppend("myDiv1","innerHTML",$DataFromDatabase2);
$objResponse->addPrepend("myDiv2","innerHTML",$DataFromDatabase3);
$objResponse->addReplace("myDiv3","innerHTML","xajax",
                         "<strong>xajax</strong>");
$objResponse->addScript("var x = prompt(\"Enter Your Name\");");
return $objResponse->getXML();
```

Die ersten beiden Aufrufe von add-Methoden zeigen die bereits bekannten Zuweisungen. addAppend() und addPrepend() funktionieren ähnlich, ersetzen jedoch die vorhandenen Daten nicht, sondern fügen Daten hinzu, entweder vor den vorhandenen Daten (prepend) oder danach (append). Interessant ist die addReplace()-Methode. Im Beispiel wird jedes Vorkommen des Textes »xajax« in den Nachfahren-Elementen des Elements mit der ID »myDiv3« durch <strong>xajax</strong> ersetzt; »xajax« erscheint anschließend hervorgehoben (in der Regel in fetter Schrift). Abschließend zeigt addScript(), dass sich auch beliebige Javascript-Anweisungen übertragen und ausführen lassen. Damit bietet Xajax die Möglichkeit, beliebige Handlungen auszuführen; sozusagen als Rückzugspunkt, falls sich die gewünschte Handlung nicht durch eine der anderen Methoden durchführen lässt. Die im Beispiel genannten Methoden sind nicht erschöpfend. In der aktuellen Version 0.2.4 unterstützt Xajax 21 Handlungsanweisungen. Die nachfolgenden Tabellen geben den aktuellen Stand wieder.

5.10.2 Methoden der xajax-Klasse

Trotz des Leistungsumfang ist die Anzahl der Methoden von Xajax überschaubar. Aus diesem Grund können wir sie hier zum Nachschlagen wiedergeben. Den Anfang machen die gloablen Konstanten von Xajax. Sie werden in der folgenden Methodenübersicht genannt und sind daher für das Verständnis hilfreich.

Tab. 5–5 *Globale Konstanten, die Xajax verwendet*

Globale Konstante	Vorgabewert
`XAJAX_DEFAULT_CHAR_ENCODING`	"utf-8"
`XAJAX_GET`	0
`XAJAX_POST`	1

Die wichtigsten Methoden des `xajax`-Objekts hat das obige Listing bereits gezeigt. Weitere Methoden dienen vorwiegend zum Ein-/Ausschalten von Optionen.

Tab. 5–6 *Methoden der `xajax`-Klasse*

Methode	Beschreibung
`xajax (string $sRequestURI="", string $sWrapperPrefix="xajax_", string $sEncoding=XAJAX_DEFAULT_CHAR_ENCODING, boolean $bDebug=false)`	Dies ist der Konstruktor für ein Xajax-Objekt. Übliche Verwendung: `$xajax = new xajax();` Der Konstruktor besitzt folgende vier optionalen Parameter des angegebenen Typs: - `$sRequestURI` ist der URI, an den die Ajax-Anfragen geschickt werden. Vorgabe ist der URI der aktuellen Seite. - `$sWrapperPrefix` ist das Präfix für Wrapper-Funktionen. Die Vorgabe lautet »xajax_«. - `$sEncoding` ist die Angabe der Zeichenkodierung für die Übertragung von Ajax-Nachrichten. Der Vorgabewert ist durch die gleichnamige globale Konstante eingestellt. - `$bDebug` legt fest, ob Xajax Debug-Meldungen ausgeben soll. Die Vorgabe ist »false«.
`setRequestURI (string $sRequestURI)`	Legt fest, an welche Adresse Ajax-Anfragen geschickt werden. Beispiel: `$xajax->setRequestURI("http://www.example.com/ webservices/");`
`setWrapperPrefix ($sPrefix)`	Legt das Präfix für Javascript-Wrapper fest. Beispiel: `$xajax->setWrapperPrefix ("ajax_");`
`debugOn()/debugOff()`	Schaltet Debug-Meldungen an oder aus (Vorgabe).
`statusMessagesOn()/statusMessagesOff()`	Schaltet Xajax-Meldungen in der Status-Zeile des Browser ein oder aus (Vorgabe).
`waitCursorOn()/waitCursorOff()`	Schaltet den »Warten-Mauszeiger« ein (Vorgabe) oder aus. Falls aktiviert schaltet Xajax beim Absenden eines Requests den Mauszeiger browserseitig auf »Warten«. Die genaue Darstellung hängt vom Client-Betriebssystem und -Browser ab. Die Aktivierung entspricht der CSS-Anweisung `document.body.style.cursor = 'wait'`. Das Ausschalten empfiehlt sich bei Anwendungen, die potentiell mehrere parallele Requests verwenden. Bei solchen Anwendungen würden sowohl der erste als auch der zweite Request den Mauszeiger auf »wait« setzen. Das Ende des ersten Requests würde aber bereits wieder `document.body.style.cursor = 'default'` ausführen, auch wenn der zweite Request noch läuft. →

Methode	Beschreibung
`exitAllowedOn()/exitAllowedOff()`	Der Aufruf von `$xajax->processRequests()` sorgt für die Verarbeitung von CGI-Parametern und die Ausgabe der Ajax-Antwortnachricht. Im Normalfall (exitAllowedOn) beendet die Methode das PHP-Script mittels `exit()`. Wenn das nicht gewünscht ist, schaltet `exitAllowedOff()` dieses Verhalten ab. Eventuell hinter `processRequests()` befindlicher HTML-Code würde dann mit ausgegeben werden.
`errorHandlerOn()/errorHandlerOff()`	Schaltet die Fehlerbehandlung von Xajax ein oder aus (Vorgabe). Bei aktivierter Fehlerbehandlung fängt Xajax PHP-Fehler ab und liefert sie zum Browser weiter. Dort erscheinen sie in einem `alert()`-Fenster.
`setLogFile(string $sFilename)`	Definiert eine serverseitige Datei, die Ajax zur Ausgabe von Protokollinformationen benutzt (derzeit nur Fehlermeldungen). Ohne Aufruf der Funktion oder im Falle eines leeren Dateinamens findet keine Protokollierung statt.
`cleanBufferOn()/cleanBufferOff()`	Aktiviert (Vorgabe) oder Deaktiviert das Leeren des Ausgabepuffers vor dem Schreiben einer Antwortnachricht.
`setCharEncoding(string $sEncoding)`	Setzt die Zeichenkodierung für die Ajax-Nachricht auf die angegebene Zeichenkette, z.B. `$xajax->setCharEncoding("iso-8859-1")`. Üblicherweise ist es nicht erforderlich, die Methode aufzurufen, da Xajax die Kodierung gemäß der entsprechenden globalen Konstante automatisch setzt.
`decodeUTF8InputOn()/ decodeUTF8InputOff()`	Das Einschalten veranlasst Xajax, die Eingabeparameter der Ajax-Nachricht von UTF-8 in die aktuelle Kodierung zu wandeln. Die Methoden setzen die Erweiterungen »iconv« (*http://de.php.net/iconv*) oder »mb_string« (*http://de.php.net/mb_string*) voraus. Als Vorgabe ist die Dekodierung ausgeschaltet.
`outputEntitiesOn()/ outputEntitiesOff()`	Schaltet die Umwandlung von Sonderzeichen in HTML-Entities ein oder aus (Vorgabe).
`registerFunction(mixed $mFunction, string $sRequestType=XAJAX_POST)`	Registriert eine PHP-Funktion für den Export nach Javascript, wie im Beispiel oben gezeigt: `$xajax->registerFunction("get FortuneCookie");`. Die Xajax-Dokumentation ergänzt, dass sich auch statische Klassenmethoden und Methoden von Objektinstanzen registrieren lassen. Dazu gibt man als Argument ein Array der Form `array("myFunctionName", "myClass", "myMethod")` an. Für den Fall der Objektinstanz muss das zweite Arrayelement eine Objektvariable sein, beispielsweise `$xajax->registerFunction(array("myFunctionName", &$myObject, "myMethod"))`. Der Funktionsname ist in diesen Fällen nur für die Javascript-Seite relevant, da er dort für den Aufruf verwendet wird. Das zweite Methodenargument gibt an, ob die Kommunikation per Get oder Post (Vorgabe) erfolgt. Mögliche Werte sind `XAJAX_GET` und `XAJAX_POST`.
`registerExternalFunction(mixed $mFunction, string $sIncludeFile, string $sRequestType=XAJAX_POST)`	Registriert eine Funktion, die in einer externen PHP-Datei definiert ist. Beispiel: `$xajax->registerExternalFunction("myFunction" ,"/path/to/myFunction.inc.php",XAJAX_POST);` Der zweite Parameter gibt den Dateinamen an. Die übrigen Parameter haben die gleiche Bedeutung wie bei der Methode `registerFunction()`. →

Methode	Beschreibung
`registerCatchAllFunction(mixed $mFunction)`	Registriert eine Funktion, die gerufen wird, falls per Javascript eine nicht vorhandene Funktion gerufen wird. Dies gilt nicht für nicht vorhandene Wrapper-Funktionen, sondern nur für solche Funktionen, die browserseitig mittels `xajax.call()` (siehe unten) gerufen werden.
`registerPreFunction(mixed $mFunction)`	Registriert eine Funktion, die *vor* der eigentlich gerufenen Funktion aufgerufen wird. Die Ergebnisse beider Funktionsaufrufe vereinigt Xajax automatisch zu einer einzigen Antwort. Der Nutzen von `registerPreFunction()` besteht darin, dass die darüber registrierte Funktion etwa eine Sicherheitsüberprüfung der gegebenen Daten durchführen kann. Damit das Sinn ergibt, muss eine »Pre«-Funktion den Aufruf der nachfolgenden Funktion unterbinden können. Das ist durch Rückgabe eines Arrays der Form `array(FALSE, $objResponse)` möglich. Der False-Wert veranlasst Xajax die zweite Funktion nicht mehr zu rufen. In diesem Fall kommt beim Browser nur die einfache `$objResponse` der »Pre«-Funktion an.
`canProcessRequests()`	Liefert `true`, falls es sich um einen Request handelt, der für die Verarbeitung mit Xajax bestimmt ist. Greift in Version 0.2.4 intern auf die nächste Funktion zurück und ermittelt damit, ob sich unter den Get- oder Post-Parametern ein Xajax-Parameter befindet.
`getRequestMode()`	Liefert die aktuell eingestellte HTTP-Methode (entweder `XAJAX_GET` oder `XAJAX_POST` oder –1).
`processRequests()`	Dies ist die zentrale Methode zur Verarbeitung von Ajax-Anfragen.
`printJavascript(string $sJsURI="", string $sJsFile=NULL)`	Fügt erforderlichen Javascript-Code, insbesondere die generierten Wrapper-Funktionen in die Webseite ein. Die Methode sollte innerhalb des `head`-Elements von HTML gerufen werden. Der erste Parameter ist der (zur PHP-Datei) relative Verzeichnisname der Xajax-Installation (Vorgabe: «.«). Der zweite Parameter bezeichnet den zum Installationsverzeichnis relativen Dateinamen der Xajax-Javascript-Engine (Vorgabe: »xajax_js/xajax.js«).

`getJavascript(string $sJsURI="", string $sJsFile=NULL)`	Liefert den Xaja-Javascript-Code inklusive Wrapper-Funktionen als Zeichenkette zurück. Verwendung:
	`<?php $xajaxJSHead = $xajax->getJavascript(); ?>`
	`<head>`
	`...`
	`<?php echo $xajaxJSHead; ?>`
	`...`
	`</head>`

`getJavascriptConfig()`	Interne Methode zur Einrichtung der Javascript-Umgebung.
`getJavascriptInclude(string $sJsURI="", string $sJsFile=NULL)`	Interne Methode zur Erzeugung eines `script`-Elements, das die Javascript-Bibliotheken in die Webseite einbaut.

5.10.3 Methoden der xajaxResponse-Klasse

Die wichtigste Klasse ist xajaxResponse. Objekte dieses Typs spielen die Hauptrolle bei der Xajax-Programmierung, da ihre Methoden die Befehle zur Veränderung der Webseite darstellen.

Tab. 5–7 *Methoden der xajaxResponse-Klasse*

Methode	Beschreibung
xajaxResponse(string $sEncoding= XAJAX_DEFAULT_CHAR_ENCODING)	Konstruktor für eine Xajax-Antwort. Parameterbedeutung wie oben.
setCharEncoding(string $sEncoding)	Legt die Zeichenkodierung fest.
outputEntitiesOn()/outputEntities Off()	Legt fest, ob Sonderzeichen in Entities verwandelt werden (erfordert die Erweiterung mb_string) oder unverändert bleiben (Vorgabe).
addConfirmCommands(integer $iCmd Number, string $sQuestion)	Ruft den Javascript-Befehl confirm() auf, der vom Benutzer eine Ja/Nein-Antwort auf die Frage $sQuestion erwartet. Im Falle einer negativen Benutzerantwort überspringt Xajax die folgenden $iCmdNumber Anweisungen, die in der aktuellen xajaxResponse enthalten sind.
addAssign(string $sTargetId, string $sProperty, string $sData) / addAppend() / appPrepend()	addAssign(): Weist der Eigenschaft $sProperty des HTML-Objekts mit der ID $sTargetId den Wert $sData zu. Beispiel: $objResponse->addAssign("fortuneMessage", "innerHTML", $ergebnis) addAppend() und addPrepend() funktionieren analog mit dem Unterschied, dass sie den Wert der Eigenschaft um $sData vorne (append) beziehungsweise hinten (prepend) ergänzen.
addReplace(string $sTargetId, string $sProperty, string $sOld, string $sNew)	Führt im Wert der Eigenschaft $sProperty eine Suche nach $sOld durch und ersetzt jedes Vorkommen durch $sNew. Beispiel: $objResponse->addReplace("contentDiv", "innerHTML", "text", "<b>text</b>")
addClear(string $sTargetId, string $sProperty)	Entspricht der Zuweisung einer leeren Zeichenkette durch addAssign().
addAlert(string $sMsg)	Lässt eine alert()-Box mit der Nachricht $sMsg im Browser erscheinen.
addRedirect(string $sURL, integer $iDelay)	Ruft mittels Javascript die neue Seite unter der Adresse $sURL auf. Die optionale Verzögerung $iDelay ist in der Dokumentation der aktuellen Xajax-Version zwar angegeben, aber noch nicht implementiert. Vermutlich wird der Wert als Angabe in Sekunden behandelt werden.
addScript(string $sJS)	Führt die Javascript-Anweisungen $sJS im Browser aus.
addScriptCall(string $sFunction, string $sArg1, ..., string $sArgN)	Ruft browserseitig die Javascript-Funktion $sFunction mit den angegebenen Argumenten auf. Beispiel: $xajaxResponse->addScriptCall("startCountdown", "30")
addRemove(string $sTargetId)	Entfernt das angegebene HTML-Objekt/-Element aus dem DOM-Baum. Beispiel:$xajaxResponse->addRemove("lwAjaxTree_subtree_".$ID) →

Methode	Beschreibung
`addCreate(string $sParentId, string $sElementTyp, string $sId)`	Hängt ein neues Kindelement vom Typ `$sElementTyp` mit der ID `$sId` an das vorhandene Element `$sParentId`.
`addInsert(string $sBeforeId, string $sElementTag, string $sId) / addInsertAfter()`	Fügt ein neues Element *vor* (`addInsert()`) dem Element `$sBeforeId` ein. Beide Elemente haben anschließend dasselbe Elternelement. Analog fügt `insertAfter()` ein Element *hinten* an.
`addCreateInput(string $sElemId, string $sType, string $sName, string $sId) / addInsertInput() / addInsertInputAfter()`	Diese Methoden erzeugen neue HTML-Eingabeelemente. Hinsichtlich der Positionierung verhalten sie sich wie die zuvor genannten Create/Input-Methoden. Beispiel: `$objResponse->addCreateInput("meinFormular", "text", "username", "userId");` erzeugt die Entsprechung des folgenden HTML-Elements: `<input type="text" name="user name" id="userId" value=""/>`
`addEvent(string $sTargetId, string $sEvent, string $sScript)`	Legt fest, was bei Eintreten des Ereignisses `$sEvent` am Element `$sTargetId` passieren soll. Beispiel: `$objResponse->addEvent("contentDiv", "onclick", "alert(\'Hello World\')");` entspricht in Javascript `document.getElementbyId('contentDiv').onclick="alert('Hello World')"`
`addHandler(string $sTargetId, string $sEvent, string $sHandler)`	Weist dem Element für das genannte Ereignis einen Event-Handler zu. $objResponse->addHandler(»contentDiv«,»onclick«, »content_click«) entspricht in Javascript (für Mozilla und Co.) `function content_click() {...} document.getElementbyId('contentDiv').addEventListener ("onclick", content_click, false)` (für MSIE statt `addEvent Listener(): attachEvent()`)
`addRemoveHandler(string $sTarget, string $sEvent, string $sHandler)`	Entfernt für das genannte Ereignis die genannte Funktion aus der Liste der Event-Handler. Beispiel: `$objResponse->addRemoveHandler("contentDiv", "onclick", "content_click")` entspricht in Javascript (für Mozilla und Co.) `document.getElementbyId('contentDiv').removeEventListener("onclick", content_click, false)` (für MSIE statt `removeEventListener(): detachEvent()`)
`addIncludeScript(string $sUrl)`	Lädt die per URL angegebene Javascript-Bibliothek durch Hinzufügen eines entsprechenden `script`-Elements zum HTML-Kopf. Beispiel: `$objResponse->addIncludeScript("lokris.js")`
`getXML()`	Liefert die Serialisierung der `xajaxResponse`. Beendet üblicherweise als Rückgabewert die Ausführung einer PHP-Funktion: `return $objResponse->getXML().`

`loadXML(string $sXML)`	Lädt die serialisierten Befehle eines Response-Objekts in ein anderes.
	Beispiel:
	`$r1 = $objResponse1->getXML();`
	`$objResponse2->loadXML($r1);`
	`return $objResponse2->getXML();`

5.10.4 Methoden des Javascript-Objekts xajax

Die Methoden von xajaxResponse besitzen natürlich alle ein Pendant auf Javascript-Seite. Die Implementierung ist in xajax.js zu finden. Aufgrund der Analogie der client- und PHP-seitigen Methoden und weil die clientseitigen in der Regel nicht vom Programmierer, sondern von Xajax aufgerufen werden, kann eine Auflistung hier entfallen. Folgende Methoden der Clientseite gehören nicht in diese Kategorie und verdienen eine besondere Erwähnung. Sie stehen am Javascript-Objekt namens xajax zur Verfügung.

Tab. 5–8 Wichtige Methoden des *xajax*-Javascript-Objekts

Methode	Beschreibung
DebugMessage(meldung)	Gibt die Debug-Meldung aus, falls zugelassen. Siehe in PHP: xajax.debugOn().
getRequestObject()	Liefert ein neues XmlHttpRequest-Objekt zurück (Cross-Browser).
$(sId)	xajax.$() ist eine Abkürzung für document.getElementById().
loadingFunction()	Diese Methode wird gerufen, wenn der Browser einen Request an den Server schickt. Der Programmierer kann diese Methode mit einer eigenen Funktion überschreiben, die den Benutzer über den Beginn des Ladevorgangs informiert (zum Beispiel durch eine Anzeige »Lade Daten ...« oder Ähnliches). Beispiel: xajax.loadingFunction = function(){xajax.$('ladend').style.display='block';}
doneLoadingFunction()	Analog zu oben: Wird nach Ende des Ajax-Requests gerufen. Beispiel: xajax.doneLoadingFunction = function() {xajax.$('ladend').style.display='none';}
call(sFunction, aArgs, sHttpMethod)	xajax.call() ruft die genannte PHP-Funktion mit den genannten Argumenten mit der gewählten HTTP-Methode (Vorgabe: "POST").
viewSource()	Zeigt den Quellcode der Seite nach einer Modifikation durch Xajax.
processResponse(xml)	Verarbeitet die vom Server geschickten Xajax-Befehle.

5.11 Direct Web Remoting (DWR)

Direct Web Remoting (DWR) ist eine Open-Source-Bibliothek, die serverseitig implementierte Java-Funktionen für Javascript auf der Clientseite zur Verfügung stellt. DWR liegt derzeit in der Version 1.1 vor.

DWR besteht im Wesentlichen aus den folgenden zwei Teilen:

- Ein auf dem Server ausgeführtes Java Servlet, das die eingehenden Requests verarbeitet und entsprechende Antworten an den Browser zurücksendet
- Im Browser ablaufender Javascript-Code, der die Requests stellt und für dynamische Updates der Webseite zuständig ist

Basierend auf den Java-Klassen erzeugt DWR dynamisch Javascript-Klassen mit den entsprechenden Methoden. Bei einem Aufruf setzt

DWR Ajax-Requests ab und führt eine Konvertierung der Parameter und Rückgabewerte zwischen Javascript und Java durch. Da die Aufrufe asynchron ablaufen, braucht der clientseitige Aufruf eine Callback-Funktion. Nach erfolgreichem Abschluss des Aufrufs führt DWR die bereitgestellten Callback-Funktionen aus. Unter Verwendung von DWR-`utility`-Funktionen kann dann ein Update der Seite erfolgen.

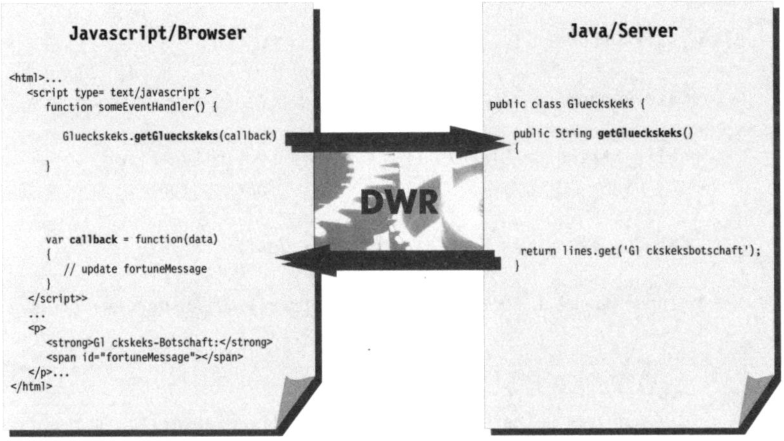

Abb. 5–5
Das wesentliche Konzept von DWR: Für serverseitige Java-Funktionen werden dynamisch Javascript-Methoden erzeugt, die über Ajax-Requests die serverseitigen Java-Funktionen aufrufen.

5.11.1 Die wesentlichen serverseitigen Schritte zur eigenen Webapplikation

Auch hier geht es um die Umsetzung unseres Glückskeks-Beispiels diesmal mit DWR. Für die Arbeit wird ein Servlet-Container benötigt (zum Beispiel Jetty *http://www.mortbay.org/jetty/*). Damit das DWR-Servlet im Servlet-Container eingesetzt werden kann, muss die Bibliothek `dwr.jar` im Verzeichnis `WEB-INF/lib` der Webapplikation liegen. Die Datei `WEB-INF/web.xml` muss um folgende `<servlet>`- und `<servlet-mapping>`-Einträge erweitert werden:

```
<servlet>
  <servlet-name>dwr-invoker</servlet-name>
  <display-name>DWR Servlet</display-name>
  <servlet-class>uk.ltd.getahead.dwr.DWRServlet</servlet-class>
  <init-param>
     <param-name>debug</param-name>
     <param-value>true</param-value>
  </init-param>
</servlet>

<servlet-mapping>
  <servlet-name>dwr-invoker</servlet-name>
  <url-pattern>/dwr/*</url-pattern>
</servlet-mapping>
```

Ausgangspunkt ist die Bereitstellung der Java-Funktion getGluecks-keks(). Diese Java-Funktion ist einfach eine Methode einer Klasse, hier der Klasse GluecksKeksProducer (nur die wesentlichen Bestandteile sind im Listing enthalten):

```
package com.linkwerk.dwr;

// imports...

GluecksKeksProducer {

  private Random random = new Random();

    public String getGluecksKeks() throws ServletException,
                                          IOException
    {
      WebContext ctx = WebContextFactory.get();

      InputStream f = ctx.getServletContext().getResourceAsStream
                      ("/WEB-INF/cookies.txt");

      BufferedReader reader =
             new BufferedReader(new InputStreamReader(f, "utf-8"));
      List<String> lines = new ArrayList<String>();

      String line = null;

      while ( (line=reader.readLine()) != null ){
          lines.add(line);
      }

      return lines.get(random.nextInt(lines.size() - 1));
    }

}
```

Die Methode liest eine Datei mit den Glücksnachrichten zeilenweise ein, wählt zufallsgesteuert eine Zeile (Glücksnachricht) aus und liefert diese als Ergebnis zurück.

Die Implementierung der Klasse demonstriert auch gleich, wie man an den Webcontext herankommen kann. Da die Klasse GluecksKeks-Producer selbst kein Servlet ist, steht der Webcontext nicht direkt zur Verfügung. DWR bietet hier zwei Alternativen an, um den Kontext zu erhalten. Die oben gezeigte Implementierung der Methode getGluecks-keks() zeigt mit der Verwendung von WebContextFactory die erste Alternative:

```
WebContext ctx = WebContextFactory.get();
```

Der so erzeugte Code ist von DWR abhängig. Die Alternative zeigt einen Weg, den Webcontext zu erhalten, ohne von DWR abhängig zu sein:

```
public String getGlueckskeksAlt(ServletContext ctx)
```

DWR kümmert sich darum, den Parameter bei einem Aufruf richtig zu setzen. Bei dem zugehörigen Javascript-Aufruf wird dieser Parameter natürlich nicht gesetzt.

Die Klasse `GlueckskeksProducer` muss kompiliert in das Verzeichnis `WEB-INF/classes` der Webapplikation kopiert werden. Eine neue Datei `WEB-INF/dwr.xml` macht DWR diese Klasse bekannt:

```
<!DOCTYPE dwr PUBLIC
    "-//GetAhead Limited//DTD Direct Web Remoting 1.0//EN"
    "http://www.getahead.ltd.uk/dwr/dwr10.dtd">
<dwr>
  <allow>
    <create creator="new" javascript="Glueckskeks">
      <param name="class"
             value="com.linkwerk.dwr.GlueckskeksProducer"/>
    </create>
  </allow>
</dwr>
```

Wesentlich ist, dass die Datei den Javascript-Namen `Glueckskeks` auf die Klasse `com.linkwerk.dwr.GlueckskeksProducer` abbildet.

In der Datei `dwr.xml` können weitere Optionen verwendet werden, zum Beispiel Angaben für `Converters`, `<init>` und `<signatures>`. Diese dienen spezielleren Einstellungen, mit denen man DWR gegebenenfalls unter die Arme greifen kann. Insbesondere die `Converters` werden benötigt, wenn es für Parameter und Rückgabewerte keinen vordefinierten Konverter gibt. Die Software unterstützt hier folgende Datentypen:

- Alle einfachen Typen, wie boolean, int, double etc.
- Die Klassen-Versionen dieser einfachen Datentypen: Boolean, Integer und so weiter
- java.lang.String
- java.util.Date
- Arrays der oben genannten Datentypen
- Collections (Lists, Sets, Maps, Iterators etc.) der oben genannten Typen
- DOM-Objekte (zum Beispiel `Element` und `Document`) aus den Paketen DOM, XOM, JDOM und dom4j

Für weitere Details zum Aufbau der Datei `dwr.xml` sei hier auf die Dokumentation von DWR verwiesen.

Die neu erzeugte Klasse steht sofort mit dem Aufruf `http://localhost:8080/glueckskeks/dwr/` zum Testen bereit:

Abb. 5–6 Die automatisch erzeugte DWR-Testseite

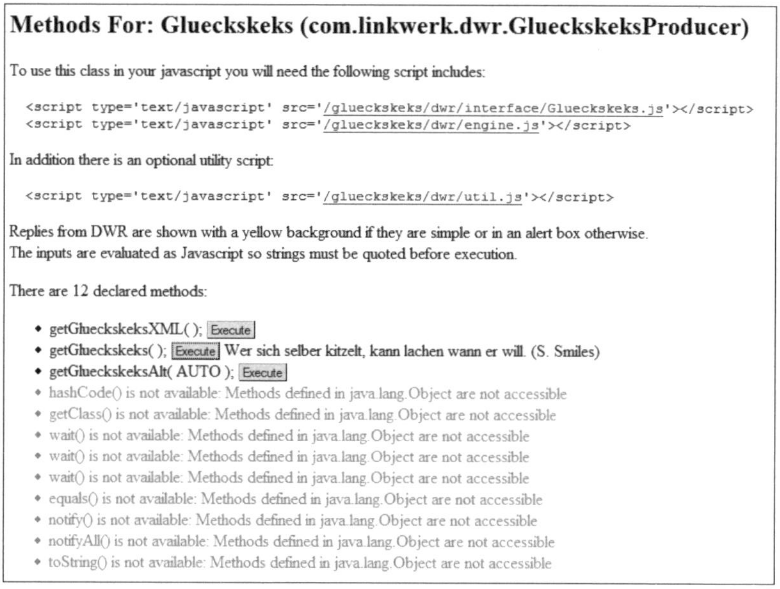

Methods For: Glueckskeks (com.linkwerk.dwr.GlueckskeksProducer)

To use this class in your javascript you will need the following script includes:

```
<script type='text/javascript' src='/glueckskeks/dwr/interface/Glueckskeks.js'></script>
<script type='text/javascript' src='/glueckskeks/dwr/engine.js'></script>
```

In addition there is an optional utility script:

```
<script type='text/javascript' src='/glueckskeks/dwr/util.js'></script>
```

Replies from DWR are shown with a yellow background if they are simple or in an alert box otherwise.
The inputs are evaluated as Javascript so strings must be quoted before execution.

There are 12 declared methods:

- getGlueckskeksXML( ); Execute
- getGlueckskeks( ); Execute Wer sich selber kitzelt, kann lachen wann er will. (S. Smiles)
- getGlueckskeksAlt(AUTO); Execute
- hashCode() is not available: Methods defined in java.lang.Object are not accessible
- getClass() is not available: Methods defined in java.lang.Object are not accessible
- wait() is not available: Methods defined in java.lang.Object are not accessible
- wait() is not available: Methods defined in java.lang.Object are not accessible
- wait() is not available: Methods defined in java.lang.Object are not accessible
- equals() is not available: Methods defined in java.lang.Object are not accessible
- notify() is not available: Methods defined in java.lang.Object are not accessible
- notifyAll() is not available: Methods defined in java.lang.Object are not accessible
- toString() is not available: Methods defined in java.lang.Object are not accessible

Auf der Test-Webseite kann man die zur Verfügung stehenden Methoden der Klasse direkt ausprobieren (hinter dem `Execute`-Knopf der Methode `getGlueckskeks()` ist die Glückskeks-Nachricht erkennbar), und es stehen alle Informationen bereit, wie die Klasse im clientseitigen Javascript einzubinden ist.

Damit ist der serverseitige Teil der Webapplikation abgeschlossen und bereit zum Einsatz. Der folgende Abschnitt behandelt die zugehörigen clientseitigen Javascript-Aufrufe.

5.11.2 Die clientseitige Sicht der Webapplikation

Der Übersichtlichkeit halber werden wir den clientseitigen Einsatz von DWR am Beispiel einer *statischen* HTML-Seite demonstrieren. Es ist natürlich ebenfalls möglich, DWR in JSP-Seiten oder durch Servlets generierte HTML-Seiten einzusetzen.

Um Aufrufe aus Javascript tätigen zu können, müssen die folgenden Javascript-Dateien mit `<script>`-Elementen in die HTML-Seite eingebunden werden:

```
<script type='text/javascript'
        src='/gluecksk eks/dwr/interface/Gluecksk eks.js'></script>
<script type='text/javascript'
        src='/gluecksk eks/dwr/engine.js'></script>
<script type='text/javascript'
        src='/gluecksk eks/dwr/util.js'></script>
```

Gluecksk eks.js ist das dynamisch erzeugte Interface zu der serverseitigen Java-Klasse Gluecksk eksProducer, engine.js ist das Herz von DWR und übernimmt das Serialisieren/Deserialisieren der Aufrufe aus Gluecksk eks.js. utils.js ist eine von DWR unabhängige Utility-Klasse, die einige nützliche Funktionen zum Updaten einer HTML-Seite zur Verfügung stellt. Darunter sind die aus Prototype bekannte $()-Funktion (vergleiche Abschnitt 5.3, diverse Funktionen zum Holen und Setzen von Werten aus HTML-Elementen (getValue[s]() und setValue[s]()), Funktionen zum Manipulieren von Tabellen (addRows() und removeAllRows()) und zum Editieren von Listen (addOptions() und removeAllOptions()).

Wie zuvor erwähnt, kann diese Information auch der dynamisch erzeugten Testseite entnommen werden, die unter http://localhost:8080/[YOUR-WEBAPP]/dwr/[YOUR-JAVASCRIPT-CLASS] zu finden sind. Als Basis für eigene Webseiten kann man im Source-Code der Testseite auch jeweils Beispielcode eines Aufrufs einer Methode entnehmen. Die Entwickler von DWR empfehlen diese Vorgehensweise. Dem Rat gefolgt und nach Übernahme und Anpassung der entsprechenden Codezeilen sieht die fertige HTML-Seite dann im Wesentlichen so aus:

```
<html>
<head>
  <script type='text/javascript'
          src='/gluecksk eks/dwr/interface/Gluecksk eks.js'></script>
  <script type='text/javascript'
          src='/gluecksk eks/dwr/engine.js'></script>
  <script type='text/javascript'
          src='/gluecksk eks/dwr/util.js'></script>
</head>
<body>

<!-- ... -->

<p>
    <strong>Glückskeks-Botschaft:</strong>
    <span id="fortuneMessage"></span>
</p>
    <input type='button'
           onclick='Gluecksk eks.getGluecksk eks(callBackHandler);'
           value='Neuer Glückskeks'/>
```

```
    <script type='text/javascript'>
        var callBackHandler = function(data)
        {
            DWRUtil.setValue('fortuneMessage', data);
        }
    </script>
</body>
</html>
```

Im Kopf der HTML-Seite werden die benötigten Javascript-Dateien eingebunden. Im Rumpf steht ein `input`-Element vom Typ Button. `onclick` setzt den asynchronen `Glueckskeks.getGlueckskeks(callBackHandler)`-Aufruf bei entsprechendem Event. Die zugehörige Callback-Funktion ist im darauffolgenden `<script>`-Block definiert.

DWR bietet noch eine andere, erweiterte Aufruf-Methode der asynchronen Anfragen an. Für diese erweiterten Aufrufe werden so genannte `Call-Meta-Data`-Objekte verwendet. Im Wesentlichen handelt es sich um anonyme Javascript-Objekte in literaler Form mit vorgegebenen und teilweise optionalen Eigenschaften:

Tab. 5–9 *Eigenschaften der* *`Call-Meta-Data`-Objekte*

Name des Properties	Beschreibung
`callback`	Setzen der Callback-Funktion, die nach erfolgreicher Ausführung des Requests ausgeführt wird
`timeout`	Setzen eines Timeouts in Millisekunden (optional)
`errorHandler`	Setzen einer Event-Handler-Funktion, die bei Auftreten eines Fehlers ausgeführt wird (optional)

Nachfolgender Aufruf demonstriert die Verwendung der erweiterten Form im Glückskeks-Beispiel:

```
<input type='button'
      onclick='Glueckskeks.getGlueckskeksAlt(
      {
       callback     : function(data) {
                        DWRUtil.setValue("fortuneMessage", data); },
       timeout      : 5000,
       errorHandler : function(message) {
                                     alert("Fehler: " + message); }
});'/>
```

5.11.3 DOM-Beispiel

Wie bereits in Abschnitt 5.11.1 erwähnt, erlaubt DWR als Parameter- und Rückgabewerte auch DOM-Objekte aus den Paketen DOM, XOM, JDOM und dom4j. Dazu erweitern wir die Klasse `Glueckskeks`-

Producer um eine Methode getGlueckskeksDOM(), die als Rückgabewert ein DOM-Objekt vom Typ Document liefert:

```
public Document getGlueckskeksDOM()
  throws ServletException, IOException,
         ParserConfigurationException, SAXException
  {
    String xmlMessage =
             "<?xml version='1.0' encoding='utf-8'?><message>"
             + getGlueckskeks()
             + "</message><!-- http://www.ajaxbuch.de/-->";

    ByteArrayInputStream byteArrayInputStream =
      new ByteArrayInputStream(xmlMessage.getBytes("utf-8"));

    Document xmlDocument =
      getDocumentBuilder().parse(new
                              InputSource(byteArrayInputStream));

    return xmlDocument;
}
```

In xmlMessage wird eine XML-Nachricht mit dem Wurzelelement message als String erzeugt. Darin ist die Glückskeksnachricht enthalten, die ein Aufruf der bisher verwendeten Methode getGlueckskeks() erzeugt. Aus der von ihr gelieferten textuellen XML-Nachricht wird ein ByteArrayInputStream mit dem Encoding "utf-8" generiert und über ein InputSource-Objekt geparst. Als Ergebnis erhalten wir ein Document-Objekt, das den Rückgabewert unserer Methode darstellt. Die Methode getDocumentBuilder() liefert ein DocumentBuilder-Objekt zurück. Sie cacht aus Effizienzgründen eine einmal erzeugte DocumentBuilder-Instanz. Im Wesentlichen steckt dahinter der Aufruf DocumentBuilder-Factory.newInstance().newDocumentBuilder().

Folgender clientseitiger Aufruf zeigt die Verwendung der DOM-Variante getGlueckskeksDOM():

```
<input type='button'
     onclick='Glueckskeks.getGlueckskeksDOM(callBackHandlerDOM);'/>
```

Die zugehörige Callback-Funktion callBackHandlerDOM() hat folgende Form:

```
var callBackHandlerDOM = function(data)
{
  DWRUtil.setValue('fortuneMessage',
                      data.documentElement.firstChild.nodeValue);
}
```

`callBackHandlerDOM()` liest den Inhalt des Elements `message` mit dem Ausdruck `data.documentElement.firstChild.nodeValue` und setzt ihn am entsprechenden HTML-Element.

5.11.4 Fazit

DWR fügt sich sehr gut in bereits bestehende Servlet-Umgebungen ein. Die Integration ist auf der Serverseite durch Kopieren einer Java-Bibliothek und mit einigen wenigen Einträgen in die entsprechenden Konfigurationsdateien leicht zu bewerkstelligen. Das Einbinden in die eigenen Webseiten gestaltet sich einfach, und das Ausführen des serverseitigen Java-Funktionsumfangs aus dem clientseitigen Javascript heraus fühlt sich fast wie ein *normaler* Funktionsaufruf an. Zur Serialisierung der Parameter und Rückgabewerte werden ausreichend unterschiedliche Datentypen unterstützt, insbesondere `Document`- und `Element`-Objekte diverser DOM-Implementierungen. Die mitgelieferten DWR-unabhängigen Utility-Funktionen (`utils.jar`) können bei der Umsetzung dynamischer Updates der HTML-Seiten ebenfalls sehr hilfreich sein.

Die auf der Webseite zur Verfügung stehende Dokumentation führt schnell und problemlos in die Technik und deren Verwendung ein. Die Erklärungen sind präzise und geben, wenn nötig, jeweils genug an Hintergrundinformationen. Weiterführende Beispiele *(http://getahead.ltd.uk/dwr/examples)* geben einen guten Überblick über die Anwendungsgebiete von DWR.

In der nächsten Version 2.0 von DWR wird es ein neues spannendes Feature geben: Reverse Ajax. Damit wird es möglich sein, asynchron Javascript aus dem serverseitigen Java aufzurufen. Mit diesem neuen Feature soll das Schreiben interaktiver Webapplikationen stark vereinfacht werden. Es kann also immer dann zum Einsatz kommen, wenn der veränderte Status des Servers ein Update eines oder mehrerer Browser notwendig macht (beispielsweise News-Ticker, Online-Spiele und so weiter). Für dieses servergetriebene Updating können langlebige HTTP-Requests oder Polling eingesetzt werden. Zur Vermeidung der durch das Polling zwangsläufig höher werdenden Serverlast, wird DWR 2.0 durch das in der kommenden Version 6.0 des Jetty-HTTP-Servers *(http://www.mortbay.org/jetty/)* neu hinzukommende Feature Jetty Continuations unterstützt. Jetty Continuations verfolgen die Strategie, dass ein Servlet, das einen Request verarbeitet, durch Verwendung von `Continuation`-Objekten wartende Anfragen suspendieren (das heißt, der zugehörige Thread wird freigegeben) und bei Bedarf wieder zum Leben erwecken kann.

5.12 Atlas

Microsofts Atlas *(http://atlas.asp.net/)* ist ein Ajax-basiertes Framework, das clientseitige Javascript-Bibliotheken mit dem serverseitigen ASP.NET 2.0 verbindet. Im Wesentlichen basiert die Atlas-Architektur auf Bibliotheken mit Javascript-Erweiterungen, einen Kompatibilitätslayer für unterschiedliche Browser sowie Komponenten für das UI und zur Durchführung der Client-Server-Kommunikation. Auf der Serverseite stehen Controls zur Verfügung, die direkt mit dem Browser kommunizieren oder vordefinierten Javascript-Code ausliefern können.

Die Javascript-Bibliotheken stellen objektorientierte APIs zur Verfügung, mit denen der Entwickler seine Webapplikationen in einem für .Net üblichen objektorientierten Programmierstil schreibt. Alternativ kann er eine deklarative Syntax (Markup) verwenden oder eine Mischung aus Javascript und Markup.

Laut Hersteller werden Internet Explorer, Firefox/Mozilla und Safari (noch mit Einschränkungen) ohne Verwendung browserspezifischer Programmkonstrukte direkt unterstützt.

Atlas = ASP.NET + JS-Bibliotheken + Aufruf von Webservices

Atlas, als Erweiterung von ASP.NET, verwendet dessen Webservices, die auf dem Server der Applikation beheimatet sind, direkt. Mit der Bridge-Technik kann es darüber hinaus auf beliebige Webservices im Internet zugreifen. Bridges stellen Gateways dar, die im Kontext des Heimatservers ablaufen und auf der einen Seite mit der Applikation und auf der anderen Seite mit dem fremden Service kommunizieren. Transformer ermöglichen auf dem Heimatserver die clientgerechte Aufbereitung der vom fremden Service gelieferten Daten.

Derzeit liegt das Framework in einem »Community Technology Preview« (ASP.NET »Atlas« June 2006 CTP) vor. Es befindet sich also noch in einem frühen Entwicklungsstatus, ist aber bereits stabil genug, um die wesentlichen Konzepte aufzuzeigen und eine Umsetzung des Glückskeks-Beispiels *(http://www.ajaxbuch.de/code/einstieg/glueckskeks/)* zu bewerkstelligen.

5.12.1 Bevor es losgehen kann

Zur Entwicklung von Atlas-Applikationen setzt man am besten eine Entwicklungsumgebung ein, die ASP.NET 2.0 unterstützt. Das Aufsetzen eines neuen Projekts gestaltet sich sonst als mühselige Angelegenheit. Geeignet sind unter anderem die Entwicklungsumgebungen Microsoft Visual Studio *(http://msdn.microsoft.com/vstudio/)* und die freie Variante Microsoft Visual Studio Express *(http://msdn.microsoft.com/vstudio/express/)*. Ebenfalls geeignet ist das frei erhältliche

SharpDevelop *(http://www.icsharpcode.net/OpenSource/SD/)*, mit dem die Beispiele dieses Kapitels entstanden sind. Des Weiteren setzt eine ASP.NET-2.0-Applikation einen Webserver voraus, der ASP.NET direkt unterstützt. Neben Microsofts Internet Information Services (IIS, *http://www.iis.net/*) bringt auch der in einer freien Version erhältliche Abyss Web Server *(http://www.aprelium.com/)* die notwendige ASP.NET-2.0-Unterstützung mit[8].

5.12.2 Javascript-Bibliotheken von Atlas

Die Clientbibliotheken von Atlas sind auf zehn Javascript-Dateien aufgeteilt. Sie sind als Ressourcen in der Assembly-Datei `Microsoft.Web.Atlas.dll` verpackt, und der Server liefert sie bei Bedarf aus. Die Aufteilung hat den Vorteil, dass nur die Bibliotheken für benötigte Funktionen ausgeliefert werden. Tabelle 5–10 beschreibt die wichtigsten Dateien.

Tab. 5–10 *Die wichtigsten Javascript-Bibliotheken von Atlas*

Javascript Datei	Beschreibung
`AtlasRuntime.js`	`AtlasRuntime.js` enthält Basisfunktionen für die Verwendung von Webservices, Networking und objektorientierten Erweiterungen. Die Bibliothek kann alleinstehend verwendet werden.
`Atlas.js`	`Atlas.js` enthält den vollen Funktionsumfang. `AtlasRuntime.js` ist ein Teil davon. Darüber hinaus enthält `Atlas.js` die Komponenten zur Umsetzung der in deklarativer Syntax beschriebenen Controls und Data-Bindings in Javascript.
`AtlasCompat.js`, `AtlasCompat2.js`	`AtlasCompat.js` und `AtlasCompat2.js` stellen die Cross-Browser-Implementierung dar.
`AtlasUIDragDrop.js`, `AtlasUIGlitz.js`	Diese Bibliotheken implementieren Drag & Drop und UI-Effekte.

Die Bibliotheken sind in ein Schichtenmodell mit vier Schichten eingeordnet (siehe Tabelle 5–11).

8. Für den Apache HTTP-Server gibt es das Modul mod_aspdotnet *(http://httpd.apache.org/modules/#mod_aspdotnet)*, das aber derzeit nicht aktiv unterstützt wird.

Schicht	Beschreibung
`Javascript extensions`	In der Schicht der `Javascript extensions` werden eine Reihe von zu Javascript ergänzenden Objekten, Funktionen und Datentypen definiert. Diese Schicht enthält auch »simulierte« objektorientierte Konstrukte wie Interfaces, Klassen, Namensräume und Enumerations.
`Base class library`	Die Schicht `Base class library` enthält einen Satz von Basisklassen für Debugging, Event-Handling, Zeichenkettenmanipulation, Webservices, Timern und für die Abfrage der Host-Umgebung.
`Core UI framework`	Das `Core UI framework` enthält ein `base control object`, einen Satz von Behaviours, Data-Binding, clientseitige Content-Templates, Drag & Drop und weitere Effekte.
`UI toolkit`	Das `UI toolkit` stellt eine Reihe von clientseitigen Controls zur Verfügung: `Hyperlink`, `Listview`, `Select`, `Dataview`, `Button`, `Checkbox`, `Textbox`, `Label`, `Datasource` und `Counter`.

Tab. 5-11
Schichten-Modell der Javascript-Bibliotheken

5.12.3 Aufbau einer Atlas-HTML-Seite

Jede HTML-Seite, die Atlas-Funktionen verwendet, muss genau ein `atlas:ScriptManager`-Element enthalten:

```
<atlas:ScriptManager id="scriptManager" runat="server" />
```

Diese Anweisung referenziert und lädt bei Zugriff auf die HTML-Seite die Datei `Atlas.js`. Benötigt man nur die Funktionen zum Aufrufen von Webservices, so lädt folgende Anweisung nur `AtlasRuntime.js`:

```
<atlas:ScriptManager id="scriptManager" runat="server"
enablescriptcomponents="false" />
```

Für das Laden von `AtlasUIDragDrop.js` und `AtlasUIGlitz.js` sehen die Anweisungen wie folgt aus (am Attribut `scriptname` wird jeweils nur der Name der Bibliothek ohne Dateiendung gesetzt):

```
<atlas:ScriptManager id="scriptManager" runat="server">
  <scripts>
    <atlas:scriptreference scriptname="AtlasUIDragDrop" />
    <atlas:scriptreference scriptname="AtlasUIGlitz" />
  </scripts>
</atlas:ScriptManager>
```

Eigene Javascript-Dateien lädt Atlas, wenn das Attribut `scriptname` auf den Wert `custom` gesetzt und ein `path`-Attribut angegeben ist.

```
<atlas:ScriptManager id="scriptManager" runat="server">
  <scripts>
    <atlas:scriptreference
      scriptname="custom"
```

```
        path="[Pfad zu myScript]/myScript.js" />
    </scripts>
  </atlas:ScriptManager>
```

5.12.4 Aufrufen eines Webservices aus Javascript

Zur Demonstration eines Webservice-Aufrufs aus Javascript heraus werden wir wieder auf unseren Glückskeks zurückgreifen.

Zugriff auf Webservices freischalten

Zuerst benötigen wir einen Webservice, der auf demselben Server wie unsere Applikation beheimatet ist. Damit unsere Anwendung auf Services zugreifen kann, muss dies in der Konfigurationsdatei `Web.config` *explizit* durch folgende Einträge eingeschaltet werden.

```
<configSections>
  <sectionGroup name="microsoft.web"
       type="Microsoft.Web.Configuration.MicrosoftWebSectionGroup">

    <!-- andere Sektionen -->

  <section name="webServices"
           type="Microsoft.Web.Configuration.WebServicesSection"
           requirePermission="false"/>
  </sectionGroup>
</configSections>

<microsoft.web>
  <webServices enableBrowserAccess="true" />
</microsoft.web>
```

Der Einfachheit halber kommt ein ASP.NET-Webservice (ASMX) zum Einsatz. Templates für ASP.NET-Webservices werden in den genannten Entwicklungsumgebungen einfach der Applikation als `.asmx`-Datei hinzugefügt. Abbildung 5–7 illustriert das Hinzufügen eines Services am Beispiel von SharpDevelop.

Die fertige `GlueckskeksService.asmx` sieht so aus:

```
<%@ WebService Class="Linkwerk.Com.GlueckskeksService"
Language="C#" %>

namespace Linkwerk.Com {

  [WebService (Namespace =
     "http://www.linkwerk.com/namespaces/2006-07-28/glueckskeks/")]

  [WebServiceBinding(ConformsTo = WsiProfiles.BasicProfile1_1)]
```

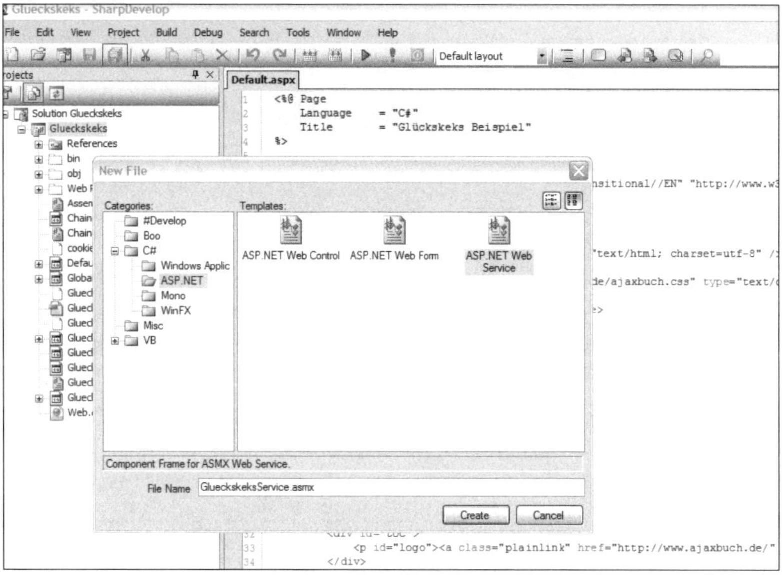

Abb. 5-7
Hinzufügen eines ASP.NET-Webservices zu einer Webapplikation in der Entwicklungsumgebung SharpDevelop

```
public class GlueckskeksService  :  WebService {

  private Random random=new Random();
  static List<string> lines = new List<string>();

  public GlueckskeksService() {
    String rootPath = Server.MapPath("~");

    try {
      using (StreamReader sr =
             new StreamReader(rootPath + "\\cookies.txt")) {
        String line;
        while ((line = sr.ReadLine()) != null) {
          lines.Add(line);
        }
      }
    } catch (Exception e) {
        throw e;
    }
  }

  [WebMethod]
  public string getGlueckskeks() {
    return String.Format(getRandomLine());
  }

  public string[] getGluecksekse() {
    return lines.ToArray();
```

```
        }
        private string getRandomLine() {
            return
        String.Format(getGlueckskekse()[random.Next(lines.Count - 1)]);
        }
    }
}
```

[WebMethod] deklariert Methoden für einen Webservice

Der `GlueckskeksService` liest die Zeilen von `cookies.txt` in eine Stringliste. Die mit `[WebMethod]` ausgezeichnete Methode `getGlueckskeks()` ist eine öffentliche Methode des Services. Ein Aufruf von `Linkwerk.Com.GlueckskeksService.getGlueckskeks()` liefert zufallsgesteuert eine Glückskeksnachricht.

Um den `GlueckskeksService` auf einer HTML-Seite aufrufen zu können, müssen wir mit einem `atlas:ScriptManager`-Element zuerst die entsprechenden Bibliotheken einbinden. Das Element `atlas:ServiceReference` referenziert den gewünschten Webservice. Atlas erzeugt daraufhin bei Zugriff auf die HTML-Seite ein Javascript-Wrapperobjekt für jeden referenzierten Service. Im Beispiel sieht die Anweisung wie folgt aus:

```
<atlas:ScriptManager id="scriptManager" runat="server">
  <services>
    <atlas:ServiceReference Path="~/GlueckskeksService.asmx" />
  </services>
</atlas:ScriptManager>
```

Ein Javascript-Aufruf des `GlueckskeksService` ist nun ein Methodenaufruf am `GlueckskeksService`-Wrapperobjekt über den vom Service veröffentlichten Klassennamen. Webservice-Aufrufe sind `XMLHttpRequests` und werden immer asynchron ausgeführt, so dass die HTML-Seite bei einem Aufruf nicht blockiert. Für die Rückgabe eines Ergebniswerts an Javascript erhält jeder Aufruf – ähnlich zu anderen Ajax-Frameworks – mehr Parameter als die serverseitige Methode: als Wichtigstes eine Callback-Funktion `onRequestComplete()`, die bei erfolgreichem Abschluss des Aufrufs ausgeführt wird. Als weitere Parameter können Funktionen für Timeout-, Fehler- und Ausnahmebehandlung übergeben werden. Ein Aufruf des `GlueckskeksService` in Javascript sieht folgendermaßen aus (da die Webservice-Methode selbst keine Parameter besitzt, werden nur die Callback-Funktionen übergeben):

```
var meinGlueckskeks =
Linkwerk.Com.GlueckskeksService.getGlueckskeks(onRequestComplete,
onTimeout, onError);
```

Callback-Funktionen

`onRequestComplete()` bekommt nach einem erfolgreichen Aufruf den Ergebniswert als Parameter. Die Funktion kann so aussehen:

```
function onRequestComplete(result) {
  alert('Die Glückskeksnachricht lautet: ' + result);
}
```

Atlas führt `onTimeout()` und `onError()` im Falle eines Timouts beziehungsweise Fehlers aus. Der Aufruf der Methode `get_message()` am übergebenen Parameter liefert die Fehlermeldung. Den Stacktrace der Exception liefert `result.get_stackTrace()`.

```
function onError(result) {
  alert('Fehler: ' + result.get_message());
  alert('Stacktrace: ' + result.get_stackTrace());
}
```

An die Stelle der einzelnen Funktionen kann ein anonymes Javascript-Objekt mit folgendem Aufbau treten (hier in literaler Notation):

```
var meinGluecksKeks =
Linkwerk.Com.GluecksKeksService.getGluecksKeks(
  {
    onMethodComplete : onRequestCompleteMethod,
    onMethodTimeout  : onTimeout,
    onMethodError    : onError,
    onMethodAborted  : OnAborted,
    userContext      : "OnbuttonGetGluecksKeks_click",
    timeoutInterval  : 5000
  }
);
```

Dieser Aufruf zeigt alle möglichen Ereignisse. Die `userContext`-Eigenschaft kann beliebige Werte annehmen, die für die Auswertung innerhalb der Callback-Funktionen zur Verfügung stehen. `timeoutInterval` bestimmt, wie lange die Netzwerkschicht auf eine Antwort des aufgerufenen Webservices wartet, bevor sie den Timeout-Handler ruft.

Die HTML-Seite unserer Glückskeks-Webapplikation sieht dann im Wesentlichen so aus:

```
<%@ Page
    Language = "C#"
    Title    = "Glückskeks Beispiel"
%>

<!DOCTYPE html PUBLIC "-//W3C//DTD XHTML 1.0 Transitional//EN"
"http://www.w3.org/TR/xhtml1/DTD/xhtml1-transitional.dtd">
<html xmlns="http://www.w3.org/1999/xhtml">

<html>
  <head>
```

```
    <title>Ajaxbuch.de: Glückskeks-Beispiel
          (Atlas/Javascript)</title>
    <atlas:ScriptManager id="scriptManager" runat="server">
      <services>
        <atlas:ServiceReference Path="~/GlueckskeksService.asmx" />
      </services>
    </atlas:ScriptManager>

    <script type="text/javascript" language="JavaScript">

      function getGlueckskeks() {
        resetMessage();
        Linkwerk.Com.GlueckskeksService.
             getGlueckskeks(onRequestComplete, onTimeout, onError);
      }

      function onRequestComplete(result) {
        $("fortuneMessage").innerHTML = result;
      }

      function onTimeout(result) {
        $("statusMessage").innerHTML = "timeout: "
                                    + result.get_message();
      }

      function onError(result) {
        $("statusMessage").innerHTML = "error: "
                                    + result.get_message();
      }

      function resetMessage() {
        $("statusMessage").innerHTML = "";
      }

    </script>
  </head>
  <body>
    <form runat="server">

       <p> <strong>Glückskeks-Botschaft:</strong> </p>

       <div id="fortuneMessage"></div>

       <button id="GlueckskeksButton1" type="button"
               onclick="getGlueckskeks()">Neuer Glückskeks</button>

       <p><span id="statusMessage"></span></p>

    </form>
  </body>
</html>
```

Im Rumpf steht ein button-Control aus Atlas' Client-Bibliothek. Controls sind um neue Eigenschaften, wie zum Beispiel actions, behaviours und data-bindings, angereicherte HTML-Elemente. Ein weiterführendes Beispiel folgt im Abschnitt 5.12.5. Das onclick-Attribut des Button-Controls setzt die Methode getGluecksKeks(). Sie ist im script-Block definiert. Der Rumpf enthält die zwei weiteren Elemente <div id="fortuneMessage">...</div> und <span id="statusMessage">...</span>, die der Aufnahme der Glückskeksnachricht sowie der Fehlermeldungen dienen. Der Aufruf von getGluecksKeks() führt den Zugriff auf den Webservice aus und setzt die entsprechenden Callback-Funktionen, die ebenfalls im script-Element stehen. Den Erfolgsfall behandelt onRequestComplete(result) durch Einfügen der Glückskeksnachricht im Element <div id="fortuneMessage">...</div>. Bei $() handelt es sich, wie in anderen Frameworks auch, um eine Abkürzung für document.getElementById().

5.12.5 Glückskeks-Beispiel mit XML-Script

Als Alternative zur *Programmierung* in Javascript bietet Microsoft eine eigene *Auszeichnungsprache* (sic!) namens XML-Script an. Webseiten können auf diese Weise komplett ohne Javascript, aber mit vollem Funktionsumfang der Skriptsprache entwickelt werden. Der Container für XML-Script ist das übliche script-Element. Das type-Attribut bekommt den Wert text/xml-script. Als »Wurzelelement« des deklarativen Skripts verwendet Microsoft ein page-Element mit eigenem Namensraum xmlns:script[9]. Ein Kindelement components deklariert Controls und Services, so dass sich für eine HTML/XML-Script-Seite im Wesentlichen folgende Form ergibt:

```
<%@ Page
    Language = "C#"
    Title    = "Glückskeks Beispiel"
%>

<!DOCTYPE html PUBLIC "-//W3C//DTD XHTML 1.0 Transitional//EN"
"http://www.w3.org/TR/xhtml1/DTD/xhtml1-transitional.dtd">
<html xmlns="http://www.w3.org/1999/xhtml">

<html>
  <head>
    <title>Ajaxbuch.de: Glückskeks-Beispiel
          (Atlas/XML-Script)</title>
```

9. Die aus XML-Sicht ungenutzte Namensraumdeklaration folgt der Dokumentation von Microsoft.

```
    <atlas:ScriptManager id="scriptManager" runat="server">
      <services>
        <atlas:ServiceReference Path="~/GlueckskeksService.asmx" />
      </services>
    </atlas:ScriptManager>

   <script type="text/xml-script">
      <page xmlns:script=
                    "http://schemas.microsoft.com/xml-script/2005">
        <components>
          <serviceMethod id="GlueckskeksService">
            <!-- weitere Programmelemente -->
          </serviceMethod>

          <label id="fortuneMessage">
            <!-- weitere Programmelemente -->
          </label>

          <label id="statusMessage">
            <!-- weitere Programmelemente -->
          </label>

          <image id="GlueckskeksImg">
            <!-- weitere Programmelemente -->
          </image>

          <!-- weitere Komponenten -->
        </components>
      </page>
    </script>

 </head>
  <body>

      <form runat="server">

            <p> <strong>Glückskeks-Botschaft:</strong> </p>

            <div id="fortuneMessage"></div>

            <img id="GlueckskeksImg" />

            <p><span id="statusMessage"></span></p>

      </form>

   </body>
</html>
```

Der HTML-Teil verkümmert hier noch mehr als im vorherigen Beispiel zu einer Sammlung von bloßen Containern (div, img und span). Gefüllt werden sie später durch das XML-Script. Für jeden Container gibt es dort korrespondierende UI-Programmelemente[10]; die Kopplung zwischen beiden Welten geschieht mit den IDs (vgl. Abbildung 5–8). Eine Datenänderung des einen (etwa label) führt zu einer Aktualisierung des anderen (div). Ein label ist das XML-Script-Pendant für alles, was beschriftet werden kann, das heißt Textinhalt besitzt. image korrespondiert mit img. Neben diesen beiden gibt es weitere, wie textBox oder button.

HTML-Elemente sind mit UI-Programmelementen verknüpft.

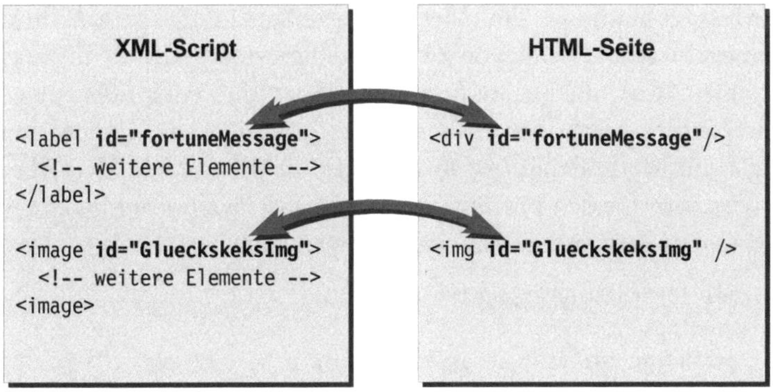

Abb. 5–8
Kopplung zwischen XML-Script und HTML über IDs

Das Programm in Abschnitt 5.12.4 hat den GlueckskeksService in Javascript mit Linkwerk.Com.GlueckskeksService.getGlueckskeks(onRequestComplete, onTimeout, onError) gerufen. In der Markup-Fassung ruft stattdessen das Programmelement serviceMethod den Service.

```
<serviceMethod id="GlueckskeksService"
               url="GlueckskeksService.asmx"
               methodName="getGlueckskeks">
  <completed>
    <invokeMethod target="fortuneMessageBinding"
                  method="evaluateIn" />
  </completed>
  <error>
    <invokeMethod target="statusMessageBinding"
                  method="evaluateIn" />
  </error>
</serviceMethod>
```

10. Dass es sich bei XML-Script um ein *Programm* handelt, mag auf den ersten Blick verwirren; wenngleich es mit XSLT ein prominentes Beispiel gibt. Damit wir diese »visuelle« Verwirrung nicht durch eine sprachliche fördern, sprechen wir von Programmelementen. Dieser Ausdruck spiegelt sowohl die von Auszeichnungssprachen gewohnte, deklarative Syntax wider als auch den dynamischen Charakter eines Skriptprogramms.

Den externen, aufzurufenden Webservice gibt das `url`-Attribut an, `methodName` die an ihm auszuführende Methode. Die Kindelemente `completed` und `error` spezifizieren das Verhalten bei Eintreten der gleichlautenden Ereignisse. Sie entsprechen den Aufrufen von `onRequestComplete()` und den Callback-Funktionen für die Fehlerbehandlung. Die beiden wichtigsten Aktionen für die Ereignisbehandlung sind `invokeMethod` und `setProperty`. Letzteres dient dem Setzen von Werten an Atlaskomponenten.

In `completed` referenziert das `target`-Attribut von `invokeMethod` ein Ziel-Programmelement (anhand dessen `id`-Attributs). Atlas ruft bei Eintreten des Ereignisses »completed« am Programmelement »fortuneMessageBinding« die Methode `evaluateIn()`. `evaluateIn()` ist neben `evaluateOut()` eine von zwei vordefinierten Methoden. Die erste *setzt* einen Wert, die zweite *liest* einen Wert (dies entspricht ungefähr »getter/setter«-Methoden in der Objektorientierung). Ungewöhnlich ist, dass im Methoden*aufruf* (`evaluateIn`) kein Parameterwert übergeben wird. Stattdessen bestimmt *das gerufene Programmelement*, welche Daten es verwendet. Das sieht dann so aus:

```
<label id="fortuneMessage">
  <bindings>
    <binding id="fortuneMessageBinding"
             dataContext="GlueckskeksService"
             dataPath="result"
             property="text"
             automatic="false" />
  </bindings>
</label>
```

Bindings verknüpfen Service-Calls mit UI-Elementen.

Das Binding dient der Übertragung von Daten zwischen Komponenten. Das Attribut `dataContext` nennt die Quelle, von der die Daten stammen (hier `GlueckskeksService` (ID)), `dataPath` gibt relativ dazu den Pfad in Punkt-Notation an. In unserem Beispiel liefert die Quelle ein Javascript-Objekt mit einem Property `result` mit dem Nachrichten-String als Wert.

```
GlueckskeksService = {
    result = "Das ist die Nachricht"
}
```

Wäre die Antwort des Webservices komplexer, etwa

```
obj = {
    result: {
        message = "Das ist die Nachricht",
        author   = "Autor der Nachricht"
    }
}
```

so erhielte man mit `dataContext="obj"` und `dataPath="result.message"` den Wert »Das ist die Nachricht«. Es handelt sich hier offensichtlich um ein Vorgehen, das auf Webservices ausgelegt ist, die Javascript-Objekte in JSON-Schreibweise liefern.

Das `property`-Attribut nennt die Eigenschaft des umgebenden `labels`, dessen Wert das Binding bei Aufruf aktualisiert. `automatic` gibt an, ob ein Update automatisch bei Änderung der Quelle erfolgen soll.

Es fehlt noch der Knopf, der die bisher beschriebene Kette, Aufruf des Webservices und Übertragen der erhaltenen Daten in die entsprechenden Platzhalter-Elemente, auslöst. Diesmal soll der Knopf ein anklickbares Bild sein. Die Vorkehrungen sind bereits im ersten Listing zu sehen, das HTML-Element `<img id="GlueckskeksImg"/>` und das Programmelement `<image id="GlueckskeksImg">...</image>`. Letzteres füllen wir nun Schritt für Schritt:

```
<image id="GlueckskeksImg"
       alternateText="Glückskeks"
       imageURL=
           "http://www.ajaxbuch.de/Include/fortuneCookie-klein.jpg"
       cssClass="img-unhover">

  <behaviors>
    <!-- deklarative Behaviour-Anweisungen-->
  </behaviors>
</image>
```

Die zu setzenden Attribute erklären sich weitgehend von selbst: `alternateText` setzt einen alternativen Text, `imageURL` gibt den URL zur darzustellenden Grafik an und `cssClass` setzt die angegebene CSS-Klasse.

Damit sich das Bild auch wie ein richtiger Knopf verhält, müssen wir das Verhalten (engl.: Behaviour, amerik.: Behavior) bestimmen. In Atlas sind derzeit folgende Verhaltensweisen beschrieben:

- **`autoCompleteBehavior`**
  erweitert eine Textbox um die `auto complete`-Fähigkeit. Bei Eingabe von Text wird eine Drop-down-Liste mit Vorschlägen angezeigt.
- **`clickBehavior`**
  führt seine Funktionen bei einem Mausklick aus.
- **`hoverBehavior`**
  führt seine Funktionen aus, wenn der Benutzer den Mauszeiger über das entsprechende HTML-Element bewegt.
- **`popupBehavior`**
  verwandelt ein Block-Level DOM-Element in eine Popup-Box.

Deklarative Event-Handler: Behaviours

Für unseren Knopf setzen wir `clickBehavior` und das `hoverBehavior` ein. Das `clickBehavior` hat folgende Form:

```
<clickBehavior>
  <click>
    <invokeMethod target="GluecksKeksService" method="invoke" />
  </click>
</clickBehavior>
```

Bei Klick ruft das Programm den `GluecksKeksService`. Dabei handelt es sich um die oben beschriebene `serviceMethod`. Der in der Folge entstehende Datenfluss ist der Abbildung 5–9 zu entnehmen.

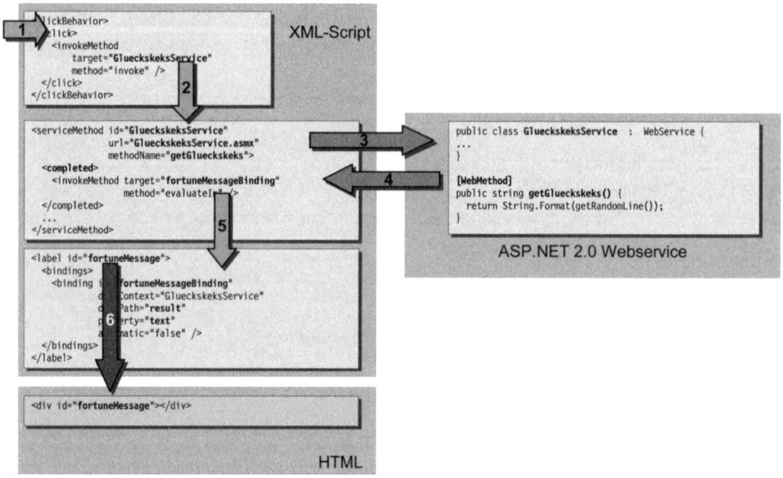

Abb. 5–9
Der Datenfluss des Atlas-Glückskekses beginnend mit dem Klick (1), anschließende Aufrufe in XML-Script (2, 5), Webservice-Calls (3, 4) und Data-Bindings (6)

Die verwendeten Hover-Aktionen `hover` und `unhover` sorgen noch für ein wenig Kosmetik:

```
<hoverBehavior>
  <hover>
    <invokeMethod target="GluecksKeksImg" method="removeCssClass">
      <parameters className="img-unhover" />
    </invokeMethod>
    <invokeMethod target="GluecksKeksImg" method="addCssClass">
      <parameters className="img-hover" />
    </invokeMethod>
  </hover>
  <unhover>
    <invokeMethod target="GluecksKeksImg" method="removeCssClass">
      <parameters className="img-hover" />
    </invokeMethod>
    <invokeMethod target="GluecksKeksImg" method="addCssClass">
      <parameters className="img-unhover" />
    </invokeMethod>
  </unhover>
</hoverBehavior>
```

Die Behaviours bedienen sich der vordefinierten Methoden `addCss-Class()` und `removeCssClass()`, die dem korrespondierenden HTML-Element eine CSS-Klasse hinzufügen beziehungsweise entfernen. »Normale« CSS-Anweisungen, die im nachfolgenden Komplettlisting zu sehen sind, sorgen für den gewünschten Effekt.

```
<%@ Page
    Language    = "C#"
    Title       = "Glückskeks Beispiel"
%>

<!DOCTYPE html PUBLIC "-//W3C//DTD XHTML 1.0 Transitional//EN"
"http://www.w3.org/TR/xhtml1/DTD/xhtml1-transitional.dtd">
<html xmls="http://www.w3.org/1999/xhtml">

<html>
  <head runat="server">
    <title>Glückskeks Beispiel (Atlas)</title>

    <style type="text/css">
      #fortuneMessage { height: 7ex; }
      .img-hover {
        border: solid yellow 1px; }
      .img-unhover {
        border: solid black 1px; }
      .pseudo-button {
        border: solid 1px;
        padding: 3px;
        background: lightyellow; }
    </style>
    <script type="text/javascript" language="JavaScript">
      function get_message(sender, args) {
            args.set_value(args.get_value().get_message());
      }
    </script>

    <script type="text/xml-script">
      <page xmlns:script=
                "http://schemas.microsoft.com/xml-script/2005">
        <components>
          <serviceMethod id="GluckskeksService"
                         url="GluckskeksService.asmx"
                         methodName="getGluckskeks">
            <completed>
              <invokeMethod target="fortuneMessageBinding"
                            method="evaluateIn" />
            </completed>
            <error>
              <invokeMethod target="statusMessageBinding"
                            method="evaluateIn" />
```

```
    </error>
  </serviceMethod>

  <label id="fortuneMessage">
    <bindings>
      <binding id="fortuneMessageBinding"
               dataContext="GlueckskeksService"
               dataPath="result"
               property="text"
               automatic="false" />
    </bindings>
  </label>

  <label id="statusMessage">
    <bindings>
      <binding id="statusMessageBinding"
               dataContext="GlueckskeksService"
               dataPath="result"
               property="text"
               transform = "get_message"
               automatic="false" />
      </bindings>
  </label>

  <image id="GlueckskeksImg"
         alternateText="Glückskeks"
         imageURL=
   "http://www.ajaxbuch.de/Include/fortuneCookie-klein.jpg"
         cssClass="img-unhover">
    <behaviors>
      <clickBehavior>
        <click>
          <invokeMethod target= "GlueckskeksService"
                        method="invoke" />
        </click>
      </clickBehavior>
      <hoverBehavior>
        <hover>
         <invokeMethod target= "GlueckskeksImg"
                         method="removeCssClass">
            <parameters className="img-unhover" />
          </invokeMethod>
         <invokeMethod target="GlueckskeksImg"
                         method="addCssClass">
            <parameters className="img-hover" />
          </invokeMethod>
        </hover>
        <unhover>
          <invokeMethod target="GlueckskeksImg"
                        method="removeCssClass">
```

```
                  <parameters className="img-hover" />
                </invokeMethod>
               <invokeMethod target="GluecksKeksImg"
                             method="addCssClass">
                  <parameters className="img-unhover" />
                </invokeMethod>
              </unhover>
            </hoverBehavior>
          </behaviors>
        </image>
      </components>
    </page>
  </script>
</head>
 <body>
   <div>
     <atlas:ScriptManager id="scriptManager" runat="server">
       <services>
         <atlas:ServiceReference
                             Path="~/GluecksKeksService.asmx" />
       </services>
     </atlas:ScriptManager>

     <form runat="server">
       <h1>Ajax-Glückskeks</h1>

       <p> <strong>Glückskeks-Botschaft:</strong> </p>

       <div id="fortuneMessage"></div>

       <img id="GluecksKeksImg" />

       <p><span class="error" id="statusMessage"></span></p>

     </form>
   </div>

 </body>
</html>
```

Nachtrag: Behandlung des Fehlerfalls

Um die Erklärung nicht mit Details zu überfrachten, haben wir den Fehlerfall übergangen. Im Fehlerfall ist die Ausgabe der Nachricht etwas komplizierter, da das übergebende Javascript-Objekt (siehe unten) den Wert der Fehlernachricht nur über einen Methodenaufruf preisgibt (der folgende Auszug wurde mit dem »Atlas Client Library Browser« unter *http://atlas.asp.net/docs/Client/Browser/jsBrowser.aspx* erzeugt):

```
function (message, stackTrace, exceptionType) {
    var _message = message;
    var _stackTrace = stackTrace;
    var _exceptionType = exceptionType;
    this.get_message = (function () {return _message;});
    this.get_stackTrace = (function () {return _stackTrace;});
    this.get_exceptionType = (function () {return _exceptionType;});
}
```

Zur Ausgabe der Fehlernachricht müssen wir nun doch ein Stückchen Javascript-Code in Form eines Event-Handlers schreiben:

```
<script type="text/javascript" language="JavaScript">
  function get_message(sender, args) {
    args.set_value(args.get_value().get_message());
  }
</script>
```

Die Funktion bekommt bei Aufruf das aufrufende Objekt (`sender`) und als Argumente die durch `dataContext` und `dataPath` spezifizierten Daten. Ein Event-Handler wird aufgerufen, wenn er am `transform`-Attribut gesetzt wird. Zusätzlich kann man eigene Argumente mit dem Attribut `transformerArgument` übergeben:

```
<label id="statusMessage">
  <bindings>
    <binding id="statusMessageBinding"
             dataContext="GlueckskeksService"
             dataPath="result"
             property="text"
             transform = "get_message"
             automatic="false" />
  </bindings>
</label>
```

5.12.6 Bridges

Aufgrund von Sicherheitsbeschränkungen kann ein Skript, das im Browser läuft, keine Verbindung zu einem fremden Rechner herstellen. Um diese Einschränkung zu umgehen, bietet Atlas seine Bridge-Technik (deutsch: Brücke), die die Verwendung von Webservices ermöglicht, die auf einem fremden Server beheimatet sind. Mit dieser Technik lassen sich sowohl deklarativ als auch programmgesteuert Gateways erzeugen, die die Kommunikation mit dem fremden Service durchführen. Die Webapplikation kommuniziert dann transparent mit dem Gateway, also weiterhin ausschließlich mit dem Heimatserver. Die Gateways können die von den externen Webservices erhaltenen

Daten mit Transformern aufbereiten, bevor sie die Daten an den Browser weiterreichen.

Aufgrund der Beschränkungen haben wir in den vorangegangen Abschnitten dieses Kapitels eigens einen ASP.NET-2.0-Glückskeks-Webservice entwickelt und verwendet. Unwirtschaftlich, da es bereits unter *http://www.ajaxbuch.de/code/WS/getFortuneCookieWS/* einen erprobten Service gibt. Deshalb kommt nun eine Bridge zum Einsatz, die mit dem externen Service kommuniziert. In diesem Beispiel nutzt die Anwendung zur Definition der Bridge die deklarative Syntax. In einer komplexeren Anwendung zeigt der Abschnitt 6.8 einen verketteten Aufruf mehrerer externer Webservices in einer Mischung aus deklarativer Syntax und C#-Code. Abbildung 5–10 zeigt im Überblick den schematischen Aufbau der hier angestrebten Architektur. Auf den zweiten Blick sind Details der nachfolgend beschriebenen Programmierung zu erkennen.

Abb. 5–10 *Schematische Darstellung einer Bridge*

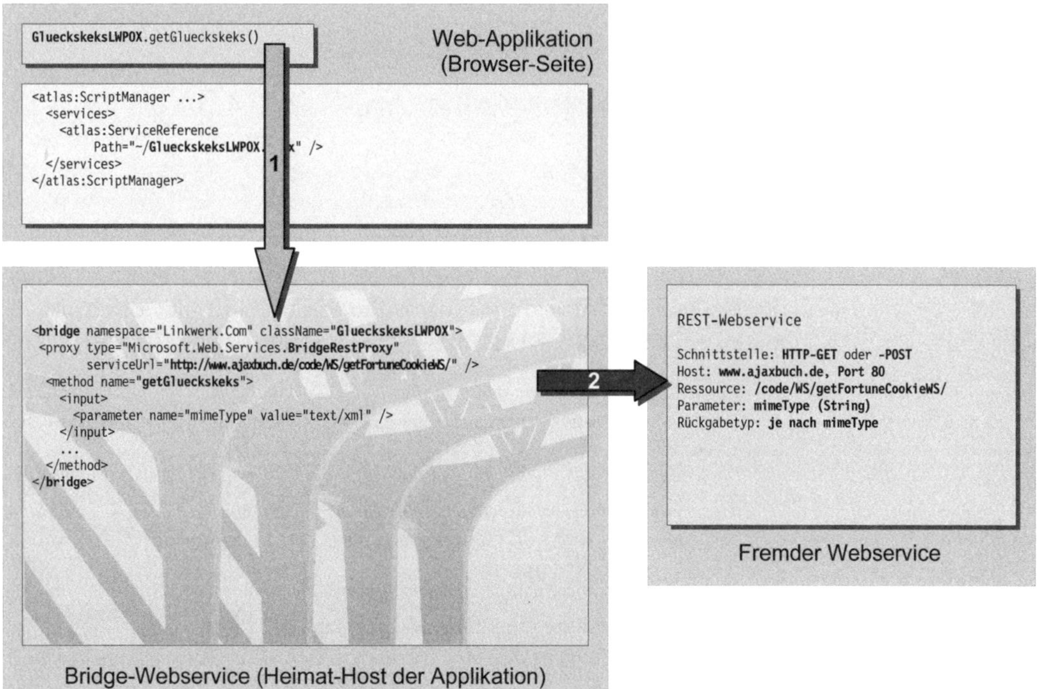

Bridges werden von Dateien mit der Endung `.asbx` beschrieben. Voraussetzung ist die Registrierung der Dateiendung im Webserver. Das Wurzelelement für eine Brückendefinition heißt `bridge`.

```
<bridge namespace="Linkwerk.Com" className="GlueckskeksLWPOX">
```

Bridges: Proxys für Webservices

Die Attribute namespace und className spezifizieren den Namen, mit dem der Service später, zusammen mit den noch zu definierenden Methoden, clientseitig angesprochen wird[11]. Das bridge-Element besitzt die zwei erforderlichen Kindelemente proxy und method. »Proxy«, weil die Bridge – durchaus vergleichbar mit einem HTTP-Proxy – für die eigene Webapplikation als »Stellvertreter« eines anderen, fremden Services auftritt. Dementsprechend trägt das Element die Information über den Typ des fremden Services (hier die Klasse Microsoft.Web.Services.BridgeRestProxy[12]) und den URL.

```
<proxy type="Microsoft.Web.Services.BridgeRestProxy"

serviceUrl="http://www.ajaxbuch.de/code/WS/getFortuneCookieWS/" />
```

Das zweite erforderliche Kindelement method definiert mit dem name-Attribut einen Methodennamen, unter dem der Client den (verdeckten) fremden Webservice an der eigenen Bridge rufen kann. Die Deklaration von Parametern wird gleich miterledigt:

```
<method name="getGlueckskeks">
  <input>
    <parameter name="mimeType" />
  </input>
  ...
</method>
```

Da der Client die Glückskeksnachricht in Form eines Strings erwartet, der externe Service die Nachricht aber in XML-Form liefert, schaltet die Bridge einen transform-Prozess dazwischen, der die Zeichenkette mit einem XPathBridgeTransformer ausschneidet:

```
<transforms>
  <transform type="Microsoft.Web.Services.XPathBridgeTransformer">
    <data>
      <!-- Auswahl der fraglichen Knoten mit Xpath: -->
      <attribute name="selector" value="/message" />
      <!-- Ergebnis-Dictionary aus selektierten Knoten
           konstruieren: -->
       <dictionary name="selectedNodes">
         <item name="message" value="text()" />
       </dictionary>
     </data>
   </transform>
 </transforms>
```

11. Das Suffix POX ist die Abkürzung für »Plain Old XML«.
12. Für Webservices, die per HTTP-Get angesprochen werden, hat sich der durch Roy Fielding in seiner Dissertation geprägte Begriff REST etabliert. Die Arbeit ist unter *http://www.ics.uci.edu/~fielding/pubs/dissertation/top.htm* zu finden.

name="message" des item-Elements spezifiziert den Namen des Propertys, mit dem man clientseitig den Wert aus der Antwort auslesen kann.

Die komplette GluckskeksLWPOX.asbx-Datei zeigt das Listing:

```
<?xml version="1.0"?>
<bridge namespace="Linkwerk.Com" className="GlueckskeksLWPOX">
  <proxy type="Microsoft.Web.Services.BridgeRestProxy"

serviceUrl="http://www.ajaxbuch.de/code/WS/getFortuneCookieWS/" />
  <method name="getGlueckskeks">
    <input>
      <parameter name="mimeType" value="text/xml" />
    </input>
    <transforms>
      <transform type=
                 "Microsoft.Web.Services.XPathBridgeTransformer">
        <data>
          <attribute name="selector" value="/message" />
          <dictionary name="selectedNodes">
            <item name="message" value="text()" />
          </dictionary>
        </data>
      </transform>
    </transforms>
  </method>
</bridge>
```

Für die Verwendung des Services in einer XHTML-Seite braucht es noch ein ScriptManager-Element, das die Bridge referenziert:

```
<atlas:ScriptManager id="scriptManager" runat="server">
  <services>
    <atlas:ServiceReference Path="~/GlueckskeksLWPOX.asbx" />
  </services>
</atlas:ScriptManager>
```

Der Aufruf aus Javascript:

```
Linkwerk.Com.GlueckskeksLWPOX.getGlueckskeks({mimeType :
"text/xml"}, onRequestCompleteLWPOX, onTimeout, onError);
```

Es ist ersichtlich, dass sich der clientseitige Aufruf eines fremden Services über eine Bridge nur unwesentlich von einem Aufruf eines Webservices auf dem Heimatserver unterscheidet (vgl. Abschnitt 5.12.4). Einzig ein zusätzlicher Parameter in Form eines anonymen literalen Objekts zum Setzen der zusätzlichen Parameter des externen Webservices wird benötigt. In unserem Beispiel ist das der mimeType mit dem Wert text/xml, der den fremden Glückskeksservice veranlasst, seine Nachrichten in XML-Form auszuliefern. Zu beachten ist außerdem, dass der Ergebniswert nicht direkt als String im result-Wert an die

Callback-Funktion übergeben wird. Der `transform`-Vorgang der Bridge verpackt die Rückgabewerte in einer Liste von Dictionaries, was einem Array mit literalen Objekten in Javascript/JSON entspricht. Um also an unsere Nachricht zu kommen, dereferenzieren wir den ersten Eintrag und lesen die Eigenschaft `message` aus.

```
function onRequestCompleteLWPOX(result)
{
  $("fortuneMessage").innerHTML = result[0].message;
}
```

Abschließend die vollständige XHTML-Seite:

```
<%@ Page
        Language = "C#"
        Title    = "Glückskeksbeispiel"
%>

<!DOCTYPE html PUBLIC "-//W3C//DTD XHTML 1.0 Transitional//EN"
"http://www.w3.org/TR/xhtml1/DTD/xhtml1-transitional.dtd">
<html xmlns="http://www.w3.org/1999/xhtml">

<html>
  <head>
    <title>Glückskeks Beispiel (Atlas)</title>

    <atlas:ScriptManager id="scriptManager" runat="server">
      <services>
        <atlas:ServiceReference Path="~/GlueckskeksLWPOX.asbx" />
      </services>
    </atlas:ScriptManager>

    <script type="text/javascript" language="JavaScript">
      function getLWPOXGlueckskeks()
      {
        resetMessage();
        Linkwerk.Com.GlueckskeksLWPOX.getGlueckskeks({mimeType :
          "text/xml"}, onRequestCompleteLWPOX, onTimeout, onError);
      }

      function onRequestCompleteLWPOX(result)
      {
        $("fortuneMessage").innerHTML = result[0].message;
      }

      function onTimeout(result)
      {
        $("statusMessage").innerHTML = "timeout: "
                                    + result.get_message();
      }
```

```
        function onError(result)
        {
          $("statusMessage").innerHTML = "error: "
                                       + result.get_message();
        }

        function resetMessage()
        {
          $("statusMessage").innerHTML = "";
        }
      </script>
    </head>
    <body>
      <form runat="server">
        <p><strong>Glückskeks-Botschaft:</strong></p>
        <div id="fortuneMessage"></div>
        <button id="GlueckskeksButton2"
                type="button"
                onclick="getLWPOXGlueckskeks()">
          Neuer Glückskeks (bridged)
        </button>
         <p><span class="error" id="statusMessage"></span></p>
      </form>
    </body>
  </html>
```

5.12.7 Fazit

Das Atlas-Framework stellt eine Erweiterung von ASP.NET 2.0 dar und ist sowohl für den Einsatz in bereits existierenden ASP.NET-2.0-Applikationen konzipiert als auch für den Einsatz in eigenständigen Atlas-Applikationen. Die zugrunde liegenden Funktionen sind, wie im DWR-Framework auch, nicht direkt sichtbar. Einfache Javascript-Funktionsaufrufe führen im RPC-Stil lokale oder (über Bridges) fremde Webservices aus. Callback-Funktionen bekommen die Ergebnisse der asynchronen Aufrufe übergeben.

Javascript versus XML-Script?

Auch wenn die deklarative Syntax auf den ersten Blick etwas unbequem erscheint, so hat sie doch einige Vorteile gegenüber der reinen Javascript-Lösung. Durch die Schachtelung der Elemente und die Referenzierung der Objektbeziehungen über `id`-Attribute ergeben sich klare Strukturen der Abhängigkeiten. Wer einmal versucht, das Glückskeksbeispiel aus Abschnitt 5.12.5 in reinem Javascript nachzubauen, wird schnell feststellen, wie aufwendig es ist, diese Beziehungen und Referenzen über das Erzeugen neuer Objekte und deren Verkettung über Methodenaufrufe zu bewerkstelligen. Auf der anderen Seite lassen sich nicht immer alle Atlas-Features in deklarativer Syntax verwenden. Javascript eignet sich dagegen gut für das Schreiben von Callback-Funktionen und Event-Handlern. Am geeignetsten erscheint eine Mischung aus beiden Formen, die die jeweiligen Stärken undogmatisch nutzt.

Sehr stark ist Atlas durch Bridges und Transformers im Aufruf der unterschiedlichen Webservices, eigenen ASP.NET-2.0-Services, fremden POX- (Plain Old XML) oder Soap-Services. Darüber hinaus ist die Verkettung mehrerer Services, bei denen das Ergebnis des Vorgängers in die Abfrage des Nächsten einfließt, mit verketteten Bridges möglich (siehe hierzu auch das Beispiel in 6.8).

Die Dokumentation ist für einen technologischen Preview schon recht umfangreich, und es stehen viele Beschreibungen und einführende Beispiele zur Verfügung. Verlässt man aber die vorgegebenen Pfade und beginnt mit der Entwicklung eigener Applikationen, so finden sich schnell Dokumentationslücken. Hilfreich sind in diesem Fall die zur Verfügung stehenden Klassenbrowser, die die Struktur der Bibliotheken anzeigen. Obwohl das Framework einen stabilen Eindruck hinterlässt, scheint es noch starken Änderungen und Erweiterungen zu unterliegen, und es ist derzeit von einem produktiven Einsatz noch abzuraten. Da Software und deren Dokumentation einem kürzeren Erneuerungszyklus als Bücher unterworfen sind, tut der Leser gut daran, bei Interesse sowohl den Dokumentationsstand als auch den Reifegrad der Software selbst zu prüfen.

6 Praktische Beispiele

Dieses Kapitel zeigt praktische Anwendungen von Ajax. Dabei handelt es sich nicht um eine willkürliche Auswahl, sondern um Beispiele, die zwar konkret sind, aber eine möglichst gute Übertragbarkeit auf andere Szenarien besitzen.

6.1 Orientierung

1. Dieses Kapitel setzt die zuvor genannten Bibliotheken und Frameworks für praktische Anwendungen ein.
2. Da es hier um die Anwendungssicht, nicht um die Tool- oder Konzeptsicht geht, konnten wir eine jeweils geeignete Software frei wählen.
3. Es kommen zum Einsatz): Lokris (Abchnitt 3.3.2), Dojo (neu in diesem Kapitel), Sarissa (2.5.5), Xajax (5.10), AjaXSLT (2.5.6), DWR (5.11), Atlas (5.12).
4. Das Beispiel in 6.2 lädt XML-Daten auf Benutzeraktion aus einer Datei auf dem Server und verwendet die Daten zur Aktualisierung der Webseite. Das wiederverwendbare Muster besteht darin, dass Elemente der Daten und der Webseite über gleichnamige IDs miteinander gekoppelt sind.
5. Das Beispiel in 6.3 zeigt den Einsatz von Dojo, um eine *Redo/Undo-Funktion* für eine Webapplikation zu implementieren.
6. Abschnitt 6.4 zeigt gleich drei alternative Implementierungen eines *Baummenüs,* dessen Daten vom Server gespeist werden. Die Alternativen unterscheiden sich im Einsatz von client- und serverseitigen Techniken. Die dabei verwendete Datenmenge und aufwendige Verarbeitung zeigt die (Performance-)Grenzen der clientseitigen Ausführung.
7. Das *Tic-Tac-Toe*-Spiel in 6.5 ist ein Beispiel eines Szenarios, in dem zwei (oder mehr) Personen über eine Ajax-Anwendung miteinander kommunizieren. Was hier als Spiel ausgeführt ist, könnte ge-

nauso ein Chat oder eine andere Form von Dialog sein. Darüber hinaus zeigt das Beispiel den hohen Grad an Programmierkomfort, den ein serverseitiges Framework liefert, das die Clientprogrammierung fast völlig unnötig macht.

8. In Abschnitt 6.7 findet der Leser eine Anwendung, die per Ajax eine komplexe Aufgabe, die clientseitig schwierig zu lösen ist, auf dem Server ausführt. Es handelt sich hier um die Validierung von Daten gegen ein XML-Schema; clientseitig aufwendig, serverseitig einfach, dank Ajax leicht zu verbinden.
9. Das abschließende Beispiel zu *miteinander verketteten Aufrufen von Webservices* in 6.8 zeigt, wie ein serverseitiges Framework als Vermittler zwischen Browser und fremden Webservices arbeiten kann.

6.2 Sich selbst übersetzende Oberflächen

Wer Weboberflächen in verschiedenen Sprachen anbietet, wird das üblicherweise so realisieren, dass für jede Sprache eine eigene (am besten generierte) Seite auf dem Server liegt oder der Server die Seite in der angeforderten Sprache dynamisch erzeugt. Mit Ajax eröffnet sich ein dritter Weg, den das folgende Beispiel zeigt (online unter *http://www.ajaxbuch.de/code/beispiele/switchlang/*).

Die Grundidee besteht darin, dass es serverseitig einen Webservice gibt, der die Vokabeln einer Seite für alle angebotenen Sprachen kennt und anbietet. Alle Vokabeln sind mit einer ID versehen. Der Browser lädt eine HTML-Seite, die an allen Stellen, die in verschiedenen Sprachen darstellbar sein sollen, keinen Text, sondern nur ein geeignetes Element mit einer ID enthält. Die IDs auf Browser- und auf Serverseite korrespondieren miteinander. Beim Umschalten auf eine neue Sprache lädt der Browser im Ajax-Stil das passende Vokabelverzeichnis und weist die Begriff den entsprechenden Stellen zu. Im Code sieht das Ganze wie folgt aus. Zunächst der HTML-Anteil:

```
<form onsubmit="alert('submitted'); return false;" action="">
  <p><strong><span id="h"></span></strong></p>
  <table border="1" cellspacing="5">
    <tr><th><span id="a"></span></th><td><input/></td></tr>
    <tr><th><span id="b"></span></th><td><input/></td></tr>
    <tr><th><span id="c"></span></th><td><input/></td></tr>
    <tr><th><span id="f"></span></th><td><input id="g"/></td></tr>
    <tr><th><span id="i"></span></th><td>
                  <select>
                    <option id="j"></option>
                    <option id="k"></option>
                  </select>
    </td></tr>
```

```
      <tr><th><input id="d"
                     type="button"
                     onclick="alert('clicked');"
                     value=""/></span></th>
        <td><input id="e"
                     type="submit"
                     value=""/></td></tr>
    </table>
    <p>
      <input type="button"
             onclick="switchLang('de')"
             value="Deutsch"/>
      <input type="button"
             onclick="switchLang('en')" value="English"/>
    </p>
  </form>
```

Auf den ersten Blick gibt es hier wenig erläuternden Text. Erst recht, wenn man diesen Code mit der Abbildung der Webseite vergleicht.

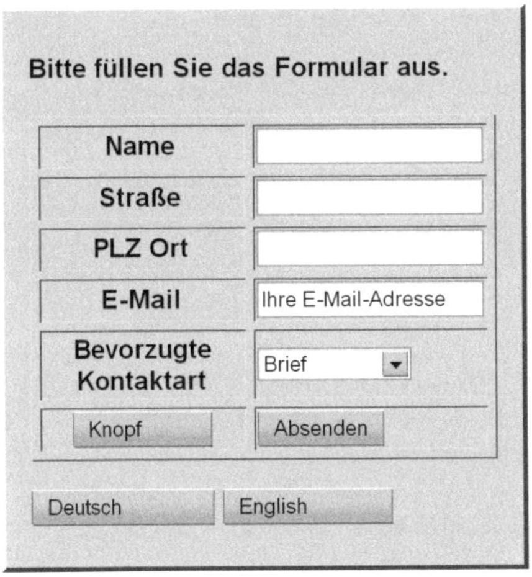

Abb. 6–1
Die Webseite mit deutscher Oberfläche

Der Text wird erst nach dem Laden der Seite auf die gleiche Weise eingeblendet wie später beim Umschalten auf eine andere Sprache auch. Dazu steht im `body`-Start-Tag folgende Anweisung im `onload`-Event-Handler: `<body onload="switchLang('de');">`. Die Voreinstellung ist hier Deutsch. Alternativ ließe sich die Sprache des Browsers `navigator.language` wählen, oder besser noch die vom Benutzer präferierte Sprache[1].

1. In Mozilla-Browsern liefert `navigator.preference('intl.accept_languages')` eine kommaseparierte Liste der gewünschten Sprachen; allerdings aus Sicherheitsgründen nicht ohne Weiteres. Das Skript muss signiert sein und die entsprechende Berechtigung erhalten. Details sind unter *http://www.mozilla.org/projects/security/components/signed-scripts.html* zu finden. Lesenswert ist auch *http://www.almaer.com/blog/archives/000794.html*.

Die Funktion `switchLang()` stützt sich auf `showFormLabels()`. Beide sind in folgendem Listing zu sehen:

```
function switchLang(lang) {
  var uri = "switchlangWS/dictionary." + lang +".xml";

  Lokris.AjaxCall(uri, showFormLabels);
}
function showFormLabels(xmlInstance) {
  var entries = xmlInstance.getElementsByTagName("entry");

  for (var i = 0; i < entries.length; i++) {
    var entryId = entries[i].getAttributeNode("id").value;
    var text =
          document.createTextNode(entries[i].firstChild.nodeValue);
    var textString = entries[i].firstChild.nodeValue;


    var htmlElement = document.getElementById(entryId);
    if (htmlElement != null) { // das Element existiert
     if (htmlElement.nodeName.toLowerCase() == 'input') { // Buttons
                                                          // und Co...
        if (htmlElement.type == 'button' ||
            htmlElement.type == 'submit' ||
            htmlElement.type == 'text') {
              htmlElement.value = textString;
        } else {
              alert('Nicht unterstützer Elementtyp '
                    + htmlElement.type);
        }
      } else {  // normale Elemente
        if (htmlElement.hasChildNodes()) {
           htmlElement.replaceChild(text, htmlElement.firstChild);
        } else {
              htmlElement.appendChild(text);
        }
      }
    }
  }
}
```

Zunächst ist zu erkennen, dass sich `switchLang()` auf einen gleichnamigen Webservice unter der (relativen) Adresse `./switchlangWS/*` verlässt. Der Webservice ist diesmal nicht durch ein Programm realisiert, sondern – viel simpler – durch ein einfaches XML-Wörterbuch, eines je unterstützter Sprache. Für die Sprachen Deutsch und Englisch sehen die beiden Dateien so aus:

```
<?xml version="1.0" encoding="utf-8"?>
<dictionary lang="de">
        <entry id="a">Name</entry>
        <entry id="b">Straße</entry>
        <entry id="c">PLZ Ort</entry>
        <entry id="d">Knopf</entry>
        <entry id="e">Absenden</entry>
        <entry id="f">E-Mail</entry>
        <entry id="g">Ihre E-Mail-Adresse</entry>
        <entry id="h">Bitte füllen Sie das Formular aus.</entry>
</dictionary>

<?xml version="1.0" encoding="utf-8"?>
<dictionary lang="en">
        <entry id="a">Name</entry>
        <entry id="b">Street</entry>
        <entry id="c">ZIP City</entry>
        <entry id="d">Button</entry>
        <entry id="e">Submit</entry>
        <entry id="f">E-Mail</entry>
        <entry id="g">Your e-mail address</entry>
        <entry id="h">Please fill out the form.</entry>
</dictionary>
```

Damit sind alle Zutaten beisammen, um den Ablauf beschreiben zu können: Die Funktion `switchLang()` lädt die zum erhaltenen Parameterwert `lang` passende XML-Datei. Deren Verarbeitung überlässt sie der Funktion `showFormLabels()`. `showFormLabels()` läuft in einer Schleife durch alle Einträge des Wörterbuchs. In den ersten drei Zeilen des Schleifenrumpfs führt sie für einen Eintrag drei Operationen aus: Sie ermittelt die ID, erzeugt einen DOM-Textknoten (`text`) und liest den Text aus (`textString`). Der Rest des Schleifenrumpfs widmet sich der Manipulation der Webseite. Zunächst greift `document.getElementById(entryId)` auf das Element der Webseite zu, das mit dem aktuellen Wörterbucheintrag korrespondiert. Falls es ein solches Element gibt, geht es weiter. Die nächste Fallunterscheidung steht an, da der Beschriftungstext von Schaltflächen und der Inhalt von Elementen auf verschiedene Weise zu ändern ist. Bei einer Schaltfläche lautet der Änderungsbefehl `htmlElement.value = textString`. Im Gegensatz dazu erhalten Elemente einen Textknoten als Kind per `htmlElement.appendChild(text)` beziehungsweise `htmlElement.replaceChild(text, htmlElement.firstChild)`. Letzteres gilt für den Fall, dass das Element bereits einen Kindknoten besitzt. Ein Wort zu der Abfrage `hasChildNodes()`. Diese DOM-Level-2-Methode kennt der MSIE nicht. Eine kompatible Abfrage lautet zum Beispiel `if (htmlElement.childNodes && htmlElement.childNodes.length > 0)`.

Abb. 6–2
Die Webseite mit englischer Oberfläche

Das Umschalten lässt sich sehr einfach für weitere Sprachen erweitern. Es genügt, für jede weitere Sprache ein passendes Wörterbuch im festgelegten XML-Format zu hinterlegen und einen entsprechenden Knopf in die Webseite einzubauen. Letzteres ist noch eleganter zu gestalten: Dazu muss der Webservice auf Anfrage eine Liste der unterstützten Sprachen liefern. Ein paar Zeilen Javascript bauen die entsprechende Auswahlmöglichkeit in die Webseite ein.

Hervorzuheben ist bei dieser Beispielanwendung die elegante Kopplung zwischen Wörterbucheinträgen und Elementen in der Webseite über IDs sowie die Universalität der Funktion `showFormLabels()`. Sie unterstützt mehrere Arten von relevanten HTML-Elementen, und die Änderung eines Elementtyps spielt keine Rolle, weil es ausschließlich auf die ID ankommt.

Abschließend sei wieder einmal darauf hingewiesen, welches Größenverhältnis in diesem Beispiel vorzufinden ist. Der Hauptteil der Programmierung hat nichts mit Ajax zu tun. Aufwendiger ist die Programmierung der DOM-Manipulation und die Bereitstellung des Webservices. Ajax ist nicht mehr und nicht weniger als die Verbindung zwischen beiden.

6.3 Ajax-Undo und -Redo

Im ersten Kapitel haben wir die kritischen Ausführungen von Chris McEvoy aus dessen Artikel »Why Ajax Sucks (Most of the Time)« erwähnt. Wir haben seine Kritik dort mit dem Argument abgewehrt, dass Ajax für Applikationen, nicht für miteinander verlinkte Webseiten bestimmt sei. Bei dieser Betrachtungsweise kommen Konzepte wie das Anlegen eines Bookmarks oder der Vor- und Zurückknopf nicht vor. Kein Anwendungsprogramm erlaubt es, seinen aktuellen *Zustand* zu »bookmarken«. Passt man die Terminologie jedoch ein wenig der von Anwendungsprogrammen an, dann zeigt McEvoys Artikel einige Probleme bei der Ajax-Programmierung auf.

Statt des Anlegens eines Bookmarks sollte eine Anwendung das Speichern von in ihr erzeugten Daten zulassen; ebenso das Drucken der Daten. Für die Vor- und Zurückknöpfe des Browsers bietet sich die naheliegende Analogie des »Undo« und »Redo« (Rückgängig und Wiederherstellen) an. Es steht nicht für jedes dieser Probleme eine zufriedenstellende Lösung zur Verfügung. Ob etwa eine per Ajax veränderte Webseite druckbar ist, sollte eine Browseraufgabe sein. Beispielsweise druckt Mozilla die veränderte DOM-Seite; IE 6 macht das nicht. Für das Undo/Redo-Problem gibt es Lösungen, die nicht auf die Browser warten, sondern Javascript einsetzen[2]. Als Beispiel möchten wir hier das Toolkit Dojo für diesen Zweck einsetzen *(http://dojotoolkit.org/)*. Dojo ist eine umfangreiche Sammlung von Javascript-Bibliotheken, deren Umfang an MochiKit erinnert. So überrascht es nicht, dass dort auch ein Layer für asynchrone Kommunikation vorhanden ist. Diese Funktion werden wir hier zwar benutzen, aber nicht vertiefen. Der Schwerpunkt der Betrachtung liegt auf der Handhabung von Dojos History-Funktionen.

Das Online-Beispiel für diesen Abschnitt steht unter der Adresse *http://www.ajaxbuch.de/code/beispiele/undo/*. Es handelt sich noch einmal um den Glückskeks, diesmal mit dem Undo/Redo-Feature. Der HTML-Quellcode der Seite unterscheidet sich nur wenig von den bisherigen Beispielen dieser Art:

```
<html lang="de">
  <head>
    <title>Ajaxbuch.de: Undo und Redo</title>
    <script type="text/javascript">
      djConfig = { preventBackButtonFix: false };
    </script>
    <script type="text/javascript" src="dojo.js"></script>
    <script type="text/javascript"
            src="lwFortuneCookie.js"></script>
  </head>
  <body onload="init();">
    <h1>Undo und Redo</h1>

    <div id="fortuneMessage"></div>
    <form action="">
      <p><input type="button" value="Neuer Glückskeks"
                onclick="getGluecksKeks()"/></p>
```

2. Wenngleich wir der Meinung sind, dass auch ein DOM-Undo/-Redo ein Feature des Browsers sein könnte.

```
    </form>
    <div>Position in der History:
      <span id="historyPosition">0 von 0</span>
    </div>
  </body>
</html>
```

Obligatorisch ist das Laden und Konfigurieren von Dojo. Das Erkennen und Verarbeiten eines Back-Button-Klicks wird durch `preventBackButtonFix: false` aktiviert. Weitere wesentliche Punkte sind der `onload`-Aufruf der selbstgeschriebenen Funktion `init()` sowie das `getGlueckskeks()` im `onclick`. Das Element `historyPosition` ist die Vorbereitung für die spätere Anzeige der Position beim Undo/Redo.

Dojos Idee für Undo/Redo besteht darin, dass die Bibliothek einen unsichtbaren Iframe in die Seite einbaut. Bei jedem Ajax-Aufruf verändert Dojo den Iframe, so dass der Browser die Änderungen als History-Änderungen intern vermerkt. Der Vor- und Zurück-Knopf ist für Javascript nicht unmittelbar zugänglich, vielmehr nutzt Dojo die vom Browser beim Blättern ausgelösten Änderungen im Iframe als Signal für einen Klick auf einen der Knöpfe. Darüber hinaus hängt das Tool zu internen Zwecken optional eine Kennung der Form `#xyz` an den URL der Seite. Wir haben diese Option benutzt, weil wir unseren Testbrowser anders nicht zur Zusammenarbeit bewegen konnten. Dojos Unterstützung für den Entwickler beschränkt sich auf zwei Methoden:

- **`dojo.undo.browser.setInitialState(state)`**
  Definiert einen initialen Zustand der Seite und sollte vor jeglicher Seitenmanipulation aufgerufen werden.
- **`dojo.undo.browser.addToHistory(state)`**
  Fügt einen neuen Zustand zur Dojo-History-Verwaltung hinzu. Die Methode sollte bei jeder Seitenänderung aufgerufen werden.

Bei `state` handelt es sich um ein Objekt, das folgenden Aufbau besitzt:

```
var state = {
  back: function() { alert("Back was clicked!"); },
  forward: function() { alert("Forward was clicked!"); },
  changeUrl: tru;
};
```

Die beiden Objektmethoden `back()` beziehungsweise `forward()` ruft Dojo bei einem Klick auf die entsprechenden Icons im Browser[3]. Das Listing zeigt den einfachsten Fall, in dem die Methoden nur eine Nachricht ausgeben, aber nicht wirklich ein Undo/Redo ausführen. Die

3. Sie können besser `onBack()` und `onForward()` heißen. Sie haben den Charakter eines Event-Handlers.

anwendungsspezifische Speicherung der Zustände und das Zurücksetzen der Seite muss der Entwickler selbst regeln.

Für das Glückskeks-Beispiel haben wir eine generische History-Verwaltung entwickelt, die der Leser für eigene Zwecke nutzen kann. Sie besitzt nur wenige Randbedingungen:

- Ein Zustand ist ein Objekt. Dessen Aufbau spielt keine Rolle.
- Eine Anzeigefunktion kann auf Basis eines Zustandsobjekts die Seite in den gewünschten Zustand versetzen.

Der Kern unserer History-Verwaltung ist der Konstruktor gleichen Namens:

```
//
// Konstruktor für generisches History-Objekt
//
function History() {
    this.current  = -1;  // noch nicht initialisiert
    this.states   = new Array();
    this.back     = function() { this.current-- };
    this.forward  = function() { this.current++ };
    this.getCurrentState =
                  function() {
                     return this.states[this.current]
                  };
    this.hasPast    = function() {
                     return (this.current > 0);
                  };
    this.hasFuture  = function() {
                  return (this.current < this.states.length-1);
                  };
    this.push       = function(object) {
                     this.current++;
                     this.states[this.current] = object;
                     this.states.length = this.current+1
                  };
    this.getPosition= function() {
                     return {
                         cursor: this.current,
                         max: this.states.length-1};
                  };
}

//
// Globales History-Objekt erzeugen
//
var cookieHistory = new History();
```

Ein Objekt wie `cookieHistory` hat eine Reihe von Eigenschaften und Methoden. Die Eigenschaft `states` speichert die Zustandsobjekte in einem Array. Mit der Methode push() lassen sich neue Objekte hinzufügen und mit getCurrentState() das aktuelle Zustandsobjekt abfragen. Diese beiden Bauteile, Dojos Unterstützung des Vor-/Zurückknopfs und die Klasse History müssen nun nur noch verknüpft werden.

Dojo braucht ein Objekt der oben gezeigten Bauart mit back()- und forward()-Methoden. Der Aufbau der Methoden hängt ab vom Aufbau der gespeicherten Zustände. Da wir diese aber soeben mit dem Konstruktor History() abstrakt beschrieben haben, kopieren wir die Vorgehensweise für Dojos »state«-Objekt:

```
//
// Konstruktor für StateChangeHandler
//
function StateChangeHandler(historyObject, displayFunction) {
 this.back = function() {
   if (historyObject.hasPast()) {
     historyObject.back();
     displayFunction(historyObject.getCurrentState(),
                                  historyObject.getPosition());
   } else {
     alert("Ende der Vergangenheit");
   }
 };
 this.forward = function() {
   if (historyObject.hasFuture()) {
     historyObject.forward();
     displayFunction(historyObject.getCurrentState(),
                                  historyObject.getPosition());
   } else {
      alert("Ende der Zukunft :-|");
   }
 };
 this.changeUrl = true;
}

//
// Handler für Zustandswechel (onBack/onForward) erzeugen
//
var cookieChangeHandler =
       new StateChangeHandler(cookieHistory, showFortuneMessage);
```

Der Konstruktor StateChangeHandler() liefert ein Objekt mit back()- und forward()-Methoden, die am übergebenen History-Objekt (hier cookieHistory) die korrespondierenden Methoden aufrufen und darüber hinaus die Aktualisierung der Webseite durch Aufruf der displayFunction() (hier showFortuneMessage) veranlassen. Damit sind bereits alle Teile für das Undo/Redo vorhanden. Es fehlen die einleitenden Schritte, das Laden der Daten per Ajax und die Anzeigefunktionen. Sie lassen sich am besten über den Programmfluss erklären. Es geht los in der Funktion `init()`, die der Browser beim Laden der Seite ruft.

```
dojo.require("dojo.undo.browser");
dojo.require("dojo.io.*");
dojo.require("dojo.lang.common");

//
// Handler für initialen Zustand erzeugen
// und bei Dojo registrieren
//
function init() {
    dojo.undo.browser.setInitialState(cookieChangeHandler);
    pushData(cookieHistory, showFortuneMessage, "");
}

//
// Anzeigen und Ablegen neuer Daten in der History
//
function pushData(historyObject, displayFunction, data) {
    historyObject.push(data);
    displayFunction(historyObject.getCurrentState(),
                                    historyObject.getPosition());
}
```

Mit `setInitialState()` legt Dojo den zuvor definierten `cookieChangeHandler` als Event-Handler für Back-/Forward-Ereignisse im Ausgangszustand fest. `pushData()` legt die initialen Daten in der noch leeren `cookieHistory` ab und zeigt sie mit `showFortuneMessage()`. In diesem Fall sind die Daten nur eine leere Zeichenkette. Alle Funktionen sind aber so programmiert, dass sie komplexe Objekte genauso gut verarbeiten können. Sie schleifen die Daten sowieso nur an die `displayFunction()` durch.

Wenn der Benutzer einen neuen Glückskeks sehen möchte, ruft das Programm die Funktion `getGlueckskeks()`. Sie führt im Dojo-Stil einen Ajax-Request durch.

```
//
// Ajax-Request ausführen
//
function getGlueckskeks() {
 dojo.io.bind({
   url: "/code/WS/getFortuneCookieWS/",
   load: receiveMessage,
   mimetype: "text/plain",
   transport: "XMLHTTPTransport",
   method: "POST"
 });
}
```

```
//
// Callback für den Ajax-Request
//
function receiveMessage(type, data, evt) {
  if(type == "load"){
    dojo.undo.browser.addToHistory(cookieChangeHandler);
    pushData(cookieHistory, showFortuneMessage, data);
  } else {
    alert("Glückskeksnachricht konnte nicht geladen werden");
  }
}
```

Die Callback-Funktion heißt hier `receiveMessage()`. Sie macht das Gleiche wie bereits die `init()`-Funktion, nämlich das Registrieren des Event-Handlers bei Dojo und das Ablegen der Daten in der History sowie das Anzeigen derselben in der Webseite. Ein Unterschied zur Initialisierung besteht natürlich darin, dass es sich diesmal um echte Daten, keine leere Zeichenkette handelt.

Fazit

Dojos Umgang mit der Browser-History und Javascripts flexible Möglichkeiten zur Programmierung mit Objekten sorgen für eine Lösung des Undo/Redo-Problems mit nur wenigen Zeilen Code. Allerdings ist die Browserunterstützung dieser Dojo-Bibliothek noch nicht so gut, wie man es wünschen würde. Während Mozilla und Firefox reibungslos funktionieren, wollten MSIE 6 und Opera 9 bei unseren Tests nicht mitspielen. Angesichts der aktuellen Versionsnummer 0.3.1 von Dojo ist das zu verzeihen. Wie so häufig bleibt auch hier auf zukünftige Verbesserungen zu hoffen.

6.4 Baummenü

Die Organisation von Daten in einem Baum ist weitverbreitet. Beispielsweise kennen Windows-Benutzer die baumartige Darstellung der Verzeichnisstruktur ihres Dateisystems im Windows-Explorer. Aufgrund der Bekanntheit dieser Darstellungsweise entstanden vor einigen Jahren zahlreiche Javascript-Implementierungen, die auf Webseiten Menüs erscheinen ließen, die sich wie der Windows-Explorer verhielten. Wenngleich sie häufig als »Explorer-Menüs« bezeichnet werden, wollen wir hier lieber von Baummenüs sprechen. Schließlich gibt es sie nicht nur in der genannten Applikation[4].

4. Und ein Patent, das die Programmierung eines solchen Menüs unter drakonische Strafe stellt, ist bislang nicht bekannt. Kann ja noch kommen ...

Die bekannten Javascript-Baummenüs haben einen großen Nachteil: Sie schicken die Menüdaten gleich vollständig übers Netz. Das Programm klappt bei einem Klick dann nur noch die entsprechenden Ebenen auf und zu und bedient sich dazu der eingangs übertragenen Daten. Was bei kleinen Menüs nicht ins Gewicht fällt, ist bei großen Verzeichnissen ein klarer Grund gegen eine derartige Vorgehensweise.

Doch wozu gibt es Ajax? Mit Ajax kann das Programm gänzlich ohne Daten starten. Jeder Klick zum Aufklappen eines Verzeichnisses initiiert eine Datenübertragung, aber eben nur genau jener Daten, die für das Einblenden der gewünschten Baumebene erforderlich sind.

Diese Idee haben wir umgesetzt, einmal mit Xajax als serverseitige Lösung und zweimal im Browser mit Lokris für den Datentransport und Sarissa beziehungsweise AjaXSLT für die XSLT-Ausführung.

6.4.1 XML-Daten für das Baummenü

Die Daten für das Menü müssen in irgendeiner Form auf dem Server zur Verfügung stehen. Was liegt da näher, als eine XML-Form zu wählen? XML besteht aus einem Baum von Elementen, es handelt sich also um eine natürliche Struktur für diese Anwendung. Die Festlegung der Struktur (idealerweise per DTD oder das XML-Schema) steht hier nicht im Mittelpunkt. Sie soll einfach und intuitiv sein. Wir verwenden nur drei Elementtypen, `tree` für den Baum und seine Unterbäume, `node` für die Knoten des Baums und `label` für die Knotenbeschriftungen:

```
<tree>
  <node>
    <label id="1">Welt</label>
    <tree>
      <node>
        <label id="3">
          <a href="http://de.wikipedia.org/wiki/Afrika">Afrika</a>
        </label>
        <tree>
          <node>
            <label>
         <a href="http://de.wikipedia.org/wiki/Ägypten">Ägypten</a>
            </label>
          </node>
          <node>
            <label>
       <a href="http://de.wikipedia.org/wiki/Algerien">Algerien</a>
            </label>
          </node>
          <!-- ... -->
        </tree>
```

```
        </node>
        <node>
          <label id="4">
            <a href="http://de.wikipedia.org/wiki/Asien">Asien</a>
          </label>
          <tree>
            <node>
              <label>
  <a href="http://de.wikipedia.org/wiki/Afghanistan">Afghanistan</a>
              </label>
            </node>
            <node>
              <label>
          <a href="http://de.wikipedia.org/wiki/Armenien">Armenien</a>
              </label>
            </node>
            <!-- ... -->
          </tree>
        </node>
        <node>
          <label id="2">
            <a href="http://de.wikipedia.org/wiki/Europa">Europa</a>
          </label>
          <tree>
            <node>
              <label>
          <a href="http://de.wikipedia.org/wiki/Albanien">Albanien</a>
              </label>
            </node>
            <node>
              <label>
            <a href="http://de.wikipedia.org/wiki/Andorra">Andorra</a>
              </label>
            </node>
            <!-- ... -->
          </tree>
        </node>
        <!-- Weitere Kontinente -->
      </tree>
    </node>
  </tree>
```

Ob die XML-Daten in dieser Form als *Datei* existieren oder der Server sie *live* erzeugt, spielt wie üblich für die Betrachtung keine Rolle. Die Struktur ist aber so einfach, dass sie ohne großen Aufwand von anderen Applikationen (etwa einer Datenbank) als Ausgabe erzeugt werden kann. Eine Frage zur Modellierung drängt sich aber doch auf: Weshalb tragen nicht die `node`-Elemente die ID, sondern die `label`-Elemente? Die ID steht für den gesamten Knoten, nicht nur für die Beschriftung. Darüber hinaus verwenden wir später die Konvention, dass das Vorhandensein einer ID das Aufklappen erlaubt, also einen Subtree impliziert. Beides spricht dafür, die ID an den Knoten zu hängen. Warum der andere Weg? Die Antwort zeigt sich später: Für die browserseitige Lösung müssen Daten übertragen werden. Aber immer nur die Informationen *einer* Ebene. Ein Knoten enthält ganze Bäume. Statt des Knotens genügt es, das Label zu übertragen. Wenn das Label nun aber nicht identifizierbar wäre, könnte der Browser die erhaltenen Daten nicht an der richtigen Stelle in der Webseite einhängen. Also brauchen die Beschriftungen IDs. Natürlich ist es kein großes Problem für den Server, wenn er vor dem Versand die `label`-Elemente mit IDs der `node`-Elemente ausstatten würde. Beispielsweise in XSLT ist das eine einfache Programmierung. Wenn jedoch von vornherein die Beschriftungen die IDs tragen, kommen wir mit einem simplen Xpath-Ausdruck aus. In Abschnitt 6.4.5 zeigt sich der Vorteil. Eine letzte Bemerkung zu den IDs: Wir haben Zahlen als Attributwerte gewählt, weil es einfach ist. Ein Nachteil besteht darin, dass XML keine Zahlen für Attribute mit dem *Datentyp* ID erlaubt. Wer also unbedingt eine DTD oder ein Schema für die Baumdaten braucht *und* für das Attribut den gleichnamigen Datentyp verwenden möchte, muss die Attributwerte ändern; etwa durch Voranstellen eines geeigneten Präfixes (Buchstabe oder Unterstrich).

Als Nächstes benötigen wir ein Programm, das zu einem durch eine gegebene ID identifizierten Knoten die nächste Ebene des Baums ausgibt. Diese Ebene soll bei einem Klick auf den Knoten in der Webseite erscheinen. Abbildung 6–3 zeigt schematisch die Funktionsweise des Baummenüs. Zu Beginn gibt es nur wenige Knoten. Mit jedem Klick auf ein »+« erscheint eine neue Ebene, die ein Klick auf »-« wieder ausblendet.

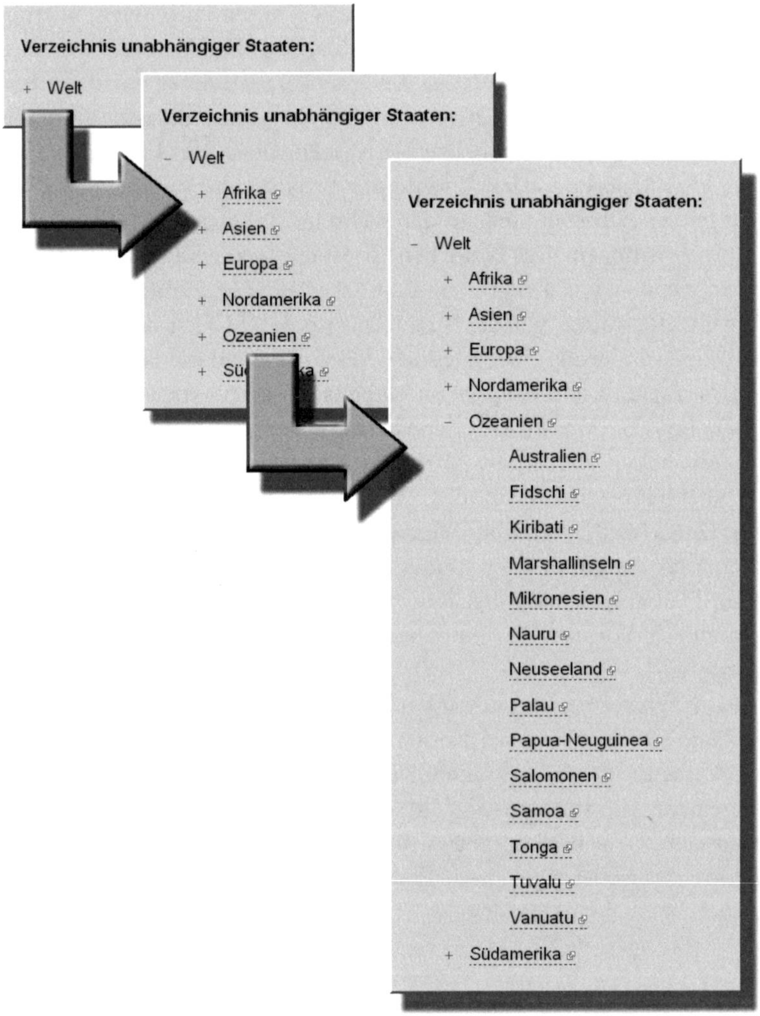

Abb. 6–3
Funktionsweise des Baummenüs: Ein Klick auf das Pluszeichen klappt die nächste Ebene auf.

6.4.2 XSLT-Transformation

Wenn die Daten sowieso in der Webseite erscheinen sollen, bietet es sich an, das Programm so zu schreiben, dass es die XML-Daten nicht pur ausgibt, sondern gleich in XHTML wandelt. Genau das erledigt das folgende XSLT-Programm lwAjaxTree.xslt:

```
<?xml version="1.0"?>
<xslt:stylesheet version="1.0"
    xmlns:xsl="http://www.w3.org/1999/XSL/Transform"
    xmlns:xslt="http://www.w3.org/1999/XSL/Transform">

  <xslt:param name="id" select="/.."/>
```

```
<xslt:output method="html"
    standalone="yes"
    encoding="utf-8"
    indent="yes"/>

<xslt:template match="/tree">
  <xslt:choose>
    <xslt:when test="string($id) = ''">
      <ul class="lwAjaxTree" id="lwAjaxTree_root">
        <xslt:apply-templates select="/tree/node/label"/>
      </ul>
    </xslt:when>
    <xslt:otherwise>
      <ul class="lwAjaxTree"
           id="lwAjaxTree_subtree_{$id}">
         <xslt:apply-templates
         select="//label[@id=$id]/parent::node/tree/node/label"/>
       </ul>
     </xslt:otherwise>
   </xslt:choose>
 </xslt:template>

 <xslt:template match="label">
   <li class="lwAjaxTree_li">
     <xslt:if test="@id">
       <xslt:attribute name="id">
         <xslt:text>lwAjaxTree_node_</xslt:text>
         <xslt:value-of select="@id"/>
       </xslt:attribute>
     </xslt:if>
     <div class="lwAjaxTreeLabel">
       <xslt:if test="@id">
         <a class="lwAjaxTree_control"
            href="javascript:void(lw_aufklappen('{@id}'))"
             id="lwAjaxTree_plus_{@id}">+</a>
         <a class="lwAjaxTree_control"
            href="javascript:void(lw_zuklappen('{@id}'))"
          id="lwAjaxTree_minus_{@id}" style="display: none;">-</a>
       </xslt:if>
       <xslt:apply-templates/>
     </div>
   </li>
 </xslt:template>

 <xslt:template match="node()|@*">
   <xslt:copy>
     <xslt:apply-templates select="node()|@*"/>
   </xslt:copy>
 </xslt:template>

</xslt:stylesheet>
```

Für die ID 1 liefert lwAjaxTree.xslt folgende Ausgabe[5]:

```
<ul class="lwAjaxTree" id="lwAjaxTree_subtree_1">
  <li class="lwAjaxTree_li" id="lwAjaxTree_node_3">
    <div class="lwAjaxTreeLabel">
      <a class="lwAjaxTree_control"
         href="javascript:void(lw_aufklappen('3'))"
         id="lwAjaxTree_plus_3">+</a>
      <a class="lwAjaxTree_control"
          href="javascript:void(lw_zuklappen('3'))"
          id="lwAjaxTree_minus_3"
          style="display: none;">-</a>
      <a href="http://de.wikipedia.org/wiki/Afrika">Afrika</a>
    </div>
  </li>
  <li class="lwAjaxTree_li" id="lwAjaxTree_node_4">
    <div class="lwAjaxTreeLabel">
      <a class="lwAjaxTree_control"
         href="javascript:void(lw_aufklappen('4'))"
         id="lwAjaxTree_plus_4">+</a>
      <a class="lwAjaxTree_control"
         href="javascript:void(lw_zuklappen('4'))"
         id="lwAjaxTree_minus_4"
         style="display: none;">-</a>
      <a href="http://de.wikipedia.org/wiki/Asien">Asien</a>
    </div>
  </li>
  <li class="lwAjaxTree_li" id="lwAjaxTree_node_2">
    <div class="lwAjaxTreeLabel">
      <a class="lwAjaxTree_control"
         href="javascript:void(lw_aufklappen('2'))"
         id="lwAjaxTree_plus_2">+</a>
      <a class="lwAjaxTree_control"
         href="javascript:void(lw_zuklappen('2'))"
         id="lwAjaxTree_minus_2"
         style="display: none;">-</a>
      <a href="http://de.wikipedia.org/wiki/Europa">Europa</a>
    </div>
  </li>
  <li class="lwAjaxTree_li" id="lwAjaxTree_node_6">
    <div class="lwAjaxTreeLabel">
      <a class="lwAjaxTree_control"
         href="javascript:void(lw_aufklappen('6'))"
         id="lwAjaxTree_plus_6">+</a>
      <a class="lwAjaxTree_control"
         href="javascript:void(lw_zuklappen('6'))"
         id="lwAjaxTree_minus_6"
         style="display: none;">-</a>
```

5. Die Übergabe der ID erfolgt mit dem gleichnamigen Parameter des Programms.

```
<a href="http://de.wikipedia.org/wiki/Nordamerika">Nordamerika</a>
  </div>
 </li>
 <li class="lwAjaxTree_li" id="lwAjaxTree_node_5">
   <div class="lwAjaxTreeLabel">
     <a class="lwAjaxTree_control"
        href="javascript:void(lw_aufklappen('5'))"
        id="lwAjaxTree_plus_5">+</a>
     <a class="lwAjaxTree_control"
        href="javascript:void(lw_zuklappen('5'))"
        id="lwAjaxTree_minus_5"
        style="display: none;">-</a>
     <a href="http://de.wikipedia.org/wiki/Ozeanien">Ozeanien</a>
   </div>
 </li>
 <li class="lwAjaxTree_li" id="lwAjaxTree_node_7">
   <div class="lwAjaxTreeLabel">
     <a class="lwAjaxTree_control"
        href="javascript:void(lw_aufklappen('7'))"
        id="lwAjaxTree_plus_7">+</a>
     <a class="lwAjaxTree_control"
        href="javascript:void(lw_zuklappen('7'))"
        id="lwAjaxTree_minus_7"
        style="display: none;">-</a>
     <a href=
      "http://de.wikipedia.org/wiki/S%C3%BCdamerika">Südamerika</a>
   </div>
 </li>
</ul>
```

Zum Vergleich hier noch die Ausgabe für Knoten 2:

```
<ul class="lwAjaxTree" id="lwAjaxTree_subtree_2">
  <li class="lwAjaxTree_li">
    <div class="lwAjaxTreeLabel">
      <a href="http://de.wikipedia.org/wiki/Albanien">Albanien</a>
    </div>
  </li>
  <li class="lwAjaxTree_li">
    <div class="lwAjaxTreeLabel">
      <a href="http://de.wikipedia.org/wiki/Andorra">Andorra</a>
    </div>
  </li>
  <li class="lwAjaxTree_li">
    <div class="lwAjaxTreeLabel">
      <a href="http://de.wikipedia.org/wiki/Belgien">Belgien</a>
    </div>
  </li>
```

```
<!-- Weitere Staaten -->
<li class="lwAjaxTree_li">
  <div class="lwAjaxTreeLabel">
    <a href=
"http://de.wikipedia.org/wiki/Wei%C3%9Frussland">Weißrussland</a>
   </div>
 </li>
</ul>
```

Damit es erst gar nicht notwendig ist, irgendeinen Teil des HTML-Codes fest in die Webseite einzubauen, arbeitet lwAjaxTree.xslt auch ohne Parameter `<xslt:when test="string($id) = ''">`. In diesem Fall schreibt es den HTML-Code für die oberste Baumebene[6]. Die Ausgabe sieht so aus:

```
<ul class="lwAjaxTree" id="lwAjaxTree_root">
  <li class="lwAjaxTree_li" id="lwAjaxTree_node_1">
    <div class="lwAjaxTreeLabel">
      <a class="lwAjaxTree_control"
         href="javascript:void(lw_aufklappen('1'))"
         id="lwAjaxTree_plus_1">+</a>
      <a class="lwAjaxTree_control"
         href="javascript:void(lw_zuklappen('1'))"
         id="lwAjaxTree_minus_1"
         style="display: none;">-</a>Welt</div>
  </li>
</ul>
```

6.4.3 Implementierung mit Xajax

Die serverseitigen Bestandteile »XML-Daten« und »XSLT-Programm« müssen nun noch in geeigneter Weise ins Web gebracht werden. Bei der Implementierung mit Xajax lassen sich die HTML-Seite und der Webservice gemeinsam in einer PHP-Datei unterbringen. Wir zeigen zunächst den HTML-Teil:

```
<html lang="de">
  <head>
    <!-- ... -->
    <link href="lwAjaxTree.css" rel="stylesheet"/>

    <?php $xajax->printJavascript('/code/lib/'); ?>
  </head>
  <body>
   <h1>lwAjaxTree (Xajax-Version)</h1>
```

6. Es ist nicht erforderlich, dass es auf der obersten Ebene nur einen Knoten gibt.

```
    <?php
    $roottree = `/usr/bin/xsltproc  lwAjaxTree.xslt baum.xml`;
    print $roottree;
    ?>
  </body>
</html>
```

An der Stelle, an der das Menü erscheinen soll, steht die PHP-Anweisung für die erste Transformation. Wie im vorhergehenden Abschnitt gezeigt, liefert sie die oberste Ebene des Baummenüs. Der Aufruf des XSLT-Interpreters über Backticks[7] ist nicht der eleganteste Weg. Nicht umsonst steht diese Funktion im Safe Mode von PHP[8] nicht zur Verfügung. Andererseits gibt es für PHP nur eine (d.h. keine) Wahlmöglichkeit, wenn man integrierte XSLT-Features möchte: Der einzige von PHP unterstützte XSLT-Interpreter heißt Sablotron[9]. Für den Einsatz muss PHP darüber hinaus mit entsprechenden Parametern übersetzt worden sein. Im Gegensatz dazu erlaubt die Backticks-Variante die Verwendung einer beliebigen Engine. Zweifellos wäre die Idealsituation ein interpreterunabhängiges API für XSLT-Aufrufe aus PHP und die gleichzeitige Unterstützung anderer Interpreter (etwa Xalan, Saxon, libxslt). Das API ist schon da[10], aber eben nur mit dem Sablotron-Backend.

Vor dem HTML-Teil befindet sich der PHP-Code mit den Funktionen und der Xajax-Initialisierung:

```
<?php
  //
  // lwAjaxTree.php - (c) 2006 Linkwerk.com
  //

require($_SERVER["DOCUMENT_ROOT"] . "/code/lib/xajax.inc.php");
$xajax = new xajax("","lw_","UTF-8",false);

function aufklappen($ID) {
  $subtree = `/usr/bin/xsltproc --stringparam 'id' '$ID'
                                         lwAjaxTree.xslt baum.xml`;
  $xajaxResponse = new xajaxResponse();

  $xajaxResponse->addAppend("lwAjaxTree_node_" . $ID, "innerHTML",
                                                        $subtree);
```

7. Die Dokumentation ist unter *http://de.php.net/manual/de/language.operators.execution.php* zu finden.
8. Siehe *http://de.php.net/manual/de/features.safe-mode.php*
9. Die PHP-Dokumentation verweist für den Sablotron-Download auf die Domain gingerall.com. Gegenwärtig ist Sablotron jedoch unter *http://www.gingerall.org/ sablotron.html* zu finden.
10. Siehe *http://de.php.net/manual/de/ref.xslt.php*

```
    $xajaxResponse->addAssign("lwAjaxTree_plus_" . $ID,
                                          "style.display", "none");
    $xajaxResponse->addAssign("lwAjaxTree_minus_" .
                                       $ID,"style.display", "inline");

    return $xajaxResponse->getXML();
  }
  function zuklappen($ID) {
    $xajaxResponse = new xajaxResponse();

    $xajaxResponse->addRemove("lwAjaxTree_subtree_" . $ID);
    $xajaxResponse->addAssign("lwAjaxTree_plus_" . $ID,
                                         "style.display", "inline");
    $xajaxResponse->addAssign("lwAjaxTree_minus_" .
                                        $ID,"style.display", "none");

    return $xajaxResponse->getXML();
  }

  $xajax->registerFunction("zuklappen");
  $xajax->registerFunction("aufklappen");
  $xajax->processRequests();

  ?>
```

Bei der Initialisierung mittels `new xajax()` gibt es eine Besonderheit: Der Konstruktoraufruf überschreibt das vorgegebene Präfix »xajax_« mit »lw_«[11]. Der Grund für das Abweichen vom üblichen Weg besteht darin, dass das Präfix ein Teil des Namens der automatisch erzeugten Wrapperfunktion ist, die javascriptseitig aufgerufen wird. Man sieht den Aufruf bereits in dem im vorhergehenden Abschnitt erzeugten HTML/Javascript-Code. Da wir in einem späteren Abschnitt neben der Xajax-Implementierung auch noch eine Umsetzung im Browser zeigen möchten, haben wir das Präfix bereits hier anders gewählt. Selbstverständlich soll für die Javascript-Programmierung möglichst viel von dem vorhandenen Code ohne Änderung einsetzbar sein. Wenn jedoch das XSLT-Programm des vorhergehenden Abschnitts Aufrufe der Funktionen `xajax_zuklappen()` erzeugen würde, müsste eine gleichnamige Funktion auch später in Javascript geschrieben werden. Um diese widersinnige Benennung zu vermeiden, taufen wir die Funktionen schon hier auf `lw_zuklappen()` und `lw_aufklappen()`.

PHP-seitig heißen die Funktionen natürlich `aufklappen()` und `zuklappen()`. Ihre Definition ist der Kern des Baummenüs. Zunächst

11. »lw« als Abkürzung für »Linkwerk« verwenden wir für eigene Klassen, Funktionen und so weiter. Dem Leser sei empfohlen, für eigene Programmierungen ein geeignetes anderes Präfix zu wählen.

zur Funktion aufklappen(): Als Parameter erhält sie die ID des angeklickten Knotens des Baums. Die Funktion reicht die ID als Parameter an das XSLT-Programm weiter. Das Ergebnis der Transformation ist, wie in 6.4.1 gezeigt, bereits fertiger HTML-Code, der direkt in die Webseite eingefügt werden kann. Die Frage ist nur noch: an welche Stelle? Alle beteiligten Programme verwenden die Konvention, dass jedes per ID identifizierte Element der XML-Daten ein korrespondierendes HTML-Element besitzt, dessen ID durch Voranstellen der Zeichenkette »lwAjaxTree_node_« ensteht. Auch hier verhindert das Präfix »lwAjaxTree« eine Namenskollision mit IDs, die möglicherweise sonst noch in der Webseite vorkommen.

Mittels addAppend() fügt aufklappen() das Ergebnis der XSLT-Transformation an den Knoten »lwAjaxTree_node_*xyz*« an[12]. Hier kommt einmal mehr die sehr praktische, wenn auch nicht standardisierte DOM-Eigenschaft innerHTML zum Einsatz. Die beiden folgenden Zuweisungen (»Assigns«) schalten das Pluszeichen, das für den Link zum Aufklappen bildet, unsichtbar und das Pendant, das Minuszeichen, sichtbar. Für beide gibt es eine zur Benennung des Knotens analoge Konvention für die Namensgebung (»lwAjaxTree_plus_« und »lwAjaxTree_minus_«). Mit diesen drei Zeilen und der Vorarbeit von lwAjaxTree.xslt ist das Aufklappen bereits erledigt, und die Funktion kann die Anweisungen per return $xajaxResponse->getXML() zur Ausführung an den Browser senden.

Das Gegenstück zuklappen() ist noch einfacher aufgebaut. An die Stelle des Einfügens des Unterbaums tritt das Entfernen desselbigen. Mit Xajax ist das durch addRemove() sehr einfach. Zentral ist hier einmal mehr die Namenskonvention. Für Unterbäume lautet das Präfix »lwAjaxTree_subtree_«. Zum besseren Verständnis ist es sinnvoll, das Zusammenspiel von XML-Ausgangsdaten, XSLT-Programm und erzeugtem HTML-Code im vorherigen Abschnitt zu betrachten. Die verbleibenden Zeilen von zuklappen() lassen wieder das Pluszeichen erscheinen und das Minuszeichen verschwinden.

6.4.4 Bewertung der Implementierung mit Xajax

Die Programmierung mit Xajax gestaltet sich sehr einfach. Das Beispiel zeigt sehr gut, wo die eigentliche Arbeit zu leisten ist. Einerseits nehmen geschickt gewählte IDs eine wichtige Rolle ein. Die Bedeutung der IDs zeigt sich nicht nur bei Xajax, sondern zieht sich fast durch alle

12. Es heißt hier addAppend() und nicht addAssign(), weil das fragliche Element bereits ein Kindelement besitzt, nämlich die Beschriftung des Elternknotens.

Frameworks. Auf der anderen Seite hat der einfache Umgang mit XML die Lösung erleichtert. Xajax/Ajax übernimmt dann »nur noch« die Aufgabe, die übrigen Bestandteile der Programmierung geeignet miteinander zu verbinden.

Bei diesem Beispiel gibt es allerdings keinen spezifischen Grund, weshalb die Programmierung von `aufklappen()` und `zuklappen()` unbedingt serverseitig stattfinden muss. Anders wäre das etwa bei einem Zugriff auf eine, auf dem Server laufende Datenbank, mit der sich der Client prinzipiell nicht verbinden könnte. Wer also nicht PHP den Vorzug gegenüber Javascript gibt, kann die beiden Funktionen auch browserseitig programmieren.

6.4.5 Vorbereitung für die browserseitige Implementierung

Um die verschiedenen Frameworks und Ajax-Ansätze besser beurteilen zu können, folgt nun Implementierungen des Baummenüs mit Lokris, Sarissa und AjaXSLT. Es geht hier um die Gegenüberstellung der serverseitigen (Xajax) und der clientseitigen Lösung. Natürlich ist es beabsichtigt, möglichst viel des zuvor Entwickelten zu verwenden. Dazu gehören mindestens die XML-Daten. Sarissa macht die clientseitige Transformation von XML mit XSLT einfach handhabbar. Es wäre daher möglich, die bei der Xajax-Lösung serverseitig durchgeführte XSLT-Ausführung in den Browser zu verlagern. Das würde jedoch den Sinn einer Ajax-Implementierung des Baummenüs zunichte machen. Die eingangs formulierte Motivation besagte ja gerade, dass es *nicht* notwendig sein soll, den vollständigen XML-Baum zu übertragen. Daher muss mindestens die Auswahl der benötigten Knoten auf der Serverseite ablaufen. Was liegt näher, als eine Xpath-Abfrage durchzuführen[13]? Diese Aufgabe erledigt ein kleines Perl-Programm, das zu gegebener ID die enthaltenen `label`-Elemente mit einem Xpath-Ausdruck ermittelt. Damit die Antwortnachricht dieses Webservices wohlgeformtes XML darstellt, verpackt das Perl-Programm das Ergebnis der Xpath-Anfrage in das neue Wurzelelement `labels`. Man beachte, dass dieser Elementtyp in den ursprünglichen Baumdaten nicht vorkommt, so dass Namenskonflikte vermieden sind. Das XSLT-Programm aus Abschnitt 6.4.1 ist auf die Verarbeitung des `labels`-Elementtyps noch nicht vorbereitet. Um das zu ändern, wird lwAjax Tree.xslt um folgendes Template ergänzt:

---

13. Die Xpath-Abfrage würde nicht so nahe liegen, hätten wir in 6.4.1 die Modellierung nicht bereits für diesen Fall ausgelegt.

```
<xslt:template match="/labels">
  <ul class="lwAjaxTree">
    <xslt:attribute name="id">
      <xslt:choose>
        <xslt:when test="string($id) = ''">lwAjaxTree_root
         </xslt:when>
         <xslt:otherwise>
           <xslt:text>lwAjaxTree_subtree_</xslt:text>
           <xslt:value-of select="$id"/>
         </xslt:otherwise>
      </xslt:choose>
    </xslt:attribute>
    <xslt:apply-templates select="label"/>
  </ul>
</xslt:template>
```

Das neue Template stört die Verarbeitung mit Xajax in keiner Weise. Auf die XML-Ausgabe des Perl-Programms ist es nun aber vorbereitet. Hier das Perl-Listing:

```
#!/.../perl -w -CDOE
use strict;
use XML::XPath;
use CGI qw/:standard/;

my $query = new CGI;

my $datei = '../baum.xml';
my $xp = XML::XPath->new(filename => $datei);

my $value = "''";

if ($query->param('id')) {
    $value = "'" . substr($query->param('id'),0,5) . "'";
}

print header(-type=>'text/xml',
             -charset=>'utf-8',
             -expires=>'now');

print "<labels>\n";
if (not($value eq "''")) {
    print $xp->findnodes_as_string("//label[\@id=$value]/
                                   parent::node/tree/node/label");
} else {
    print $xp->findnodes_as_string("/tree/node/label");
}
print "</labels>\n";
```

Zum Ausprobieren ist das lauffähige Beispiel online unter *http://www.ajaxbuch.de/code/beispiele/lwAjaxTree/sarissa/* zu finden. Der Perl-Webservice lässt sich etwa durch Eingabe von *http://www.ajaxbuch.de/code/beispiele/lwAjaxTree/lwAjaxTreeWS/?id=1* rufen.

Statt der Implementierung eines eigenen Webservices ist es naheliegend, die Xajax-Lösung zu diesem Zweck einzuspannen. Das Problem besteht allerdings darin, dass Xajax sämtliche Ajax-Kommunikation verdeckt durchführt. Natürlich kann man – etwa durch Nachlesen der Einträge im Server-Logfile (bei Get-Requests) – herausfinden, wie eine Xajax-PHP-Seite »mit sich selbst« kommuniziert. Es besteht dabei jedoch die Gefahr, die beobachtete Kommunikation nicht vollständig zu verstehen und Fehler zu riskieren. Bei der Verwendung von öffentlichen Schnittstellen einer Software ist diese Gefahr nicht gegeben.

Auf der Serverseite sind mit dem kleinen Xpath-Perl-Programm und den XML-Baumdaten alle Vorbereitungen geschaffen. Nun geht es an die Clientprogrammierung.

6.4.6 Implementierung mit Lokris und Sarissa

Die browserseitige Implementierung beginnt wie auch bei Xajax mit einem Blick auf den HTML-Code. Es gibt offensichtliche Parallelen zur PHP-Datei.

```
<?xml version="1.0" encoding="utf-8"?>
<!DOCTYPE html
     PUBLIC "-//W3C//DTD XHTML 1.0 Strict//EN"
     "http://www.w3.org/TR/xhtml1/DTD/xhtml1-strict.dtd">
<html lang="de">
  <head>
    <title>Ajaxbuch.de: lwAjaxTree</title>
    <script src="/code/lib/lokris.js"
            type="text/javascript"></script>
    <script src="/code/lib/sarissa/sarissa.js"
            type="text/javascript"></script>
    <script src="lwAjaxTree.js"
            type="text/javascript"></script>
  </head>
  <body onload="lw_aufklappen('baumwurzel', true);">
    <h1>lwAjaxTree (Lokris/Sarissa-Version)</h1>
    <p>
      <strong>Verzeichnis unabhängiger Staaten:</strong>
    </p>
    <div id="baumwurzel"></div>
  </body>
</html>
```

Ein Unterschied ist natürlich die Einbindung der Javascript-Bibliotheken Lokris und Sarissa. An die Stelle der ersten Transformation in der PHP-Datei ist hier das Element `<div id="baumwurzel"></div>` getreten. Es bildet den Container für das Baummenü. Nach dem Laden der Seite löst der entsprechende Event-Handler (onload) durch den Funktionsaufruf `lw_aufklappen('baumwurzel', true)` die Darstellung des Baummenüs aus. Das Boole'sche Flag »true« zeigt an, dass die Elemente der obersten Menüebene angezeigt werden sollen. Mehr ist in HTML nicht zu tun; nur das Setzen einer ID und ein passender Funktionsaufruf. Die Javascript-Programmierung befindet sich in der Datei `lwAjaxTree.js`. Der Einstiegspunkt ist die Funktion `lw_aufklappen()`. Sie führt mit `Lokris.AjaxCall()` eine Anfrage an den Server durch, um den Teil der Menüdaten zu bekommen, der zur übergebenen ID passt. Die Hauptrolle spielt die lokal definierte Callback-Funktion.

```
function lw_transformierenUndEinfuegen(xmlDocument, id) {
  // Du dachtest, du könntest dir Cross-Browser-Programmierung
  // endlich sparen? Ha! :-(
  if (window.ActiveXObject) { // MSIE
    // Transformation durchfuehren
    var newDocument =
          lwXsltAjaxTreeProcessor.transformToDocument(xmlDocument);

    // Webseite aktualisieren
    // MSIE liefert "Object Error" bei appendChild.
    // Deshalb für MSIE zuerst serialisieren, innerHTML zuweisen
    // und damit intern wieder deserialisieren lassen (autsch!).
    // Vermutlich Bug in Sarissa.

    $(id).innerHTML += new
    XMLSerializer().serializeToString(newDocument.documentElement);
  } else { // andere Browser
    // Transformation durchführen
    var newDocumentFragment = lwXsltAjaxTreeProcessor.
                        transformToFragment(xmlDocument, document);
    // Webseite aktualisieren
    $(id).appendChild(newDocumentFragment);
  }
}

//
// aufklappen/zuklappen
//
function lw_aufklappen(id, wurzel) {
  var callbackHandler = function(responseXML) {
    if (wurzel === true) {
      lwXsltAjaxTreeProcessor.setParameter("", "id", "");
      lw_transformierenUndEinfuegen(responseXML, id);
```

```
    } else {
      lwXsltAjaxTreeProcessor.setParameter("", "id", id);
      lw_transformierenUndEinfuegen(responseXML, "lwAjaxTree_node_"
                                                      + id);
      $("lwAjaxTree_plus_"  + id).style.display = "none";
      $("lwAjaxTree_minus_" + id).style.display = "inline";
    }
  }

  var queryString = "";
  if (wurzel !== true) {
    queryString = '?id=' + id;
  }

  Lokris.AjaxCall('../lwAjaxTreeWS/' + queryString,
                  callbackHandler);
}

function lw_zuklappen(id) {
  $("lwAjaxTree_subtree_" + id).
           parentNode.removeChild($("lwAjaxTree_subtree_" + id));
  $("lwAjaxTree_plus_"  + id).style.display = "inline";
  $("lwAjaxTree_minus_" + id).style.display = "none";
}

//
// Konstruktor für Stylesheet-gebundenen XSLTProcessor.
//
function lwXsltProcessor(uri) {
  var processor = new XSLTProcessor();

  var xmlhttp = Lokris.AjaxCall(uri, null, {async: false});
  processor.importStylesheet(xmlhttp.responseXML);
  return processor;
}

//
// XSLT-Stylesheet laden / XSLTProcessor initialisieren
//
var lwXsltAjaxTreeProcessor = new
lwXsltProcessor("/code/beispiele/lwAjaxTree/lwAjaxTree.xslt");

//
// Inspiriert durch Prototypes $()-Funktion
//
function $(id) {
  return document.getElementById(id);
}
```

Die Funktion führt die XSLT-Transformation durch und fügt das Ergebnis in die Webseite ein. Sofern es nicht um die Wurzel des Baummenüs geht, werden noch das Plus- und das Minuszeichen sichtbar beziehungsweise unsichtbar geschaltet. Der Vergleich mit der PHP-Datei für Xajax zeigt, dass die Schritte völlig identisch sind. Noch offensichtlicher ist der identische Ablauf in der Funktion `lw_zuklappen()`. Eine Erklärung ist dafür gänzlich überflüssig. Es bleibt nur noch der Blick auf die browserseitige XSLT-Transformation mit Sarissa.

Sarissa stellt den Konstruktor `XSLTProcessor()` zur Verfügung. Da wir hier nur ein einziges XSLT-Programm benötigen, enthält das Listing einen Wrapper namens `lwXsltProcessor()`. Er erzeugt einen `XSLTProcessor`, lädt (mittels Lokris) das Programm von einer gegebenen Adresse (URI) und bindet `XSLTProcessor` und XSLT-Programm aneinander. Das Ergebnis ist ein globales Objekt namens `lwXsltAjaxTreeProcessor`, das genau die gewünschte Transformation ausführen kann.

Die Ausführung der Transformation ist in der Funktion `lw_transformierenUndEinfuegen()` zu sehen. Leider ist hier eine Fallunterscheidung je nach Browser erforderlich. Der unmittelbare und elegante Weg funktioniert im MSIE nicht. Für andere Browser[14] ist das Vorgehen einfach. Die Zeile

```
var newDocumentFragment =
lwXsltAjaxTreeProcessor.transformToFragment(xmlDocument, document);
```

führt die Transformation aus. Wir transformieren hier unmittelbar in ein DOM-Fragment, das die Zeile

```
$(id).appendChild(newDocumentFragment);
```

in die Webseite einfügt. Bei der `$()`-Funktion handelt es sich um eine selbstdefinierte, an die gleichnamige Funktion von Prototype angelehnte.

Für den Internet Explorer ist der Weg ein anderer: Zunächst werden die XML-Daten in ein Objekt vom Typ `document` transformiert. Anschließend wird dieses Objekt serialisiert und dann an die `innerHTML`-Eigenschaft des passenden Elements angefügt. Unschön ist diese Vorgehensweise, weil nach der Transformation eine Serialisierung stattfindet, die der Browser nach der Zuweisung an `innerHTML` wieder rückgängig machen muss. Den Versuch des Einhängens eines Fragments quittiert der MSIE jedoch mit einer Fehlermeldung. Es liegt vermutlich ein Bug in Sarissa zugrunde.

14. Getestet mit Mozilla und Opera

Es sei abschließend noch darauf hingewiesen, dass das XSLT-Programm durch `xslt:output method="html"` eine HTML-, keine XML-Ausgabe erzeugt. Was serverseitig irrelevant ist, weil die erzeugten Daten sowieso textuell versendet werden, ist bei der Transformation im Browser wichtig. Das Ergebnisfragment der Transformation entsteht im Kontext eines HTML-DOM-Objekts; zu sehen ist das am zweiten Parameter der Methode `transformToFragment()`. Dort steht im Listing `document`, also das DOM-Objekt der Webseite. Damit die erzeugten Daten und das `document` zueinander passen, muss nach HTML transformiert werden. Das ist insofern nicht intuitiv, als dieser Unterschied bei der XSLT-Programmierung völlig unerheblich ist.

6.4.7 Bewertung der Implementierung mit Sarissa

Die browserseitige Lösung erlaubt es, den serverseitigen Anteil zu minimieren. Das Beispiel hat gezeigt, wie bequem die Kombination von zwei Frameworks sein kann, um das Beste aus der jeweiligen Bibliothek für sich zu nutzen. Es ist jedoch Vorsicht geboten. Die gemeinsame Nutzung kann Teile einer Bibliothek verdecken, und unerwünschte Seiteneffekte sind nicht ausgeschlossen. In der Paarung Sarissa und Prototype etwa tritt ein Problem mit dem `Element`-Objekt auf. Grund ist, dass beide Frameworks ein Objekt gleichen Namens definieren und bei gemeinsamer Nutzung Sarissas Implementierung verdeckt wird. Sollte Sarissa an irgendeiner Stelle auf seine eigene Implementierung von `Element` zugreifen wollen, entsteht das Problem.

Sarissas XSLT-Transformation im Browser funktioniert bereits sehr gut, wenngleich Sarissa noch nicht in einer »1-Version« vorliegt. Es wäre schön, wenn die Bibliothek irgendwann auch eine Lösung für das genannte Kompatibilitätsproblem anbieten würde. Das ist jedenfalls wahrscheinlicher, als auf kompatible Browser zu hoffen.

6.4.8 Implementierung mit AjaXSLT

Der dritte Versuch, unser Baummenü zu implementieren, setzt auf Googles AjaXSLT. Da die Bibliothek, genau wie Sarissa, die clientseitige Ausführung von XSLT-Programmen ermöglicht, liegt es nahe, das Sarissa-Beispiel eins zu eins mit AjaXSLT nachzubauen. Dieser Ansatz bringt jedoch nicht mehr als einige Stunden vergeudeter Zeit. Der Grund besteht darin, dass Google nicht mit der DOM-Implementierung des Browsers arbeitet. Stattdessen gehört zur Distribution eine Bibliothek namens `dom.js`. Sie deutet darauf hin, dass Google einen eigenen Weg geht. Das Experiment, ein per Ajax übertragenes XML-DOM-Objekt zu nutzen, scheitert.

Vielmehr arbeitet AjaXSLT ausschließlich auf Textnachrichten. Die auf Textnachrichten basierende Umsetzung des Baummenüs ist unter *http://www.ajaxbuch.de/code/beispiele/lwAjaxTree/ajaxslt/* zu finden. Der HTML-Teil unterscheidet sich nur marginal von der Sarissa-Variante, kann daher hier vernachlässigt werden. Die Javascript-Programmierung ist in `.../lwAjaxTree.js` zu finden. Sie beginnt mit der Initialisierung des XSLT-Stylesheets:

Google setzt auf Textnachrichten, eigenes Parsing und eigenes DOM.

```
//
// Initialisierung
//

var xsltdebug   = false;  // fuer AjaXSLT
var xpathdebug  = false;  // fuer AjaXSLT
var logging__   = false;  // fuer AjaXSLT

var lwStylesheet;         // global deklariert

function lw_init() {      // Beim Laden der Seite auszufuehren
   lw_initStylesheet(Lokris.AjaxCall("lwAjaxTree_google.xslt",
                                        null, {async: false}));
}

function lw_initStylesheet(response) {
  lwStylesheet = xmlParse(response.responseText);
}
```

Zu Beginn legen Variablen (hier als Konstanten verwendet) fest, dass es keine Protokoll- und Debug-Anzeige geben soll. Die global deklarierte Variable `lwStylesheet` bekommt in den folgenden Zeilen das XSLT-Programm zugewiesen. Der Ablauf beginnt bei der Funktion `lw_init()`, die der Browser beim Laden der Seite ruft. Darin holt `Lokris.AjaxCall()` *synchron* das Stylesheet »lwAjaxTree_google.xslt« vom Server. Hier sind zwei Punkte zu beachten:

- Das synchrone (blockierende) Laden ist erforderlich, damit das Baummenü dem Benutzer erst dann zur Verfügung steht, wenn das Stylesheet vorhanden ist.
- Das Stylesheet ist nicht identisch mit dem XSLT-Programm für Sarissa oder standardkonforme XSLT-Engines. Für Googles unvollständige und nicht fehlerfreie Implementierung waren einige Änderungen notwendig, damit es überhaupt läuft.

In `lw_initStylesheet()` findet das Parsing des XSLT-Quellcodes (`response.responseText`) statt. Bei dem Parser `xmlParse()` handelt es sich um eine Eigenentwicklung von Google.

Die Funktionen zum Auf- und Zuklappen von Teilen des Baummenüs nehmen nun folgende Gestalt an:

```
//
// Funktionen lw_aufklappen() und lw_zuklappen()
//
function lw_aufklappen(id, wurzel) {
  var callbackHandler = function(req)  {
    if (req.readyState == 4) { // Kommunikation beendet
      if (req.status == 200) {   // Erfolgreich, falls der Server
                                 // den HTTP-Statuscode 200
                                 // gesendet hat
          if (wurzel === true) {
          // Aufruf der *gepatchten* xmlParse()-Funktion
          var newDocumentString =
  xsltProcess(xmlParse(req.responseText), lwStylesheet, ["id",""]);
          $(id).innerHTML += newDocumentString;
        } else {
          var newDocumentString =
  xsltProcess(xmlParse(req.responseText), lwStylesheet, ["id",id]);
         $("lwAjaxTree_node_" + id).innerHTML += newDocumentString;
          $("lwAjaxTree_plus_"  + id).style.display = "none";
          $("lwAjaxTree_minus_" + id).style.display = "inline";
        }
      }
    }
  }

  var queryString = "";
  if (wurzel !== true) {
    queryString = '?id=' + id;
  }

  Lokris.AjaxCall("../lwAjaxTreeWS/" + queryString,
                  callbackHandler, {rawResponse: true});
}

function lw_zuklappen(id) {
  $("lwAjaxTree_subtree_"
    + id).parentNode.removeChild($("lwAjaxTree_subtree_" + id));
  $("lwAjaxTree_plus_"  + id).style.display = "inline";
  $("lwAjaxTree_minus_" + id).style.display = "none";
}
```

Die zentrale Rolle nimmt die Funktion `callbackHandler()` ein. Sie ist lokal in `lw_aufklappen()` definiert, weil sie auf den Parameter `wurzel` zugreifen muss und dieser nur innerhalb von `lw_aufklappen()` sichtbar ist. Zur Durchführung der Transformation stellt Google die Funktion `xsltProcess()` zur Verfügung. Beim ersten Parameter handelt es sich um das XML-Dokument (nach Behandlung durch `xmlParse()`). Danach folgt das Stylesheet in der Parameterliste. Das anschließende Array enthält Name-Wert-Paare von XSLT-Parametern. In der aktuellen Distribution von Google ist die Übergabe von Parametern an XSLT-Programme nicht möglich. Es handelt sich hier um eine Erweiterung, die wir vorgenommen haben, damit das Beispiel funktioniert.

Der Rest des Programms entspricht weitgehend der Sarissa-Implementierung. Bei der Kommunikation mit dem Server mittels `Lokris.AjaxCall()` ist es notwendig, die Option `rawResponse` auf `true` zu setzen. Andernfalls ruft `Lokris.AjaxCall()` die Callback-Funktion bei Erhalt einer XML-Nachricht automatisch auf dem XML-DOM auf. Da Google aber nur mit Text umgehen kann, muss auch die XML-Nachricht im Quellcode in `callbackHandler()` zugänglich sein. Das eigens für AjaXSLT umgeschriebene Transformationsprogramm zeigt das folgende Listing.

```
<xsl:stylesheet>
  <xsl:param name="id" select="''"/>

  <xsl:template match="/">
    <xsl:apply-templates select="labels"/>
  </xsl:template>

  <xsl:template match="labels">
    <ul class="lwAjaxTree">
      <xsl:attribute name="id">
        <xsl:choose>
          <xsl:when test="$id = ''">lwAjaxTree_root</xsl:when>
          <xsl:otherwise>
            <xsl:text>lwAjaxTree_subtree_</xsl:text>
            <xsl:value-of select="$id"/>
          </xsl:otherwise>
        </xsl:choose>
      </xsl:attribute>
      <xsl:apply-templates select="label"/>
    </ul>
  </xsl:template>
  <xsl:template match="label">
    <li class="lwAjaxTree_li">
      <xsl:if test="@id">
        <xsl:attribute name="id">
          <xsl:text>lwAjaxTree_node_</xsl:text>
```

```
              <xsl:value-of select="@id"/>
            </xsl:attribute>
          </xsl:if>
          <div class="lwAjaxTreeLabel">
            <xsl:if test="@id">
              <a class="lwAjaxTree_control"
                 href="javascript:void(lw_aufklappen('{@id}'))"
                 id="lwAjaxTree_plus_{@id}">+</a>
              <a class="lwAjaxTree_control"
                 href="javascript:void(lw_zuklappen('{@id}'))"
                id="lwAjaxTree_minus_{@id}" style="display: none;">-</a>
            </xsl:if>
            <xsl:apply-templates/>
          </div>
        </li>
      </xsl:template>

      <xsl:template match="node()|@*">
        <xsl:copy>
          <xsl:apply-templates select="node()|@*"/>
        </xsl:copy>
      </xsl:template>
      <xsl:template match="text()">
        <xsl:value-of select="."/>
      </xsl:template>
      <xsl:template match="a">
        <a>
          <xsl:attribute name="href">
            <xsl:value-of select="@href"/>
          </xsl:attribute>
          <xsl:apply-templates/>
        </a>
      </xsl:template>
    </xsl:stylesheet>
```

Der Vollständigkeit halber sei erwähnt, dass das XSLT-Programm auch in der gezeigten Form nicht mit AjaXSLT 0.4 läuft. Mit der Fehlermeldung und einem tieferen Einstieg in den Quellcode ergab sich folgende behelfsmäßige Lösung des Problems:

```
//
// Bug fix for AjaxXSLT 0.4
//
String.prototype.stringValue = function() {
        return this;
}
```

Es ist zu hoffen, dass die Bibliothek bei Erscheinen des Buches weniger Bugs enthält und obige Zeilen überflüssig geworden sind.

6.4.9 Bewertung der Implementierung mit AjaXSLT

Googles Ansatz für clientseitige XSLT-Transformation hinterlässt einen zwiespältigen Eindruck. Einerseits ist es eine interessante Idee, sämtliche Browserinkompatibilitäten dadurch zu umgehen, dass man das Erforderliche einfach vollständig selbst implementiert. In der Tat muss ein Browser lediglich Javascript unterstützen, nicht jedoch selbst XSLT beherrschen, damit AjaXSLT läuft.

Auf der anderen Seite ist eine komplette Neuimplementierung eines XML-Parsers, einer Xpath-Engine und eines XSLT-Interpreters ausgerechnet in der durch Inkompatibilitäten belasteten Umgebung des Browsers ein gewagtes Unterfangen. Die vorliegende Version ist noch ein gutes Stück des Weges davon entfernt, ohne Bedenken eingesetzt werden zu können. Das gilt sowohl für die unvollständige Implementierung der Sprache XSLT als auch für die unzureichende Performance.

6.5 Tic Tac Toe

Bei der Programmierung von rundenbasierten Spielen für mehrere Spieler ist Ajax sehr nützlich. Wir zeigen das am Beispiel von Tic Tac Toe[15]. Zwei Spieler setzen abwechselnd einen Spielstein. Während Spieler A am Zug ist, muss Spieler B warten. Die Situation des Wartens muss *ohne Ajax* durch lästiges periodisches Abfragen der Form »Hat Spieler A schon gezogen?« im Browser implementiert werden. *Mit Ajax* ist die Sache einfacher: Wenn B einen Zug macht, geschieht dies mit einem entsprechenden Ajax-Aufruf an den Server. Der Server wertet den Zug aus und liefert B eine Antwort, *sobald sie verfügbar ist.* Das »sobald sie verfügbar ist« macht die asynchrone Natur von Ajax möglich. Ob dabei Timeouts (vgl. Abschnitt 3.2.5 ff.) eine Rolle spielen oder nicht, ist eine Frage der Spiellogik und eventuell der Serverkonfiguration.

Dieser Abschnitt beschreibt eine Implementierung in PHP mit Xajax. Das Spiel steht online unter *http://www.ajaxbuch.de/code/beispiele/tictactoe/* zum Ausprobieren zur Verfügung.

6.5.1 Das Spielfeld

Für die Beschreibung des Spielfeldes und der Spielsteine dient eine HTML-Tabelle, die Buchstaben »x« und »o« sowie ein wenig CSS-Formatierung.

---

15. Wer das Spiel nicht kennt, findet bei *http://de.wikipedia.org/wiki/Tic_Tac_Toe* eine Anleitung.

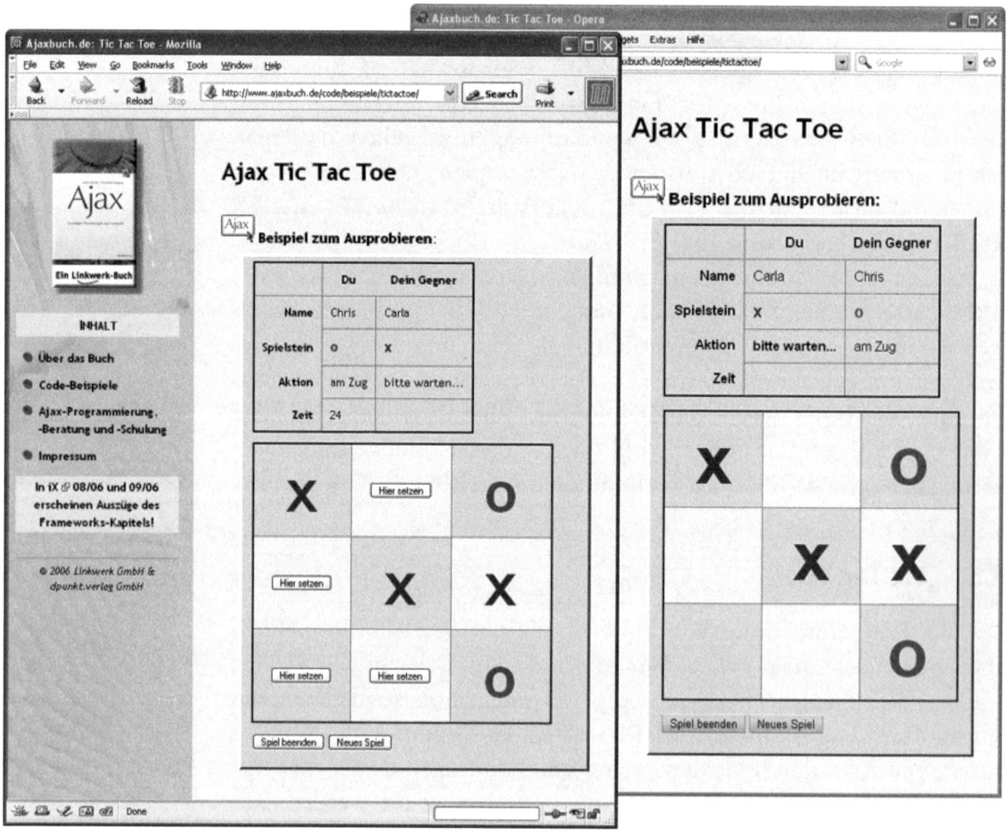

Abb. 6–4
Momentaufnahme eines Tic Tac Toe-Matches. Der linke Spieler mit Mozilla, der rechte mit Opera.

Folgendes Listing zeigt den HTML-Rahmen:

```
<html lang="de">
  <head>
    <title>Ajaxbuch.de: Tic Tac Toe</title>
    <script type="text/javascript" src="lwtictactoe.js"></script>

    <?php $xajax->printJavascript('/code/lib/'); ?>

  </head>
 <body onload="xajax_initTTT();">

  <h1>Ajax Tic Tac Toe</h1>

  <table id="spielerinfo">
  <tr>
  <td> </td>
  <th>Du</th>
  <th>Dein Gegner</th>
  </tr>
  <tr>
```

```
<th style="text-align:right">Name</th>
 <td id="myName"></td>
 <td id="opponentName"></td>
</tr>


<tr>
 <th style="text-align:right">Spielstein</th>
 <td id="myToken"></td>
 <td id="opponentToken"></td>
</tr>
<tr>
 <th style="text-align:right">Aktion</th>
 <td id="myAction"></td>
 <td id="opponentAction"></td>
</tr>
<tr>
 <th style="text-align:right">Zeit</th>
 <td id="myTime"></td>
 <td id="opponentTime"></td>
</tr>
</table>

<form action="" id="spielfeld" onsubmit="return false;">

<table>
<tr>
  <td class="ungerade" id="spielfeld1"></td>
  <td class="gerade"   id="spielfeld2"></td>
  <td class="ungerade" id="spielfeld3"></td>
</tr>
<tr>
  <td class="gerade"   id="spielfeld4"></td>
  <td class="ungerade" id="spielfeld5"></td>
  <td class="gerade"   id="spielfeld6"></td>
</tr>
<tr>
  <td class="ungerade" id="spielfeld7"></td>
  <td class="gerade"   id="spielfeld8"></td>
  <td class="ungerade" id="spielfeld9"></td>
</tr>
</table>

<input type='button' onclick='xajax_abortMatch()'
       value='Spiel beenden' />
<input type='button' onclick='xajax_abortMatch();xajax_initTTT();'
       value='Neues Spiel' />
</form>
</body>
</html>
```

Im Listing sind die wichtigen Stellen hervorgehoben. Sie deuten bereits auf die Xajax-Programmierung hin. Für die Anzeige des Spiels sind die Tabelle mit der ID »spielerinfo« (und darin die mit IDs versehenen Zellen) und die neun Spielfelder namens »spielfeldX« wichtig.

6.5.2 Der PHP-Kopf

Der PHP-Kopf führt neben der üblichen Xajax-Initialisierung einige anwendungsspezifische Anweisungen aus.

```
<?php
//
// lwtictactoe.php - (c) 2006 Linkwerk.com
//
// $Id: kopf.xml,v 1.1 2006/08/01 14:24:57 sm Exp $

//
// Definiere globale Konstanten
//

// Teil 1: Konfiguration

define("INSTALLDIR",$_SERVER["DOCUMENT_ROOT"] .
"/code/beispiele/tictactoe/");  // Wurzelverzeichnis
define("TTTDEBUG",false);        // Debugausgabe TicTacToe?
define("XAJAXDEBUG",false);      // Debugausgabe Xajax?
define("HANDSHAKETIMEOUT",300); // Wie lange auf Mitspieler warten?
                                // Dieser Wert sollte ggf.
                                // kleiner als die Servertimeout-
                                 // Zeit sein. Abhängig davon, ob
                                // der Server die PHP-Ausführung
                                // abbricht. Auf unserem Server
                                // mit mod_php kein Problem.
define("MOVETIMEOUT",40);       // Wie lange auf Gegenzug warten?

// Teil 2: Programminterne Abkürzungen

define("AMZUGAKTIV","<span id='amzug'>am Zug</span>")
define("AMZUGPASSIV","<span>am Zug</span>");
define("WARTENAKTIV","<span id='warten'>bitte warten...</span>");
define("WARTENPASSIV","<span>bitte warten...</span>");

require($_SERVER["DOCUMENT_ROOT"] . "/code/lib/xajax.inc.php");
$xajax = new xajax("","xajax_","UTF-8",XAJAXDEBUG);

require(INSTALLDIR . "lwtictactoe_spiellogik.php");
require(INSTALLDIR . "lwtictactoe_hilfsfunktionen.php");

//
// Leite PHP-Session-Handling ein
//
```

```
session_start();

//
// Funktionen nach Javascript exportieren
//

// Funktionen für Handshake:
$xajax->registerFunction("newPlayer");
$xajax->registerFunction("waitForPlayer");
// Funktionen für Ausführen von und Warten auf Züge
$xajax->registerFunction("makeMove");
$xajax->registerFunction("waitForMove");
// Funktionen für das Spielende
$xajax->registerFunction("abortMatch");
$xajax->registerFunction("EOM");
// Funktion zur Initialisierung
$xajax->registerFunction("initTTT");

//
// Ajax-Requests verarbeiten
//

$xajax->processRequests();
?>
```

Im oberen Teil stehen einige Konstantendefinitionen, die vorwiegend der Konfiguration dienen. Die wichtigste ist die HANDSHAKETIMEOUT-Zeit. Dieser Wert in Sekunden gibt an, wie lange das Spiel nach der Anmeldung des ersten Spielers auf einen Mitspieler wartet. Im Beispiel ist der Wert auf 300 Sekunden gesetzt, was über der konfigurierten Timeout-Grenze unseres Servers liegt. Das funktioniert, weil die PHP-Ausführung mit mod_php im Gegensatz zu externen CGI-Programmen offensichtlich nicht nach der Timeout-Zeit abbricht.

Praktischer Vorteil von Sessions

Die Funktion session_start() leitet das PHP-Session-Handling ein. Aus Sicht der Programmlogik ist kein serverseitiges Session-Handling notwendig. Tatsächlich hatten wir eine erste Version ohne Sessions programmiert. Sie arbeitete mit der Übergabe der erforderlichen Daten (insbesondere der Spieler-ID) von einer Funktion an eine andere. Bei ausschließlicher Betrachtung des PHP-Codes ergab sich sogar eine elegantere Programmierung als die nun vorliegende Version, weil das Programm einen sauberen funktionalen Stil besaß und ohne globale Variablen ablief. Trotz des besseren Stils hatte das Programm einen Nachteil: Bei der Programmierung haben wir *vergessen*, dass die Aufrufe der Funktionen nicht unmittelbar, sondern über den Browser erfolgen. Die Ajax-Programmierung mit Xajax ließ diesen Sachverhalt völlig in Vergessenheit geraten; das zeigt die Stärke des Programmierparadigmas, wie es Xajax oder auch DWR darstellen. Der »Umweg« der Funktionsaufrufe über den Browser besitzt nun die Eigenschaft, dass es clientseitig sehr einfach ist, verfälschend in den Spielablauf einzugreifen. Ein schlichtes Bookmarklet genügt, um das Spiel zu manipulieren. Die Speicherung der sensiblen Daten über PHPs-Session-Management stellt der Manipulation eine etwas höhere Hürde in den Weg.

Der Rest des Listings kümmert sich um das Einladen der PHP-Hilfsfunktionen und Funktionen für die Spiellogik. Letztere werden mit `registerFunction()` an den Browser exportiert. Beim Einladen von externen PHP-Bibliotheken ist sehr genau darauf zu achten, dass außerhalb der PHP-Verarbeitungsanweisung (`<?php ... ?>`) keine Leerzeilen stehen. Diese würden bei der Verarbeitung von Ajax-Requests und Zurücksenden einer Xajax-internen XML-Antwort durch `$xajax->processRequests();` zu einer Leerzeile vor der XML-Deklaration führen; was in einem Parsing-Fehler der Nachricht im Browser gipfelt.

6.5.3 Handshake zweier Spieler

Wesentlich für das Verständnis des Programmablaufs ist der »Handshake«, das heißt das initiale Zusammenbringen zweier Spieler und Beginnen des Spiels sowie das Durchführen eines Zugs und das Warten auf den Gegenzug. In diesem Abschnitt betrachten wir den Handshake; zuvor aber noch die Initialisierungsfunktion.

```
//
// lwTicTacToe_spiellogik.php - (c) 2006 Linkwerk.com
//
// $Id: lwtictactoe_spiellogik.php,v 1.2 2006/07/20 16:07:26 sm $
//

//
// hier geht's los...
//

 function initTTT() {

   //
   // neues Response-Objekt anlegen
   //
   $xajaxResponse = new xajaxResponse();

   //
   // setzte Session-Variablen fuer Player-ID und Spielernamen
   //
```

```
  if (!isset($_SESSION['playerId'])) {
    $_SESSION['playerId'] = microtimestamp('id');
  }

  if (!isset($_SESSION['playerName'])) {
    $_SESSION['playerName'] = 'Spieler';
  }

  //
  // Baue Spielfeld auf
  //
  $formular = '<form action="" onsubmit="return false;"><p>
                              Bitte gib Deinen Namen an:<br />';
  $formular .= '<input type="text"
                  value="' . $_SESSION['playerName'] . '"
                  size="20" maxlength="20" id="lwPlayerName" />';
  $formular .= "<input type='button' value='Ok'
      onclick='xajax_newPlayer(this.form.lwPlayerName.value)' />";

  $xajaxResponse->addAssign("myName", "innerHTML", $formular);

  for ($i = 1; $i < 10; $i++) {
    $xajaxResponse->addAssign("spielfeld" . $i, "innerHTML", "");
  }

  return $xajaxResponse->getXML();

}
```

Beim Laden der Seite führt der Browser die Funktion `initTTT()` aus. Ihre wesentliche Aufgabe besteht darin, ein Eingabefeld für einen Spielernamen auf der Seite erscheinen zu lassen.

Das Eingabefeld hätte alternativ auch im HTML-Code stehen können. Da das Feld aber nach Ende eines Spiels wieder angezeigt werden soll, ist es sinnvoll, eine entsprechende Funktion zu haben. Eingeben eines Namens und Bestätigen mittels des »Ok«-Knopfs rufen die PHP-Funktion `newPlayer()`.

```
//
// lwTicTacToe_spiellogik.php - (c) 2006 Linkwerk.com
//
// $Id: lwtictactoe_spiellogik.php, v 1.6 2006/09/01 16:29:18 sm $
//

//
// newPlayer()
// wird gerufen, wenn sich ein Spieler zum Spielen anmeldet
//
function newPlayer($pName) {
```

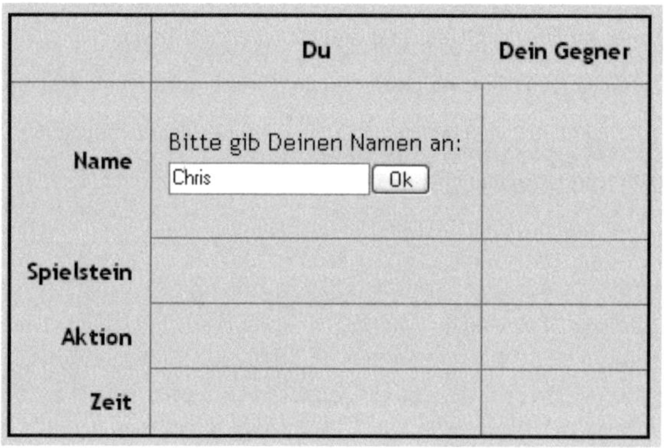

Abb. 6-5
Eingabefeld für den Spielernamen

```
//
// neues Response-Objekt anlegen
//
$xajaxResponse = new xajaxResponse();

//
// playerId aus der Session lesen, Namen setzen
//
$pId = $_SESSION['playerId'];
$_SESSION['playerName']=cleanInputString($pName);
$pName=$_SESSION['playerName'];

//
// Feststellen, ob bereits ein Mitspieler wartet.
// Falls Ja: Handshake durchführen.
// Falls Nein: Spieler in die Warteschlange stellen.
//

//
// erste Datei in der Warteschlange auswählen,
// deren Name ungleich der eigenen ID ist
//
$opponent = getOpponent('warteschlange',$pId);

if ( ("" != $opponent) and ($opponent != $pId)) {
  // Datei in Warteschlange gefunden = Es gibt einen Mitspieler

 list($opponentId, $opponentName, $myId, $myName) =
                                doHandshake($opponent,$pId,$pName);

 //
 // Spieler- und Spielinformationen setzen
 //
 $_SESSION['token'] = "o";
 assignPlayerInformation($xajaxResponse,$_SESSION['token'],
              $myName,WARTENAKTIV,"x",$opponentName,AMZUGPASSIV);
```

```
      //
      // Spielstatus festhalten
      //
      $matchStamp = getMatchStamp();

      //
      // Spiel starten: Mitspieler ist am Zug
      //
      $xajaxResponse->addScriptCall("stopCountdown");
      $xajaxResponse->addScriptCall("xajax_waitForMove",
                                 "$matchStamp",$_SESSION['token']);

    } else { // es gibt noch keinen Mitspieler

      //
      // auf Mitspieler warten
      //
      assignPlayerInformation($xajaxResponse,"",$pName,
                                 "auf Mitspieler warten","","","");
      $xajaxResponse->addScriptCall("xajax_waitForPlayer","$pName");

      toQueue($pName);
    }

    return $xajaxResponse->getXML();
  }
```

`newPlayer()` sucht als Erstes für den aktuellen Spieler A nach einem Mitspieler B. Dazu schaut `getOpponent()` in der Warteschlange nach, ob es einen Spieler B gibt, der verschieden von A ist. Die Warteschlangenimplementierung besteht im Hintergrund aus einem Verzeichnis namens »warteschlange«. Das ist auf dieser Ebene der Programmierung sowohl unerheblich als auch nicht sichtbar, was auch beabsichtigt ist.

Danach schließt sich eine Fallunterscheidung an. Fall 1: Bei der Anmeldung gibt es bereits einen anderen Spieler B, der wartet (»if-then«-Zweig). Fall 2: Es gibt keinen Mitspieler B (»else«-Zweig). Der zweite Fall ist einfacher zu erklären; er besteht aus drei Schritten:

1. Zuerst sorgt der Aufruf der Hilfsfunktion `assignPlayerInformation()` dafür, dass Spieler A eine geeignete Information erhält (»auf Mitspieler warten)«. `assignPlayerInformation()` schreibt mittels `$xajaxResponse->addAssign()` die als Parameter übergebenen Daten in die HTML-Tabelle »spielerinfo«.
2. Der zweite Schritt veranlasst den Browser, die Funktion `waitForPlayer()` zu rufen (`$xajaxResponse->addScriptCall("xajax_waitFor Player","$pName")`). Spieler A wird damit zum Warten aufgefordert.

3. Zuletzt wird Spieler A in die Warteschlange geschickt (toQueue ($pName)).

Nun zu Fall (1): Es gibt einen Mitspieler B. Zunächst bringt das Programm beide Spieler zusammen (doHandshake()). Im Hintergrund besteht das Ausführen des Handshake darin, dass die Datei für Spieler B (mit der Kennung $opponent), um die Daten von Spieler A ($pId, $pName) ergänzt, aus der Warteschlange entfernt wird; sie steht dann in einem Verzeichnis für laufende Spiele. Darüber hinaus setzt doHandshake() eine Session-Variable names matchId. Sie wird für die Dauer des Spiels von mehreren Funktionen verwendet, um die Datei auf der Festplatte zu finden, die den Spielstatus wiedergibt.

Nach erfolgreichem Handshake aktualisiert das Programm mittels assignPlayerInformation() die Darstellung des Spielfeldes. Der aktuelle Spieler A muss zunächst auf den Zug von Spieler B warten. Um feststellen zu können, ob der jeweils gegnerische Spieler einen Zug ausgeführt hat, wird ein sogenannter $matchStamp eingeführt (im Sinne von »time stamp«, nur dass hier nicht die Zeit zugrunde gelegt wird). Der $matchStamp ist nichts weiter als die Größe der Matchdatei in Bytes. Jedesmal wenn ein Spieler gezogen hat, wird sein Zug in der Datei protokolliert, und über den alten $matchStamp kann das Programm die Ausführung eines Zugs erkennen. Als Letztes sorgt newPlayer() dafür, dass Spieler A mittles waitForMove() auf den ersten Zug des Spiels warten. Damit ist der Handshake vollständig erfolgt und das Spiel im Gange.

Es fehlt aber noch die Beschreibung des Spielbeginns für den Fall (2). Dieser Fall endet bislang mit Aufruf von waitForPlayer().

```
//
// lwTicTacToe_spiellogik.php - (c) 2006 Linkwerk.com
//
// $Id: lwtictactoe_spiellogik.php,v 1.4 2006/07/20 21:30:54 sm $
//

//
// warte auf Mitspieler
//
function waitForPlayer($pName) {

  $xajaxResponse = new xajaxResponse();

  $pId = $_SESSION['playerId'];

  //
  // warte HANDSHAKETIMEOUT Sekunden auf Mitspieler
  //
```

```
    for ($i = 1; $i <= HANDSHAKETIMEOUT; $i++) {
      if (handshakeDone($pId)) {
        break;
      }
      sleep(1);
    }

    if (handshakeDone($pId)) { // Mitspieler gefunden
      list($myId, $myName, $opponentId, $opponentName) =
                                         getPlayersInfo($pId);

      $_SESSION['matchId'] = $myId;
      $_SESSION['token'] = "x";

      assignPlayerInformation($xajaxResponse,$_SESSION['token'],
                 $myName,AMZUGAKTIV,"o",$opponentName,WARTENPASSIV);

      //
      // Spielfeld aufbauen und ersten Zug ausführen lassen
      //
      updateFields($xajaxResponse, "_________", $_SESSION['token'],
                                                         true);

      $xajaxResponse->addScriptCall("startCountdown","30","0",
                                $_SESSION['token'],"_________");

    }
    else { // kein Mitspieler gefunden; Wartezustand wird aufgehoben,
           // Spieler aus Warteschlange entfernt
      removeFromQueue();
      assignPlayerInformation($xajaxResponse,"",$myName,
                                   "Kein Mitspieler","","","");

      // Spielende

    }

    return $xajaxResponse->getXML();
  }
```

Das Listing stellt das Spiegelbild des oben beschriebenen Ablaufs dar. Die Rollen der Spieler sind nun vertauscht; das zeigt sich auch an der Benennung von Funktionen. So heißt es »handshakeDone« statt »doHandshake«. Ein Spieler, der die Funktion `waitForPlayer()` ausführt, befindet sich in der Warteschlange. Wir nennen ihn, konsistent mit obiger Bezeichnung, Spieler B. B wartet nicht beliebig lange, sondern maximal `HANDSHAKETIMEOUT` Sekunden. Dazu schaut `waitForPlayer()` sekündlich, ob der Handschlag erfolgt ist (`handshakeDone()`).

Erfolgt ist er dann, wenn die Wartedatei von Spieler B aus der Warteschlange verschwunden ist.

Wenn das nach Ablauf von HANDSHAKETIMEOUT Sekunden noch nicht der Fall ist (»else«-Zweig), dann wird der Spieler aus der Schlange entfernt (removeFromQueue()) und das Spiel beendet. Andernfalls geht das Spiel los: Es beginnt mit dem Auslesen der Spielerinformationen getPlayersInfo() aus der Spieldatei, gefolgt vom Anzeigen der Information (assignPlayerInformation()) und dem Zurücksetzen der neun Spielfelder (updateFields()). Das abschließende startCountdown() lässt Spieler B dreißig Sekunden für seinen ersten Zug.

6.5.4 Ausführen von Zügen

Das Ausführen von Zügen verläuft analog zum Handshaking. Bevor überhaupt ein Zug getan werden kann, muss die Webseite entsprechende Steuerelemente besitzen. Die obige Funktion waitForPlayer() hat sich dazu der Funktion updateFields() bedient.

```
function updateFields(&$xajaxResponse,$score,$token,$active) {

 for ($i = 1; $i < 10; $i++) { // gehe über alle Felder
     if (substr($score,$i-1,1) == '_') { // freies Feld
       if ($active) { // aktiver Spieler
         $xajaxResponse->addAssign("spielfeld" . $i, "innerHTML",
                                  "<input type='button' value='Hier setzen'
            onclick='xajax_makeMove($i,\"$token\",\"$score\")' />");
       } else { // nicht aktiver Spieler
         $xajaxResponse->addAssign("spielfeld" . $i, "innerHTML",
                                                                    "");
       }
     } else { // kein freies Feld
       $xajaxResponse->addAssign("spielfeld" . $i, "innerHTML",
            "<span class='lwSpielstein_".substr($score,$i-1,1)."'>".
                                   substr($score,$i-1,1)."</span>");
     }
   }
 }
```

Für jedes der neun Spielfelder (for-Schleife) wird zwischen drei Fällen unterschieden:

1. Das Feld ist frei, und der Spieler ist am Zug (aktiv).
2. Das Feld ist frei, und der Spieler ist nicht am Zug (nicht aktiv).
3. Das Feld ist nicht frei.

Freie Felder sind im Spielstand als Unterstrich (_) repräsentiert; besetzte Felder durch den jeweiligen Spielstein (x oder o). Der interessante Fall ist hier der erste. Dafür gibt updateFields() einen HTML-

Knopf aus, der mit der Funktion makeMove() verbunden ist. Die Darstellung des Spielfeldes und der Knöpfe ist in Abbildung 6–4 zu sehen.

```
//
// lwTicTacToe_spiellogik.php - (c) 2006 Linkwerk.com
//
// $Id: lwtictactoe_spiellogik.php, v 1.4 2006/07/20 21:30:54 sm $
//

//
// Zug ausführen
//
function makeMove($fieldNr, $token, $score) {

  $xajaxResponse = new xajaxResponse();

  //
  // Aktualisiere Spielstand
  //
  if ($fieldNr > 0 && $fieldNr < 10) {
    $score = substr($score,0,$fieldNr-1) . $token .
                                        substr($score,$fieldNr);
  }
  $matchStamp = updateScore($score);

  //
  // Aktualisiere Webseite
  //
  updateFields($xajaxResponse, $score, $token, false);
  assignPlayerInformation($xajaxResponse,"","",WARTENAKTIV,"","",
                                                     AMZUGPASSIV);


  //
  // Werte Spielstand aus
  //
  $matchEvaluation = evaluateMatch($score);

  if ($matchEvaluation != "_" and strlen($matchEvaluation)<=1) {
                        // es gibt einen Sieger oder Unentschieden
    $xajaxResponse->addScriptCall("xajax_EOM","$matchEvaluation",
                                                        "$token");
  } else { // Warte auf Gegenzug
    $xajaxResponse->addScriptCall("stopCountdown");
    $xajaxResponse->addScriptCall("xajax_waitForMove",
                                        "$matchStamp","$token");
  }

  return $xajaxResponse->getXML();
}
```

makeMove() ist vergleichsweise einfach aufgebaut: Der erste Schritt besteht darin, den als ersten Parameter übergebenen Zug in den Spielstand einzubauen. updateScore() speichert die Änderung auf dem Server und notiert in $matchStamp den neuen Zustand. Das Aktualisieren der Webseite verläuft genauso wie zuvor. Neu hingegen ist die Auswertung der Spielstands (evaluateMatch()). Gemäß der Regeln von Tic Tac Toe prüft die Funktion auf drei gleiche Steine in einer Zeile, Spalte oder Diagonalen beziehungsweise auf ein Unentschieden durch Füllen aller Felder. Ist ein Endzustand erreicht, wird die Funktion EOM() (End of Match) gerufen, andernfalls das Warten auf den Gegenzug eingeleitet (waitForMove()).

```
//
// lwTicTacToe_spiellogik.php - (c) 2006 Linkwerk.com
//
// $Id: lwtictactoe_spiellogik.php,v 1.4 2006/07/20 21:30:54 sm $
//

//
// Auf Zug des Mitspielers warten
//
function waitForMove($oldMatchStamp, $token) {
  $xajaxResponse = new xajaxResponse();

  for ($i = 1; $i <= MOVETIMEOUT; $i++) {
    if (moveMade($oldMatchStamp)) {
      break;
    }
    sleep(1);
  }


  if (moveMade($oldMatchStamp)) { // Gegner hat Zug ausgeführt oder
                                  // Countdown-Funktion hat
                                  // Dummy-Zug ausgeführt.
    $score = getScore();

    if ($score == "SPIELENDE") {
      assignPlayerInformation($xajaxResponse,"","",
                          "Sieg durch Aufgabe","","","aufgegeben");
      $xajaxResponse->addScriptCall("alert",
                                     "Dein Gegner hat aufgegeben");
      $xajaxResponse->addScriptCall("xajax_abortMatch('clean')");
      return $xajaxResponse->getXML();
    } else {
     assignPlayerInformation($xajaxResponse,"","",AMZUGAKTIV,"","",
                                                      WARTENPASSIV);
      $xajaxResponse->addScriptCall("startCountdown","30","0",
                                                   $token,$score);

    }
```

```
    } else {                          // Gegner hat nicht gezogen;
                                      // kommt wegen Countdown-Funktion
                                      // niemals vor.
    }

    $matchEvaluation = evaluateMatch($score);

    if ($matchEvaluation !== "_" and strlen($matchEvaluation)<=1) {
                              // Es gibt entweder kein freies Feld mehr,
                              // oder es gibt einen Sieger.
      // Spielende einleiten:

      updateFields($xajaxResponse, $score, $token, false);

      $xajaxResponse->addScriptCall("xajax_EOM",
                                   "$matchEvaluation", "$token");
      cleanUp();
    } else {                  // Es gibt noch ein freies Feld
                              // ($matchEvaluation == "_")
                              // und bislang keinen Sieger
      updateFields($xajaxResponse, $score, $token, true);
    }

    return $xajaxResponse->getXML();

  }
```

`waitForMove()` funktioniert ähnlich wie `waitForPlayer()` im vorhergehenden Abschnitt. Für die Dauer von `MOVETIMEOUT` Sekunden wartet die Funktion auf einen Gegenzug. `moveMade()` erkennt anhand des übergebenen `$oldMatchStamp`, ob sich der Spielstand geändert hat. Falls ja, wird der aktuelle Spielstand (`$score`) eingelesen. Ein besonderer Spielstand von `SPIELENDE` kennzeichnet, dass der Gegner den Knopf für Spielaufgabe gedrückt hat.

Wie zuvor erfolgt eine Auswertung des Spielstands mit `evaluateMatch()`. Je nach Ergebnis wird auch hier das Spielende eingeleitet.

6.5.5 Spielende und Implementierungsdetails

Die Behandlung des Spielendes muss hier nicht im Detail behandelt werden. Es findet dabei lediglich eine geeignete Ausgabe des Spielstands und ein Zurücksetzen der internen Session-Variablen statt. Beim Start eines neuen Spiels werden beide Werte neu definiert.

```
unset($_SESSION['playerId']);
unset($_SESSION['matchId']);
```

Legt man die Anzahl der Funktionen zugrunde, so haben wir den größten Teil der Implementierung hier nicht abgedruckt. Der Grund ist einfach: Hier geht es um Ajax, nicht um PHP-Programmierung. Als Ajax-Beispiel eignet sich das Spiel gut, weil es die Mechanismen zeigt, die für das Zusammenbringen mehrerer Anwender notwendig sind. Nicht sichtbar waren die internen Abläufe, wie das Festhalten des Spielstands in einer Datei. Es ist aber auch irrelevant, ob der Spielstand in einer Datenbank oder auf andere Weise protokolliert wird. Für Leser, die die Spielimplementierung vollständig nachlesen möchten, bieten wir den Quellcode auf Ajaxbuch.de zum Download.

6.5.6 Fazit

Man kann PHP nicht vorwerfen, dem Web nicht hinreichend nahe zu stehen. Die Sprache ist von Webanwendungen nicht zu trennen. Dennoch ist über die Entwicklung mit Xajax zu sagen, dass man das Web bei der Programmierung fast nicht mehr bemerkt. Nach dem initialen Entwerfen der grafischen Oberfläche unseres Spiels und der damit verbundenen Festlegung der IDs für GUI-Komponenten ist kaum noch zu spüren, dass hier eine Anwendung im Web und mit HTML entsteht. Eine Ausnahme ist das Ausgeben von Buttons; mit einer Bibliothek für DHTML-Komponenten wäre auch das anders.

Um es deutlich zu sagen: Das hat sich auf die Programmierung positiv ausgewirkt. Nicht, dass wir nicht gerne Webentwicklung betrieben. Nicht, dass wir nicht mit HTML und Javascript vertraut wären. Dennoch war es sehr angenehm, fast die gesamte Logik frei von Darstellungsaspekten und ohne Browserprogrammierung entwickeln zu können. Dass unser positives Feedback natürlich nicht ursächlich mit PHP und Xajax zu tun hat, sollte klar sein. Das Programmierparadigma von Xajax ist etwa vergleichbar mit dem von DWR. Die Stärke liegt im Konzept, nicht in der Ausformung desselben.

Bemerkenswert ist auch, dass die Implementierung nicht eine Spur von Service-Orientierung enthält, und das, obwohl doch SOA (Service Oriented Architecture) oder (relativ neu) WOA (Web Oriented Architecture) einer der aktuellen Heilsbringer der IT sein soll. Wir sind überzeugt von der Stärke der Service-Orientierung, wenngleich wir die Hysterie nicht teilen. Ajax passt sehr gut dazu, weil es unserer Überzeugung nach dazu beiträgt, die Services nicht komplizierter werden zu lassen als erforderlich. Dennoch muss nicht überall ein Service drin sein, wo Ajax draufsteht. Das Tic Tac Toe eignet sich einfach nicht für eine SOA. Niemand braucht einen »Spielstand auswerten«-Webservice, der

Tic-Tac-Toe-Spielstände auswerten kann. Ironischerweise genügt aber nur eine weitere Zeile, und genau dieser Service wäre öffentlich.

```
$xajax->registerFunction("evaluateMatch");
```

6.6 Automatische Vorschlagslisten

Bereits in Abschnitt 1.3 haben wir eine Anwendung vorgestellt, die auf einzelne Tastendrücke reagiert. Sie ist online unter *http://www.ajax-buch.de/code/beispiele/xmlad/* zu finden. Wir haben dieses Beispiel mehrfach implementiert; zuerst für einen Artikel im Jahre 2005, der in der iX erschienen ist. Alle Versionen (derzeit drei) sind unter der genannten Adresse verlinkt, so dass der Leser die Unterschiede studieren kann. In diesem Abschnitt stellen wir die unserer Meinung nach fortgeschrittenste Variante vor. Sie besitzt folgende Eigenschaften:

- Für die jeweils aktuelle Tastatureingabe erhält der Benutzer eine Vorschlagsliste passender Begriffe.
- Die Implementierung vermeidet konkurrierende Requests (ausgelöst durch schnell aufeinanderfolgende Tastatureingaben).
- Der vom Benutzer gewählte Detaillierungsgrad wird durch jeweils entsprechende Ajax-Requests umgesetzt. Das bedeutet, dass die übertragene Datenmenge sehr gut dem Bedarf angepasst ist.
- Die HTML-Seite ist frei von Javascript, dank des Einsatzes von Behaviour (vgl. Abschnitt 2.6).

6.6.1 Vermeidung konkurrierender Requests

Das Eingabefeld besitzt einen `onkeyup`-Event-Handler, der wie folgt aussieht:

```
if (this.value.length > 1) {
  xmladRequest = reuseRequest(xmladRequest,
  '/code/WS/getXmladEntryWS/', showAcroList,
  {method: "POST", postBody: "acro=" + this.value})
}
```

Erst ab einer Eingabelänge von zwei Zeichen wird der Event-Handler aktiv. Dahinter steht die Überlegung, dass die Vorschlagsliste bei einer Eingabe von nur einem Zeichen zu lang wird. Um konkurrierende Requests bei schnell aufeinanderfolgenden Tastendrücken verhindern zu können, kommt hier ein globales Objekt `xmladRequest` zusammen mit einer speziellen Funktion `reuseRequest()` zum Einsatz. Das Objekt ist eingangs leer definiert:

```
var xmladRequest;
```

Die Funktion nimmt folgende Form an:

```
//
// Wrapper-Funktion, die dafür sorgt, dass ein ggf. vorhandenes
// Request-Objekt wieder verwendet wird. Ein ggf. laufender Request
// wird abgebrochen.
//
function reuseRequest(ajaxReq, uri, callback, options) {
    if (ajaxReq
        && (ajaxReq.readyState == 2 || ajaxReq.readyState == 3)) {
        ajaxReq.abort();      // falls ein Request läuft, diesen
                              // abbrechen
    }

    return Lokris.AjaxCall(uri, callback, options);
}
```

Der Blick in die Implementierung zeigt, dass es sich lediglich um einen Wrapper für Lokris handelt. Die Aufgabe des Wrappers besteht darin, zu prüfen, ob das übergebene Objekt existiert und ob ein Request läuft. Wenn das der Fall ist, bricht `reuseRequest()` die Übertragung ab. Anschließend ruft die Funktion `Lokris.AjaxCall()` für den neuen Request auf. Diese Vorgehensweise entspricht der Beschreibung in 3.2.4. Sie ist hier nur etwas netter verpackt.[16]

6.6.2 Verarbeitung der Vorschlagsliste

Wie dem obigen Listing zu entnehmen ist, richtet sich der Ajax-Zugriff an einen Webservice unter `/code/WS/getXmladEntryWS/`. Wenngleich die Implementierung die Post-Methode verwendet, funktioniert der Service auch mit Get. Das hilft, den Service zu verstehen. Ein Zugriff auf die Adresse *http://www.ajaxbuch.de/code/WS/getXmladEntryWS/?acro=xs* zeigt, welche Liste von Akronymen der Server liefert (hier ohne das Wurzelelement):

```
<Acronym expansion="eXtensible Server Pages"
         id="XSP">XSP</Acronym>
<Acronym expansion="Extensible Scientific Interchange Language"
         id="XSIL">XSIL</Acronym>
<Acronym expansion="XML Scripture Encoding Model"
         id="XSEM">XSEM</Acronym>
```

16. Es drängt sich die Frage auf, ob sich die Funktion nicht in Lokris integrieren lässt. Obwohl es keinen großen Aufwand bedeutet, steht dies noch auf unserer Wunschliste für Lokris. Zuerst muss aber das Buchmanuskript fertig werden. Der Leser findet zum Zeitpunkt des Erscheinens des Buches möglicherweise bereits eine entsprechend verbesserte Version von Lokris auf unserer Webseite.

```
<Acronym expansion="Extensible Stylesheet Language"
         type="W3C"
         id="XSL">XSL</Acronym>
<Acronym expansion="XSL Transformations"
         type="W3C"
         id="XSLT">XSLT</Acronym>
<Acronym expansion="XSL Formatting Objects"
         type="W3C"
         id="XSL-FO">XSL-FO</Acronym>
<Acronym expansion="XML System for Textual and Archaeological
                    Research"
        id="XSTAR">XSTAR</Acronym>
```

Das ist die Nutzlast, die die Callback-Funktion `showAcroList()` bekommt. Das folgende Listing zeigt den wesentlichen Teil der Funktion (vollständig ist das Skript online zu finden):

```
function showAcroList(xmlResponse) {

    // Aus der XML-Antwort alle Elemente vom Typ "Acronym"
    // herausholen
    var items = xmlResponse.getElementsByTagName("Acronym");

    var ul = document.createElement("ul");
    // Akronyme als LI's in die Liste einfügen
    for (var i = 0; i < items.length; i++) {
        var li = document.createElement("li");
        var anchor = document.createElement("a");

        // ID des Akronyms ermitteln und entsprechenden Link
        // mit einem weiteren Ajax-Call ausgeben:
        var ID = items[i].attributes["id"].value;
        anchor.setAttribute("href",
     "javascript:void(Lokris.AjaxCall('/code/WS/getXmladEntryWS/',
      showDescription, {method: 'POST', postBody: 'id=" + ID +"'}))"
                                                                   );

        text =
            document.createTextNode(items[i].firstChild.nodeValue);
        anchor.appendChild(text);
        li.appendChild(anchor);
        ul.appendChild(li);
    }

    // Im Anzeigebereich ein neues UL-Element einfügen
    var outputArea = document.getElementById("outputB");
    outputArea.appendChild(ul);
}
```

Die Funktion ist einfach zu verstehen: Sie geht mittels for-Schleife durch die Liste der Akronyme und baut daraus eine Liste von li-Elementen in HTML. Das einzig Bemerkenswerte sind die in den Listenelementen enthaltenen Links.

6.6.3 Anzeige der Details

Bei der Ausgabe der Vorschlagsliste entstehen Links der folgenden Form:

```
javascript:void(Lokris.AjaxCall('/code/WS/getXmladEntryWS/',
showDescription, {method: 'POST', postBody: 'id=XSP'}))
```

Ein Klick auf einen Eintrag der Liste erzeugt also einen weiteren Ajax-Zugriff. Da hier eventuell konkurrierende Requests nicht so kritisch sind wie bei der Tastatureingabe, verzichtet das Programm auf den Einsatz von reuseRequest(). Es findet nur ein »normaler«, asynchroner Ajax-Aufruf statt. Der Webservice bekommt hier aber einen anderen Parameter, nämlich id. Als dessen Wert fungiert die Akronym-ID aus der ursprünglichen Liste. Der Service liefert darauf eine andersartige Antwort, für *http://www.ajaxbuch.de/code/WS/getXmladEntryWS/?id=XSP* zum Beispiel:

```
<Entry>
<Acronym expansion="XSL Transformations" type="W3C"
id="XSLT">XSLT</Acronym>
<SpecLoc>http://www.w3.org/TR/xslt</SpecLoc>
        <Definition xml:lang="en-us">
XSLT is a language for transforming XML documents into other XML
documents. A transformation expressed in XSLT describes rules for
transforming a source tree into a result tree. The transformation is
achieved by associating patterns with templates. A pattern is
matched against elements in the source tree. A template is
instantiated to create part of the result tree. The result tree is
separate from the source tree. The structure of the result tree can
be completely different from the structure of the source tree. In
constructing the result tree, elements from the source tree can be
filtered and reordered, and arbitrary structure can be added.
<br/>
A transformation expressed in XSLT is called a stylesheet.
<br/>
XSLT is designed for use as part of XSL, which is a stylesheet
language for XML. XSL specifies the styling of an XML document by
using XSLT to describe how the document is transformed into another
XML document that uses the formatting vocabulary.
<br/>
XSLT is also designed to be used independently of XSL. A
transformation in the XSLT language is expressed as a well-formed
XML document conforming to the
```

```
<a glossRef="Namespaces">Namespaces</a>
 in XML Recommendation, which may include both elements that are
defined by XSLT and elements that are not defined by XSLT.
</Definition>
</Entry>
```

Die zuständige Callback-Funktion heißt `showDescription()`. Sie nimmt den `Entry` entgegen und blendet die enthaltenen Daten in der Webseite ein.

6.7 Input Validator

Als Ende 1995 die Beta-Version des Browsers Netscape Navigator 2 erschien, besaß sie eine Innovation: LiveScript. Eine Skriptsprache für Webseiten, die kurz danach zu Javascript umgetauft wurde. Doch was sollte man damit anfangen? Eines der ersten Anwendungsbeispiele, das auch im ersten deutschen Artikel zum Thema *(http://www.heise.de/kiosk/archiv/ix/1996/2/134)* als Motivation herhalten musste, war die clientseitige Prüfung von Formulareingaben. Mittlerweile hat man die Idee in ungezählten Varianten kennengelernt. Jetzt folgt die nächste.

Schon wieder Formulareingaben prüfen?

Was kann es Neues geben, dass sich die x-te Wiederholung des Beispiels lohnte? Die bisher üblichen Prüfungen von Formulareingaben programmieren die Korrektheitsbedingungen in Javascript aus. Da wimmelt es dann vor `if (this.value.indexOf('@') > 0) {}` und diversen `substring()`- und RegExp-Einsätzen, nur um festzustellen, ob im fraglichen Eingabefeld eine gültige Mailadresse steht. Die Formulierung der Bedingungen in einer Skriptsprache ist vergleichsweise unübersichtlich und wartungsunfreundlich. Dabei gibt es doch Sprachen, die darauf spezialisiert sind, Vorgaben für Inhalte zu formulieren. Beispielsweise XML-Schema.

XML-Schema formuliert Bedingungen für Formularfelder

XML-Schema ist eine Sprache, die den Aufbau von XML-Dokumenten beschreiben kann. Darüber hinaus kann sie Datentypen für den Inhalt von *Elementen* definieren. Was wäre also besser geeignet, den zulässigen Inhalt von *Formularfeldern* zu beschreiben? Liegt die Beschreibung erst einmal vor, muss es *lediglich* eine Kopplung zwischen den Formularen, korrespondierenden XML-Elementen und dem Schema geben. Die Kopplung zwischen den beiden letzten Teilen ist einfach und gehört zum XML-Handwerkszeug. Bleibt also die Frage, wie aus dem Formular ein XML-Dokument wird und wer die Validierung durchführt. Das Vorhaben, einen schemafähigen XML-Parser in Javascript zu bauen, sei getrost Google überlassen[17]. Unser hier vorgestellter Input Validator (Beispielanwendung unter *http://www.ajaxbuch.de/*

17. Zum Verständnis dieser Bemerkung siehe Abschnitte 2.5.6 und 6.4.8.

code/beispiele/inputValidator/) verwendet einen Open-Source-Parser auf der Serverseite. Die Idee ist einfach:

1. Für die Eingabefelder eines Webformulars legt eine XML-Schemadatei die zulässigen Werte fest. Für jedes Eingabefeld gibt es eine korrespondierende Elementtypdefinition, die einen geeigneten Datentyp besitzt. Beispiel: Element `<Datum>...</Datum>` vom Typ `xsd:date`.
2. Jedes Eingabefeld bekommt einen Klassennamen, der dem Namen des Elementtyps entspricht. Beispiel: `<input type="text" class="Datum"... />`
3. Bei Änderung eines Feldwertes schickt der Browser per Ajax Feldwert und Klassennamen an den InputValidator-Webservice. Dieser führt die Validierung durch und antwortet dem Browser mit dem Ergebnis der Prüfung.

Unsere Implementierung stützt sich auf das `DWR`-Framework aus Abschnitt 5.11; nicht zuletzt, weil es in Java einfach ist, gegen ein Schema zu validieren.

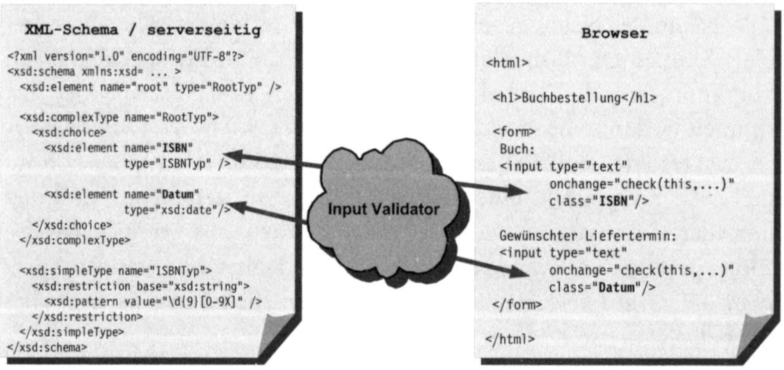

Abb. 6–6 *Die Idee des Input Validators: Kopplung der Eingabefelder einer Webseite an ein XML-Schema zur serverseitigen Validierung*

Zuerst betrachten wir ein exemplarisches XML-Schema. Es definiert die zwei Elemente `ISBN` mit dem Typ `ISBNType` und `Datum` mit dem Typ `xsd:date`. `ISBNType` basiert auf einem `xsd:string`, der mit einem regulären Ausdruck auf die Darstellung einer ISBN eingeschränkt wird[18]:

18. Es handelt sich um einen Datentyp aus »XML-Schema, Teil 0« *(http://www.edition-w3c.de/TR/2001/REC-xmlschema-0-20010502/)*. Die Umstellung der ISBN auf 13 Ziffern ab dem 1.1.2007 (ISO 2108:2005) interessiert uns hier nicht. Vielmehr kann es dem Leser als Übungsaufgabe überlassen werden, den unter *http://www.isbn-international.org/converter/converter.html* zur Verfügung stehenden Webservice an unser Beispiel anzubinden. Möglicherweise eine Aufgabe für verkettete Services (siehe 6.8).

```
<?xml version="1.0" encoding="UTF-8"?>
<xsd:schema xmlns:xsd="http://www.w3.org/2001/XMLSchema">

  <xsd:element name="lwInputValidator" type="lwInputValidatorTyp" />

  <xsd:complexType name="lwInputValidatorTyp">
    <xsd:choice>
      <xsd:element name="ISBN" type="ISBNTyp"/>
      <xsd:element name="Datum" type="xsd:date"/>
    </xsd:choice>
  </xsd:complexType>

  <xsd:simpleType name="ISBNTyp">
    <xsd:restriction base="xsd:string">
      <xsd:pattern value="\d{9}[0-9X]" />
      <!-- 9 Ziffern gefolgt von einer Pruefziffer im Bereich
       zwischen 0 und 10 (10 wird als X dargestellt) -->
    </xsd:restriction>
  </xsd:simpleType>

</xsd:schema>
```

Da es nicht um Datenmodellierung geht, besitzt das Schema eine einfache Struktur. Es gibt ein fest vorgegebenes Wurzelelement und darin eine Auswahl (engl.: choice) der anwendungsspezifischen Elemente. Der Webservice baut aus den übermittelten Werten ein XML-Dokument zusammen und validiert. Für `123456789X` als Wert der Eingabefeldes und `ISBN` als `className` generiert er folgendes XML-Dokument:

```
<?xml version='1.0' encoding='UTF-8'?>
<lwInputValidator>
  <ISBN>123456789X</ISBN>
</lwInputValidator>
```

6.7.1 Implementierung des InputValidator-Webservices

Wie in Abschnitt 5.11 beschrieben, exportiert DWR Java-Klassen mit öffentlichen Methoden, die dann clientseitig mit Javascript aufgerufen werden können. Unsere `InputValidator`-Klasse sieht im Wesentlichen so aus:

```
public class InputValidator {

  Schema schema = null;

  public String validateInput(String input, String element)
  throws ServletException, IOException,
                        ParserConfigurationException, SAXException
  {
```

```
  String retStr = "";
  try {

    String xmlMessage = createValidationDocument(input, element);
    ByteArrayInputStream byteArrayInputStream =
           new ByteArrayInputStream(xmlMessage.getBytes("utf-8"));

    Validator val = getSchema().newValidator();

    val.validate(new StreamSource(byteArrayInputStream));

  } catch (SAXParseException saxParseException) {
    retStr = saxParseException.getLocalizedMessage();
  }

  return retStr;
}

public Boolean isValid(String input, String element)
throws ServletException, IOException,
                        ParserConfigurationException, SAXException
{
  if(validateInput(input, element) == "") {
    return true;
  } else {
    return false;
  }
}

private Schema getSchema()
throws SAXException, UnsupportedEncodingException {

  if(schema == null) {
    WebContext ctx = WebContextFactory.get();

    InputStream f = ctx.getServletContext().
                getResourceAsStream("/WEB-INF/validate.xsd");
    BufferedReader reader =
           new BufferedReader(new InputStreamReader(f, "utf-8"));
    SchemaFactory sfa =
   SchemaFactory.newInstance(XMLConstants.W3C_XML_SCHEMA_NS_URI);
    schema = sfa.newSchema(new StreamSource(reader));
  }

  return schema;
}

private String createValidationDocument(String input,
                                        String element) {
  StringBuffer xmlMessage = new StringBuffer();
```

```
        xmlMessage.append("<?xml version='1.0' encoding='UTF-8'?>");
        xmlMessage.append("<lwInputValidator>");

        xmlMessage.append("<" + element + ">");
        xmlMessage.append(input);
        xmlMessage.append("</" + element + ">");

        xmlMessage.append("</lwInputValidator>");

        return xmlMessage.toString();
    }
}
```

Die beiden öffentlichen Methoden `validateInput(String input, String element)` und `isValid(String input, String element)` können clientseitig aufgerufen werden. `getSchema()` und `createValidationDocument()` sind Hilfsfunktionen zum Laden und Caching des Schemas und zum Erzeugen des XML-Dokuments für die Validierung.

Die Methode `isValid()` reicht die Parameter direkt an die Methode `validateInput()` durch, welche die eigentliche Arbeit verrichtet. Je nachdem, ob `validateInput()` eine Fehlermeldung zurückliefert, generiert `isValid()` ein `true` oder `false`. `validateInput()` erzeugt das zu prüfende XML-Dokument anhand der Parameter `input` und `element` und validiert anschließend über einen `ByteArrayInputStream` in einem `Validator` gegen das Schema. Eine Fehlermeldung wird direkt zurückgeliefert. Mehr gibt es auf der Serverseite nicht zu tun.

6.7.2 Der InputValidator im Einsatz

Der InputValidator prüft zwei Eingabefelder eines Formulars:

```
<form action="" onsubmit="return false;">
<table>
  <tr>
    <td>ISBN:</td>
    <td><input class='ISBN' type='text' size='10' value='' id='ISBN'
              title='ISBN' onchange='check(this, replyISBN)' /></td>
    <td><span id='ISBN-error' class='error'></span></td>
  </tr>

  <tr>
    <td>Datum:</td>
    <td><input class='Datum' type='text' size='10'
               value='' id='Datum' title='Datum'
               onchange='check(this, replyDatum)' /></td>
    <td><span id='Datum-error' class='error'></span></td>
  </tr>
</table>
</form>
```

Die beiden input-Elemente haben jeweils ein class-Attribut, das dem zu validierenden Elementtyp des Schemas entsprechen muss. Das ist entscheidend, da hierüber der komplette Validierungsmechanismus abläuft. Im onchange-Attribut hinterlegen wir eine Funktion, die den Aufruf des InputValidators übernimmt. Diese Methode sieht für das ISBN-Eingabefeld so aus:

```
function check(inputElem, callback) {
  InputValidator.isValid(inputElem.value, inputElem.className,
                                                        callback);
}
```

Hier passiert das Erwartete, es wird am InputValidator die Methode isValid() mit dem Wert und dem className des Eingabefeldes aufgerufen. Zusätzlich wird ein Callback-Handler zur Auswertung des Rückgabewertes übergeben. Im Callback-Handler wird der Rückgabewert mit der generischen Methode processReply ausgewertet und ein aufgetretener Fehler im zugeordneten HTML-Element ausgegeben:

```
function replyISBN(valid) {
  processReply(valid, "ISBN", "ISBN-error", "Bitte geben Sie eine
                korrekte ISBN ein (Format: 10-stellig, [0-9X]).");
}

function processReply(valid, id, errid, error) {
  if (valid) {
    DWRUtil.setValue(errid, "");
    $(errid).className = "";
  } else {
    DWRUtil.setValue(errid, error);
    $(errid).className = "error";
  }
}
```

Der InputValidator lässt sich leicht auch nachträglich in bestehende Formulare einbauen. Jedes Eingabefeld benötigt nur ein class-Attribut, das dem Namen eines Elementtyps im Schema entspricht und muss bei Datenänderung den Webservice rufen. Das XML-Schema ist generisch; eine Erweiterung um neue Elementtypen ist auch einfach.

6.8 Verkettete Anfragen an Webservices

In diesem Beispiel zeigen wir, wie man verkettete Abfragen über mehrere Webservices durchführen kann, bei denen die Zwischenergebnisse als Parameter in die nächste Abfrage einfließen. Dazu bauen wir unseren Glückskeks aus. Neben der Ausgabe der Glückskeksnachricht stellt die neue Anwendung zusätzlich einen Verweis auf die literaturgeschichtlichen Daten des Autors der Nachricht dar. Zu diesem Zweck bedient sich das Programm des Literaturverzeichnisses von Henning Behme unter *http://www.arslonga.de/lit/*, genauer dessen Suchdienst. Für das Szenario bietet sich eine serverseitige Lösung mit Atlas an.

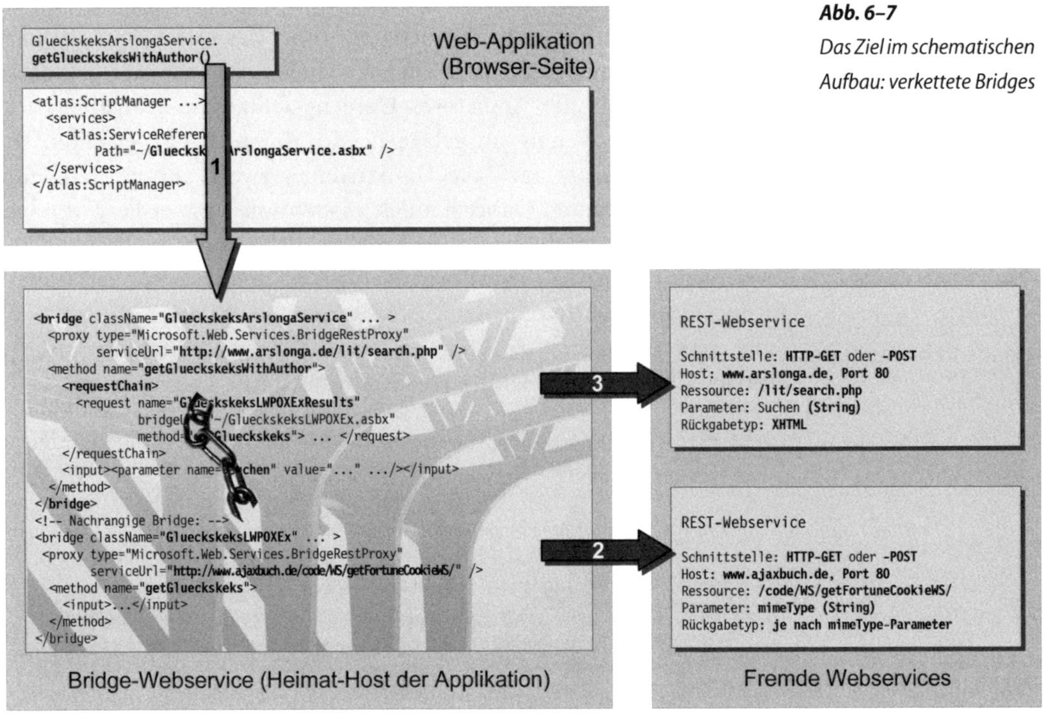

Abb. 6–7
Das Ziel im schematischen Aufbau: verkettete Bridges

6.8.1 GlueckskeksService-Bridge

Abschnitt 5.12.6 hat gezeigt, wie man mit einer Bridge den Ur-`GlueckskeksService` unter *http://www.ajaxbuch.de/code/WS/getFortuneCookieWS/* abfragen kann. Aus der XML-Nachricht hat ein `XPathBridgeTransformer` den Nachrichtentext mittels Xpath ausgeschnitten und an den Client weitergereicht. Für die neue Aufgabe benötigen wir für die Suchanfrage auf Ars Longa zusätzlich den Autor. Zur Definition der Bridge dient diesmal eine Mischung aus deklarativer Syntax und C#-Programmcode. Der deklarative Teil der Bridge sieht so aus:

```
<bridge namespace="Linkwerk.Com"
        className="GlueckskeksLWPOXEx"
        partialClassFile="~/GlueckskeksLWPOXEx.asbx.cs">

  <proxy type="Microsoft.Web.Services.BridgeRestProxy"

serviceUrl="http://www.ajaxbuch.de/code/WS/getFortuneCookieWS/" />
```

```
  <method name="getGlueckskeks">
    <input>
      <parameter name="mimeType" value="text/xml" />
    </input>
  </method>
</bridge>
```

Die Deklaration unterscheidet sich gegenüber der ersten Fassung nur darin, dass das `bridge`-Element ein zusätzliches Attribut `partialClassFile` besitzt und das `transforms`-Element fehlt. Die Aufgaben der Transformer sind nun ausgelagert und durch C#-Programmcode ersetzt. Das neue `partialClassFile`-Attribut verweist auf die Datei mit der Implementierung. Dabei handelt es sich um ein.Net-Feature, das Aufteilen von Klassen auf mehrere physikalische Dateien. Unsere C#-Implementierung des Transformers *ergänzt* die `GlueckskeksLWPOXExBridge`-Klasse, die durch obige Deklaration beschrieben ist und von Atlas serverseitig *live* in Programmcode übersetzt wird. Den ausgelagerten Teil der partiellen Klasse zeigt das nächste Listing:

```
/* Datei GlueckskeksLWPOXEx.asbx.cs */
namespace Linkwerk.Com
{
  public partial class GlueckskeksLWPOXEx : BridgeHandler
  {
    public override void TransformResponse()
    {
      string responseXML = this.ServiceResponse.Response as string;
      XmlDocument doc = new XmlDocument();
      doc.LoadXml(responseXML);

      string message =
                     doc.SelectSingleNode("/message/text()").Value;

      Regex rx = new Regex(@"^.+\((?:.+\s)*(.+)\)");
      string author = rx.Match(message).Groups[1].Value;

      List<IDictionary<string, string>> dicList =
                          new List<IDictionary<string, string>>();
      IDictionary<string, string>parameters =
                                 new Dictionary<string, string>();
      dicList.Add(parameters);
      parameters.Add("message", message);
      parameters.Add("author", author);

      this.ServiceResponse.Response = dicList;

      base.TransformResponse();
    }

  }
}
```

Die Implementierung überschreibt die Methode `TransformResponse()`, um aus der Antwort des Ursprungsservers den Autor zu extrahieren und zusätzlich als eigene Antwort zurückzuliefern. Am Anfang der Methode holt sie sich aus `ServiceResponse.Response` die XML-Nachricht und erzeugt ein DOM-Objekt. `doc.SelectSingleNode("/message/text()").Value` extrahiert die Glückskeksnachricht, aus der anschließend ein regulärer Ausdruck den Autor ermittelt. Es folgt der Zusammenbau der Antwort. Sie besteht aus einer Liste von `IDictionaries` mit nur einem Dictionary mit der Glückkeksnachricht und dem Autor als Parameter. In JSON-Form übersetzt sieht die Antwort etwa so aus:

```
[{"message":"He who binds to himself a joy, does the winged life
destroy. But he who kisses the joy as it flies, lives in eternity\'s
sunrise. (W. Blake)","author":"Blake"}]
```

Die neu zusammengebaute Antwort wird dann zu `ServiceResponse.Response` und überschreibt damit die ursprüngliche Antwort.

6.8.2 Die Ars-Longa-Bridge und Verkettung mit der Glueckskeks-Service-Bridge

Für unsere zweite Abfrage benötigen wir noch eine Bridge zum Ars-Longa-Suchdienst. Eine Anfrage an Ars Longa hat die folgende Form:

```
http://www.arslonga.de/lit/search.php?Suchen=Blake
```

Den deklarativen Teil der Bridge zeigt das Listing:

```
<bridge namespace="Linkwerk.Com"
        className="GlueckskeksArslongaService"
        partialClassFile="~/GlueckskeksArslongaService.asbx.cs">

   <proxy type="Microsoft.Web.Services.BridgeRestProxy"
          serviceUrl="http://www.arslonga.de/lit/search.php" />

   <method name="getGlueckskeksMitAutor">

     <requestChain>
       <request name="GlueckskeksLWPOXExResults"
                bridgeUrl="~/GlueckskeksLWPOXEx.asbx"
                method="getGlueckskeks">
         <input>
           <parameter name="mimeType"
                      value="text/xml"
                      serverOnly="true" />
         </input>
       </request>
     </requestChain>
```

```
      <input>
       <parameter name="Suchen"
                  value=
               "% resultschain : GluckskeksLWPOXExResults : author %"
                  serverOnly="true" />
      </input>

    </method>
  </bridge>
```

Im Wesentlichen passiert hier erstmal nichts Neues. Wir definieren eine Bridge zu Ars Longa. `method` definiert die Methode `getGlueckskeksMitAutor()`, womit die Suchfunktion von Ars Longa clientseitig zur Verfügung steht. Die Methode hat einen Input-Parameter `Suchen`, der dem URL-Parameter für die Suchanfrage entspricht.

`requestChain` zur Verkettung von Webservices

Neu ist das Element `requestChain`, mit dem man für jede Methode eine Liste von Requests spezifizieren kann, die der Reihe nach abgearbeitet werden. Jeder hat einen Namen und ein `bridgeUrl`-Attribut mit dem aufzurufenden Webservice. Unserem Szenario entsprechend wird bei Verwendung der verketteten Brücke zuerst die Abfrage an den Glückskeks-Webservice ausgeführt und danach die Abfrage an den Ars-Longa-Suchdienst.

Für die zweite Abfrage benötigen wir den Autor der Glückskeksnachricht, den die erste Abfrage als Ergebnis geliefert hat. Hier kommt jetzt der `%`-Ausdruck des Input-Parameters von `getGlueckskeksMitAutor()` ins Spiel. Der Ausdruck `% resultschain : GlueckskeksLWPOXExResults : author %` bindet deklarativ den Wert eines Parameters an einen Ergebniswert aus der `request chain`. Zu beachten ist, dass Rückgabewerte nur eine `ICollection` von `IDictionaries` sein können. Gegebenenfalls muss man beispielsweise einen `XPathBridgeTransformer` einsetzen, der die Antworten eines Webservices in diese Form überführt.

Es fehlt noch der Transformer der Ars-Longa-Bridge, der wieder ausgelagert ist. Die Suchanfrage auf Ars Longa liefert eine XHTML-Seite mit Verweisen auf eigene Seiten für gefundene Autoren. Aus dieser XHTML-Seite sollen die a-Elemente extrahiert und in Form einer HTML-Liste an den Client übergeben werden. Das folgende Listing zeigt die zugehörige Implementierung:

```
/* Datei GlueckskeksArslongaService.asbx.cs */
namespace Linkwerk.Com
{
  public partial class GlueckskeksArslongaService : BridgeHandler
  {
    public override void TransformResponse()
    {
      string responseXML = this.ServiceResponse.Response as string;
```

```
      XmlDocument doc = new XmlDocument();
      doc.LoadXml(responseXML);

      XmlNamespaceManager nManager =
                          new XmlNamespaceManager(doc.NameTable);
     nManager.AddNamespace("html", "http://www.w3.org/1999/xhtml");

      XmlNodeList treffer =
          doc.SelectNodes("//html:th[@class='treffer']", nManager);

      List<IDictionary<string, string>> dicList =
                          new List<IDictionary<string, string>>();

      List<IDictionary<string, string>> list =
                          (List<IDictionary<string, string>>)this.
                Context.ResultsChain["GlueckskeksLWPOXExResults"];
      IDictionary<string, string>resultChainDic =
                             (IDictionary<string, string>)list[0];

      dicList.Add(resultChainDic);

      IDictionary<string, string>parameters =
                                 new Dictionary<string, string>();
      dicList.Add(parameters);

      StringBuilder buffer = new StringBuilder();
      buffer.Append("<h4>Ergebnis der Autorenabfrage auf <a href=
            \"http://www.arslonga.de/\">www.arslonga.de</a></h4>");

      if(treffer.Count > 0) {
        buffer.Append("<ul>");

        foreach(XmlNode node in treffer) {
          buffer.Append("<li>" + node.InnerXml.Replace("<a href=\"",
                  "<a href=\"http://www.arslonga.de/") + "</li>");
        }

       buffer.Append("</ul>");
     } else {
         buffer.Append("<p>Leider keine Treffer!</p>");
     }

      parameters.Add("arslonga", buffer.ToString());

      this.ServiceResponse.Response = dicList;

      base.TransformResponse();
    }
  }
}
```

Wir überschreiben wieder die Methode `TransformResponse`, um aus der Serverantwort die Trefferliste mit den Autoren zu extrahieren. Am Anfang der Methode holt sie sich aus `ServiceResponse.Response` die XHTML-Seite (das Ergebnisformat einer Suche bei Ars Longa) und wandelt sie in ein DOM-Objekt. Die folgenden Anweisungen erzeugen einen `XmlNamespaceManager`, damit die Xpath-Auswahl auf den namensraumbehafteten Quelldaten funktioniert. Die nächsten Anweisungen erzeugen eine neue Liste von `IDictionaries` für die Antwort. Die Antwort soll natürlich auch die ursprüngliche Nachricht enthalten, die die Abfrage der Glückskeks-Bridge geliefert hat. `Context.ResultsChain` liefert das Gewünschte. Es handelt sich zwar um eine Liste von `IDictionaries`, da aber bekannt ist, dass nur ein Dictionary enthalten ist, kann man es direkt in die neue Antwortliste übernehmen. Ein weiteres Dictionary nimmt die HTML-Liste mit den Autorentreffern auf. Zum Schluss wird die neue Antwortliste wieder `ServiceResponse.Response` zugewiesen.

6.8.3 Glückskeks mit Autorenliste

Das Ergebnis eines Aufrufs unseres neuen `GluecksekeksArslongaService` illustriert Abbildung 6–8.

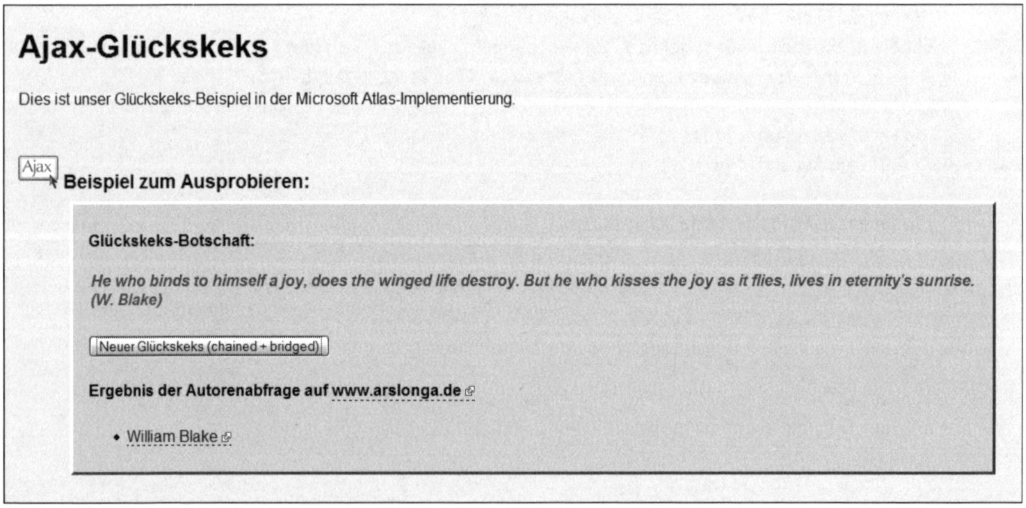

Abb. 6–8
Die Glückskeks-HTML-Seite nach dem Aufruf des `GlueckskeksArslongaService`

Javascript ruft den neuen Service wie folgt:

```
Linkwerk.Com.GlueckskeksArslongaService.getGlueckskeksMitAutor({},
onRequestCompleteChainedLWPOX, onTimeout, onError);
```

Und wie kommt die Callback-Funktion an die Glückskeksnachricht und die HTML-Liste mit den Autorenverweisen? Der Transformer des `GlueckskeksArslongaService` baut die Antwort als Liste von `IDictionaries` zusammen. Atlas überträgt sie in JSON-Form, womit sie clientseitig als Array von Javascript-Objekten zur Verfügung steht:

```
result = [
  {"message":"He who binds to himself a joy, does the winged life
destroy. But he who kisses the joy as it flies, lives in eternity\'s
sunrise. (W. Blake)","author":"Blake"},
  {"arslonga":"<h4>Ergebnis der Autorenabfrage auf <a
href=\"http://www.arslonga.de/\">www.arslonga.de</a></h4><ul><li><a
href=\"http://www.arslonga.de//lit/authors/b/blake.html\"
xmlns=\"http://www.w3.org/1999/xhtml\">William
Blake</a></li></ul>"}
]
```

`result[0].message` liefert die Glückskeksnachricht und `result[1].arslonga` die HTML-Liste mit den Autorenverweisen:

```
function onRequestCompleteChainedLWPOX(result)
{
  $("fortuneMessage").innerHTML = result[0].message;
  $("authorList").innerHTML = result[1].arslonga;
}
```

Anhang

A Über Browser, Standards und unsere Beispiele

Es ist eine gute Idee, wenn man als Entwickler von Webanwendungen mehrere Browser zum Testen zur Hand hat. Das gilt nicht nur für lesereigene Seiten, sondern auch für unsere. Wir haben uns bemüht, unsere Seiten sowohl standardkonform[1] als auch lauffähig zu entwickeln. Eine Ausnahme ist das Beispiel in Abschnitt 3.2.9, bei dem wir ein spezifisches Verhalten der Mozilla-Browser nutzen, das andere Browser nicht aufweisen. Darüber hinaus sind bei der Programmierung einige unerwünschte Effekte aufgetreten, auf die wir reagieren mussten.

A.1 Caching von Seiten und Webservices

Viele der Beispiele im Buch greifen auf den Glückskeks-Webservice (siehe B). Für den Browser handelt es sich um einen wiederholten Zugriff auf ein und dieselbe Webseite. Damit der Browser weiß, dass die Daten ständig aktualisiert werden, setzt unser Webservice den »Expires«-Header der Antwort entsprechend:

```
telnet www.ajaxbuch.de 80
Trying 217.194.228.4...
Connected to www.ajaxbuch.de.
Escape character is '^]'.
HEAD /code/WS/getFortuneCookieWS/ HTTP/1.0
Host: www.ajaxbuch.de

HTTP/1.1 200 OK
Date: Mon, 24 Jul 2006 11:00:33 GMT
Server: Apache
Expires: Mon, 24 Jul 2006 11:00:33 GMT
```

1. Gibt es einen Ajax-Standard? Vergleiche die Unterschiede des XmlHttpRequest-Objekts in 3.2.2.

```
Connection: close
Content-Type: text/plain; charset=utf-8

Connection closed by foreign host.
```

Serverseitig ist dadurch geregelt, dass jeder Ajax-Request beim Server ankommen sollte und nicht aus dem Browsercache bedient wird. Clientseitig bieten die Browser in der Regel eigene Einstellmöglichkeiten (siehe Abbildungen A–1 bis A–3).

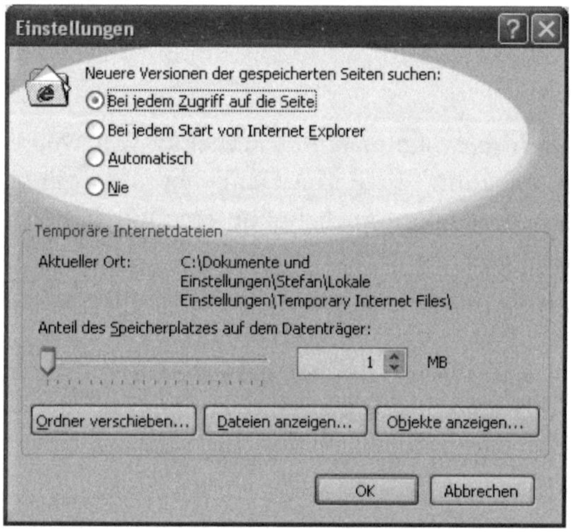

Abb. A–1
Dialog zur Einstellung des Cache im IE 6

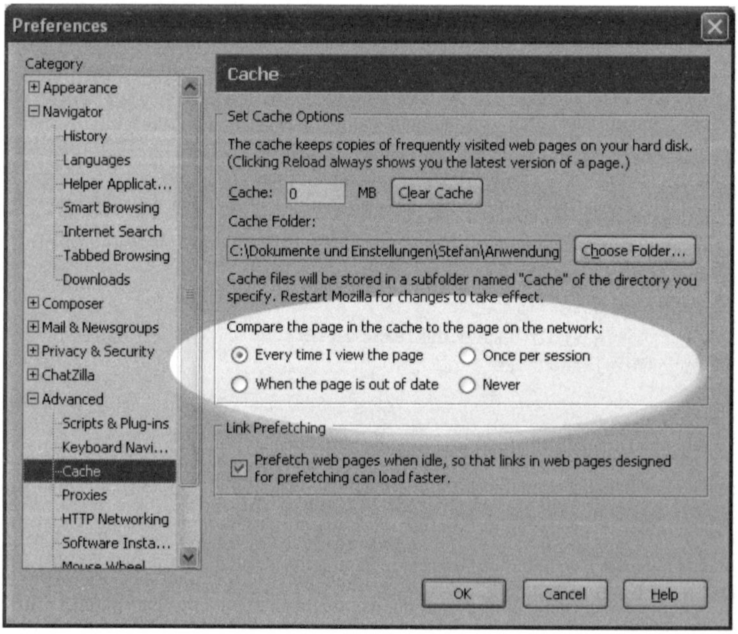

Abb. A–2
Dialog zur Einstellung des Cache im Mozilla

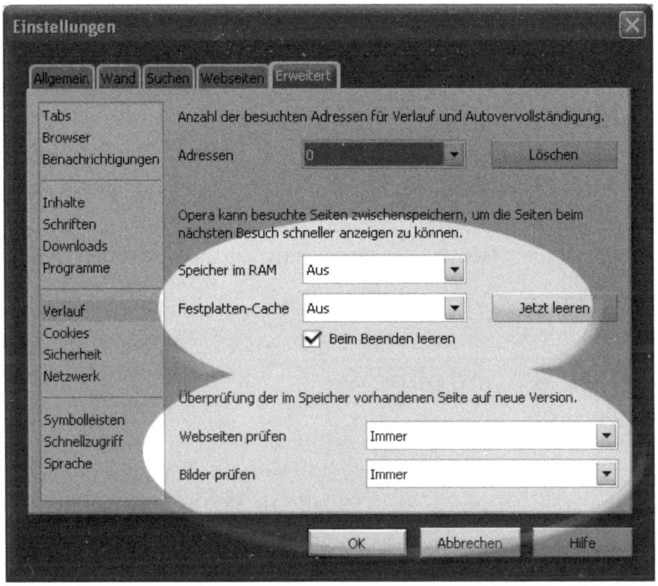

Abb. A-3
Dialog zur Einstellung des Cache im Opera 9

Cache-Probleme mit HTTP-Get

Unsere Erfahrung mit dem IE 6 ist, dass er sich weder an die Information des Servers noch an die Benutzereinstellung gebunden fühlt. Der Zugriff auf unseren Webservice *mittels Get* liefert *irgendwann* (sic!) keine neuen Daten mehr. Ein Blick ins Logfile des Servers zeigt, dass der IE aufhört, HTTP-Requests auszuführen. Für die Praxis bedeutet das einmal mehr, eine Fallunterscheidung zwischen Webbrowsern machen zu müssen. Es könnte helfen, bei jedem Ajax-Request einen Dummy-Parameter mit zum Beispiel einem aktuellen Timestamp als Wert, damit der Zugriff für den IE an eine neue Adresse gerichtet ist.

Tröstend mag sein, dass die intensive Nutzung eines einzigen Webservices, der darüber hinaus keine oder selten Parameter bekommt, in der freien Wildbahn selten vorkommt. Der Effekt mag daher auf Glückskekse und ähnlich praxisrelevante Services beschränkt sein.

Bei unseren Versuchen trat der Effekt nicht auf, wenn man von HTTP-Get auf -Post umsteigt. Im Gegensatz zu dem, was in Abschnitt 1.2 abgedruckt ist, führen wir auf `ajaxbuch.de` den Zugriff des Hello-World-Beispiels tatsächlich wie folgt aus[2]:

```
<input type="button"
       value="Neuer Glückskeks"
       onclick="Lokris.AjaxCall('/code/WS/getFortuneCookieWS/',
                              showXmlFortuneMessage,
                              { method: 'post',
                              postBody: 'mimeType=text/xml'});"/>
```

2. Im ersten Kapitel sollte der Aufruf nicht so aufwendig werden, deshalb haben wir dort auf Post verzichtet. Eine Alternative könnte sein, in der Lokris-Bibliothek den Normalfall von Get auf Post zu ändern.

Mit dieser Einstellung funktioniert das Beispiel mit allen getesteten Browsern einwandfrei. Dafür gibt es mit Opera Probleme beim Beispiel aus Abschnitt 6.2. Das erstmalige Laden funktioniert reibungslos. Ab dem zweiten Ladevorgang behandelt Opera 9 die Daten nicht mehr als XML, sondern als Text. Augenscheinlich besteht das Problem darin, dass der MIME-Type bei Daten aus dem Cache verloren geht. Erst wenn man den Festplattencache explizit löscht, funktioniert das Beispiel einmal wieder. Besonders interessant ist das, weil der Festplattencache in unserer Testkonfiguration *ausgeschaltet* ist (Abbildung A–3).

A.2 HTML mit und ohne »X«

Im Rahmen des Buches spielt es keine Rolle, ob eine Seite in HTML oder XHTML geschrieben ist. Sobald der Parser des Browsers darüber gelaufen ist, steht die Seite als Modell, als DOM zur Verfügung. Syntaktische Unterschiede zwischen den HTML-Varianten fallen nicht auf.

Unabhängig davon verwenden wir für unsere Seiten derzeit XHTML 1.0. Das lässt sich nicht in allen Fällen durchhalten. Betroffen sind beispielsweise Atlas und Spry. Beide verwenden eigene Attribute, um ihre Funktionen an Elemente zu binden. Atlas verwendet darüber hinaus eigene Elemente, die vor der Auslieferung von Atlas ersetzt werden. Ob das Ergebnis der Ersetzung den Regeln von (X)HTML folgt, lässt sich bestenfalls stichprobenartig prüfen.

Für die Lektüre des Buches ist das alles unerheblich, und der Leser ist aufgefordert, eventuelle kleine Fehler im Markup mit den Augen eines Browserparsers, also wohlwollend, zu übersehen; für große Fehler gilt das nicht. Online bemühen wir uns aber, gültige XHTML-Seiten anzubieten. Das führt zum Beispiel dazu, dass statt

```
<script .../>
```

online nun

```
<script ...></script>
```

zu lesen ist. Der Hintergrund ist, dass einige Browser die leeren Elemente im XML-Stil nicht erkennen, als Start-Tag behandeln und den Rest der Seite verschlucken. Das kann dazu führen, dass man auf einer (korrekten) Seite keinen Inhalt findet.

B Der Glückskeks-Webservice

In welcher Sprache ein Webservice implementiert ist, spielt für die Verwendung natürlich keine Rolle. Dennoch mag es für den Leser interessant sein, die Implementierung hinter unserem Glückskeks zu kennen. Während der Arbeit am Buch haben wir ihn in mehreren Sprachen geschrieben, letztlich zum Testen und Sammeln von Erfahrungen. Am weitesten hat sich die Umsetzung in Perl entwickelt. Dafür gibt es keinen Perl-spezifischen Grund, es hätte auch Java, Python oder PHP sein können.

B.1 Schnittstellenbeschreibung

Beim Glückskeks handelt es sich um das, was heute als REST-Webservice bezeichnet wird (also das, was spätestens seit 1993 (HTTP + CGI) für jedermann gang und gäbe ist). Er ist unter *http://www.ajaxbuch.de/code/WS/getFortuneCookieWS/* erreichbar. Die nachfolgende Tabelle beschreibt die Schnittstellen des Services. Fast alle Spielarten sind im Abschnitt 4.3 ausführlich zu sehen. Die korrespondierende Webseite befindet sich an der Adresse *http://www.ajaxbuch.de/code/programmierung/glueckskeks/*. Für die in der Tabelle genannten RFCs der MIME-Types sind die Originaltexte auf *http://www.rfc-editor.org/* zu finden. Die Registrierung eines MIME-Types erfolgt bei der IANA. Die Liste der registrierten Typen befindet sich unter *http://www.iana.org/assignments/media-types/*.

Typ des Services	REST	
HTTP-Adresse	*http://www.ajaxbuch.de/code/WS/getFortuneCookieWS/*	
HTTP-Methoden	Get, Post	
CGI-Parameter	**`mimeType`**	
	Wertebereich	**Beschreibung**
		`mimeType` spezifiziert, welche Art von Antwortnachricht der Service liefern soll. Insbesondere wird die Antwort mit dem gewünschten Content-Type (HTTP-Header) ausgeliefert.
	`text/plain`	Vorgabewert, RFC 2046
	`text/xml`	RFC 3023
	`text/html`	RFC 2854
	`application/javascript`	RFC 4329
	`application/json`	RFC 4627
	`text/x-rico`	selbstdefiniert, siehe Kapitel 6 von RFC 2046
	`image/x-uri-data-png`	selbstdefiniert, s.o.; für den im Listing verwendeten `data:`-URI siehe RFC 2397[1]
	`image/png`	siehe *http://www.iana.org/assignments/media-types/image/*
CGI-Parameter	**`targetId`**	
	Wertebereich	**Beschreibung**
	String, maximal 20 Zeichen	Gültig für `mimeType`-Werte `application/javascript` und `text/x-rico`. Parameterwert beeinflusst die erzeugte Antwortnachricht (siehe Abschnitte 4.3.3 und 5.4).
CGI-Parameter	**`person`**	
	Wertebereich	**Beschreibung**
	String, maximal 20 Zeichen	Gültig für `mimeType`-Werte `image/*`. Gibt den Personennamen an, der in die erzeugte Grafik eingefügt wird (siehe Abschnitt 4.3.5).

Abb. B–1
Referenz des Glückskeks-Webservices

B.2 Listing

```
#!/.../perl -w
# (c) 2006 Linkwerk GmbH
use CGI qw/:standard/;
use GD;
use strict;
use JSON;
use MIME::Base64;

my $DOCROOT      = $ENV{"DOCUMENT_ROOT"};

my $COOKIEDB     = "$DOCROOT/code/WS/getFortuneCookieWS/cookies.txt";
my $COOKIEPNG    = "$DOCROOT/code/WS/getFortuneCookieWS/cookie.png";

##################################################################
#
# Hauptprogramm
#

my $mimeType = "";

if (CGI::param(-name=>'mimeType')) {
    $mimeType = substr(CGI::param(-name=>'mimeType'),0,40);
};


if (not("$mimeType" eq "text/xml" ||
        "$mimeType" eq "text/html" ||
        "$mimeType" eq "application/javascript" ||
        "$mimeType" eq "text/javascript" ||
        "$mimeType" eq "application/json" ||
        "$mimeType" eq "text/x-rico" ||
        "$mimeType" eq "image/jpeg" ||
        "$mimeType" eq "image/png" ||
        "$mimeType" eq "image/x-uri-data-png" ) ) {
    $mimeType = "text/plain";
}

sendFortuneCookie($mimeType);

exit;
##################################################################
#
```

1. Eine Liste aller bei der IANA registrierten URI-Schemata ist unter *http://www.iana.org/assignments/uri-schemes.html* zu finden.

```
sub sendFortuneCookie {
    my $mimeType = shift;
    my $message = "";

    #
    # Eingabe-MIME-Types auf geeignete Ausgabe-MIME-Types abbilden:
    #
    my $responseMime = $mimeType;
    if ("$mimeType" eq "text/x-rico") {
        $responseMime = "text/xml";
    } elsif ("$mimeType" eq "image/x-uri-data-png") {
        $responseMime = "text/plain";
    }

    #
    # HTTP-Header ausgeben
    #
    print header(-type=>$responseMime,
                 -charset=>'utf-8',
                 -expires=>'now');

    #
    # Aus der Liste mit Glückskekstexten zufällig einen auswählen
    #
    my $nrOfMessages = `/usr/bin/wc -l $COOKIEDB`;
    chop $nrOfMessages; # linefeed entfernen
    $nrOfMessages =~ s/^\s*(\d+)\s*.*$/$1/;
    my $messageNr = int(rand($nrOfMessages));
    # messageNr liegt im Intervall 0 <= $messageNr < $nrOfMessages.
    # Da Arrays bei 0 beginnen, ist keine Indextransformation
    # notwendig.

    open IN, "<$COOKIEDB" ||
                    die "Kann $COOKIEDB nicht zum Lesen oeffnen.";
    $message = (<IN>)[$messageNr];
    close IN;
    chop $message; # linefeed entfernen

    #
    # Autor der Nachricht extrahieren
    #
    my $author = "";
    if ($message =~ /[\s\(]([^\(\s]+)\).*$/) {
        $author = $1;
    }

    #
    # Antwort je nach gewünschtem MIME-Type erzeugen
    #
    if ("$mimeType" eq "text/xml") {
```

```
        print "<?xml version='1.0'?>\n
              <message author='$author'>
                $message
              </message>\n
              <!-- http://www.ajaxbuch.de/ -->\n";
        return;
    } elsif ("$mimeType" eq "text/html") {
        print "<div>\n
                <p>
                 <span style='font-size: 120%'>
                   $message
                 </span>\n
                <p>
                 <span style='font-size: 80%'>
                   [Suche nach <a
href='http://www.arslonga.de/lit/search.php?Suchen=$author'>
                       $author
                    </a>]</span>\n
               </div>\n
               <!-- http://www.ajaxbuch.de/ -->\n";
        return;
    } elsif ("$mimeType" eq "application/javascript" ||
             "$mimeType" eq "text/javascript") {
        my $targetId = "";
        if (CGI::param(-name=>'targetId')) {
            $targetId = substr(CGI::param(-name=>'targetId'),0,20);
        }

        print "document.getElementById('$targetId').innerHTML =
              '$message';";
        return;
    } elsif ("$mimeType" eq "text/x-rico") {
        my $targetId = "";
        if (CGI::param(-name=>'targetId')) {
            $targetId = substr(CGI::param(-name=>'targetId'),0,20);
        }

        print "<ajax-response>\n
                 <response type='element'
                           id='$targetId' >\n
                  <strong>$message</strong>\n
                 </response>\n
                 <!-- http://www.ajaxbuch.de/ -->\n
                </ajax-response>";
        return;
    } elsif ("$mimeType" eq "application/json" ) {
        my $obj = {
            message   => $message,
            author => $author
            };
```

```
        print objToJson($obj);
        return;
    } elsif ("$mimeType" eq "image/jpeg" ||
             "$mimeType" eq "image/png" ||
             "$mimeType" eq "image/x-uri-data-png") {

        #
        # Bild anlegen
        #
        my $image = GD::Image->newFromPng($COOKIEPNG,1);

        #
        # ...hier stehen Variablendeklarationen
        # zur Konfiguration...
        #

        #
        # Glücksnachricht vorbereiten
        #
        my $person = "Dich";
        if (CGI::param(-name=>'person')) {
            $person = substr(CGI::param(-name=>'person'),0,20);
        }

        # Zeilenumbruch
        my @words = split(/\s/,$message);

        my $newmessage = "";
        my $linelength = 0;
        while (my $nextword = shift @words) {
            $newmessage .= $nextword;
            $linelength += length($nextword);
            if ($linelength > $wrapCol) {
                $newmessage .= "\n";
                $linelength = 0;
            } else {
                $newmessage .= " ";
            }
        }
        $message =
                "Persönliche Weisheit für $person:\n" .$newmessage;


        # Text in die Grafik schreiben
        my @bounds = $image->stringFT($fgColor, $font, $fontSize,
                                      $angle, $xPos, $yPos, $message,
                                      {linespacing=>$lineSpacing});
```

```
        #
        # Bilddaten erzeugen
        #
        if ("$mimeType" eq "image/jpeg") {
            my $jpegdata = $image->jpeg(100);
            print $jpegdata;
            return;
        } elsif ("$mimeType" eq "image/png") {
            my $pngdata = $image->png();
            print $pngdata;
            return;
        } elsif ("$mimeType" eq "image/x-uri-data-png") {
            my $pngdata = $image->png();

            # Als Base64 enkodieren und in Data-URI verwandeln.
            # Siehe RFC 2397
            # http://www.rfc-editor.org/rfc/rfc2397.txt
            print ("data:image/png;base64," .
                   encode_base64($pngdata));
            return;

        } else {
            return;
        }

    } else {
        print "$message\n";
        return;
    }
}
```

Bibliographie

Almaer, Dion: »Applying concerns to JavaScript with Ajax«, März 2005, *http://www.almaer.com/blog/archives/000794.html*

Apple (Hrsg.): »Safari FAQ«, März 2006, *http://developer.apple. com/internet/safari/faq.html#anchor21*

Behme, Henning; Stefan Mintert: »XML in der Praxis«, Addison-Wesley, München, 2000, *http://www.linkwerk.com/pub/xmlidp/ 2000/*

Crockford, Douglas: »Prototypal Inheritance in JavaScript«, Juni 2006, *http://www.crockford.com/javascript/prototypal.html*

Fielding, Roy et al.: »Hypertext Transfer Protocol – HTTP/1.1«, RFC 2616, Juni 1999, *ftp://ftp.rfc-editor.org/in-notes/rfc2616.txt*

Fielding, Roy Thomas: »Architectural Styles and the Design of Network-based Software Architectures«, University of California, Irvine, 2000, *http://www.ics.uci.edu/~fielding/pubs/dissertation/ top.htm*

Freed, N.; N. Borenstein: »Multipurpose Internet Mail Extensions (MIME) Part Two: Media Types«, November 1996, *http://www.rfc-editor.org/rfc/rfc2046.txt*

Heise Online (Hrsg.): »Mozilla Firefox gewinnt wieder Marktanteile«, Heise-Verlag, Hannover, Juli 2006, *http://www.heise.de/newsticker/ meldung/75311*

Kühnel, Christine; Stefan Mintert (Hrsg.): »Workshop Javascript«, Addison-Wesley, München, 2000, *http://www.javascript-workshop.de/*

Masinter, L.: »The»data« URL scheme«, August 1998, *http://www.rfc-editor.org/rfc/rfc2397.txt*

McCarthy, Philip: »Ajax for Java developers: Build dynamic Java applications«, September 2005, *http://www-128.ibm.com/developerworks/library/ j-ajax1/?ca=dgr-lnxw01Ajax*

McEvoy, Chris: »Why Ajax Sucks (Most of the Time)«, Dezember 2006, *http://www.usabilityviews.com/ajaxsucks.html*

Microsoft (Hrsg.): »`IXMLHTTPRequest` Members, 2006«, *http://msdn. microsoft.com/library/default.asp?url=/library/en-us/xmlsdk/html/7924f6be-c035-411f-acd2-79de7a711b38.asp*

Microsoft (Hrsg.): »DHTML Objects«, 2006, *http://msdn.microsoft. com/workshop/author/dhtml/reference/objects.asp*

Microsoft (Hrsg.): »GUID and ProgID Information«, 2006, *http://msdn.microsoft.com/library/en-us/xmlsdk/html/5016cf75-4358-4c1f-912e-c071aa0a0991.asp*

Microsoft (Hrsg.): »Initiate XSLT in a Script«, 2006, *http://msdn. microsoft.com/library/en-us/xmlsdk/html/aee8da3e-7783-4b1b-a3e5-315d76d16124.asp*

Microsoft (Hrsg.): »XML DOM Methods«, 2006, *http://msdn.microsoft.com/library/en-us/xmlsdk/html/4ead2a13-de31-487e-b826-53f132f25cbb.asp*

Mintert, Stefan: »Annäherungsversuch«, iX 02/1996, Heise-Verlag, Hannover 1996, *http://www.heise.de/kiosk/archiv/ix/1996/2/134*

Mintert, Stefan: »Die Javascript-Chronologie von 1995 bis 2000«, *http://mintert.com/javascript/#chronologie*

Mintert, Stefan: »Ein E für ein X – Ecmascript/Javascript for XML«, in iX 11/2005, Heise-Verlag, Hannover, 2005, *http://www.heise.de/ kiosk/archiv/ix/05/11/060/*

Mintert, Stefan: »Zwei Helden«, Heise-Verlag, Hannover, November 2005, *http://www.heise.de/ix/artikel/2005/11/056/*

MozillaZine (Hrsg.): »`XMLHttpRequest`«, September 2005, *http://kb.mozillazine.org/XMLHttpRequest*

Mozilla Foundation (Hrsg.): »Signed Scripts in Mozilla«, Dezember 2001, *http://www.mozilla.org/projects/security/components/signed-scripts.html*

Mozilla Foundation (Hrsg.): »Using the Mozilla JavaScript interface to XSL Transformations«, März 2006, *http://www.mozilla.org/ projects/xslt/js-interface.html*

Mozilla Foundation (Hrsg.): »XSL Transformations (XSLT) in Mozilla«, Mai 2006, *http://www.mozilla.org/projects/xslt/*

Nielsen, Jakob: »Why Frames Suck (Most of the Time)«, Dezember 1996, *http://www.useit.com/alertbox/9612.html*

Opera Software (Hrsg.): »Take Control with User Javascript«, 2006, *http://www.opera.com/support/tutorials/userjs/examples/*

Roller, Ronnie: »Prototype Documentation«, 2006, *http://www.prototypedoc.com/*

Rust, Jason: »AJAX Timeouts with Prototype«, März 2006, *http://codejanitor.com/wp/2006/03/23/ajax-timeouts-with-prototype/*

Scarfe, Tim; Alex Russell: »`innerHTML` vs DOM«, April 2002, *http://www.developer-x.com/content/innerhtml/*

The Internet Corporation for Assigned Names and Numbers (Hrsg.): »Image Media-Types«, 2006, *http://www.iana.org/assignments/ media-types/image/*

The Internet Corporation for Assigned Names and Numbers (Hrsg.): »Uniform Resource Identifer (URI) Schemes«, 2006, *http://www.iana.org/assignments/uri-schemes.html*

The Internet Corporation for Assigned Names and Numbers (Hrsg.): »MIME Media Types«, 2006, *http://www.iana.org/assignments/ media-types/*

The PHP Group (Hrsg.): »XSLT Funktionen«, Juni 2006, *http://de.php.net/manual/de/ref.xslt.php*

The PHP Group (Hrsg.): »Operatoren zur Programmausführung«, Juli 2006, *http://de.php.net/manual/de/language.operators.execution.php*

The PHP Group (Hrsg.): »Safe Mode«, Juli 2006, *http://de.php.net/ manual/de/features.safe-mode.php*

W3C (Hrsg.): »Document Object Model (DOM) Level 2 Events Specification«, November 2000, *http://www.w3.org/TR/DOM-Level-2-Events*

W3C (Hrsg.): »Behavioral Extensions to CSS«, August 1999, *http://www.w3.org/TR/1999/WD-becss-19990804*

W3C (Hrsg.): »Die HTML 4.01-Spezifikation« (deutsche Übersetzung), Dezember 1999, *http://www.edition-w3.de/TR/1999/REC-html401-19991224/interact/scripts.html#h-18.2.2*

W3C (Hrsg.): »Document Object Model (DOM) Technical Reports«, Juli 2004, *http://www.w3.org/DOM/DOMTR*

W3C (Hrsg.): »Extensible Markup Language (XML) 1.0« (zweite Auflage, deutsche Übersetzung), Oktober 2000, *http://edition-w3c.de/TR/2000/REC-xml-20001006/#sec-guessing*

W3C (Hrsg.): »The `XMLHttpRequest` Object«, Juni 2006, *http://www.w3.org/TR/XMLHttpRequest/*

W3C (Hrsg.): »Verknüpfen von Style Sheets mit XML-Dokumenten, Version 1.0« (deutsche Übersetzung), Juni 1999, *http://www.edition-w3c.de/TR/1999/06/REC-xml-stylesheet-19990629*

W3C (Hrsg.): »XML Events«, Oktober 2003, *http://www.w3.org/ TR/xml-events*

W3C (Hrsg.): »XML Schema Teil 0: Einführung« (deutsche Übersetzung), Mai 2001, *http://www.edition-w3c.de/TR/2001/REC-xmlschema-0-20010502/*

Wikimedia Foundation (Hrsg.): »Ajax der Kleine«, erschienen in Wikipedia, August 2006, *http://de.wikipedia.org/wiki/Ajax_der_ Kleine*

Wikimedia Foundation (Hrsg.): »Tic Tac Toe«, erschienen in Wikipedia, September 2006, *http://de.wikipedia.org/wiki/Tic_Tac_Toe*

Wikipedia Foundation (Hrsg.): »ASCII«, erschienen in Wikipedia, September 2006, *http://de.wikipedia.org/wiki/ASCII*

Stichwortverzeichnis

A

B

C

D

E

F

N

O

T

U

V

W

X

Z

Sonderzeichen